Evaluation von Programmen und Projekten für eine demokratische Kultur

Rainer Strobl · Olaf Lobermeier
Wilhelm Heitmeyer (Hrsg.)

Evaluation von Programmen und Projekten für eine demokratische Kultur

Herausgeber
Rainer Strobl,
Olaf Lobermeier,
Hannover, Deutschland

Wilhelm Heitmeyer
Bielefeld, Deutschland

ISBN 978-3-531-18306-0   ISBN 978-3-531-19009-9 (eBook)
DOI 10.1007/978-3-531-19009-9

Die Deutsche Nationalbibliothek verzeichnet diese Publikation in der Deutschen Nationalbibliografie; detaillierte bibliografische Daten sind im Internet über http://dnb.d-nb.de abrufbar.

Springer VS
© Springer Fachmedien Wiesbaden 2012
Das Werk einschließlich aller seiner Teile ist urheberrechtlich geschützt. Jede Verwertung, die nicht ausdrücklich vom Urheberrechtsgesetz zugelassen ist, bedarf der vorherigen Zustimmung des Verlags. Das gilt insbesondere für Vervielfältigungen, Bearbeitungen, Übersetzungen, Mikroverfilmungen und die Einspeicherung und Verarbeitung in elektronischen Systemen.

Die Wiedergabe von Gebrauchsnamen, Handelsnamen, Warenbezeichnungen usw. in diesem Werk berechtigt auch ohne besondere Kennzeichnung nicht zu der Annahme, dass solche Namen im Sinne der Warenzeichen- und Markenschutz-Gesetzgebung als frei zu betrachten wären und daher von jedermann benutzt werden dürften.

Gedruckt auf säurefreiem und chlorfrei gebleichtem Papier

Springer VS ist eine Marke von Springer DE. Springer DE ist Teil der Fachverlagsgruppe Springer Science+Business Media
www.springer-vs.de

Inhalt

Rainer Strobl, Olaf Lobermeier und Wilhelm Heitmeyer
Einleitung 7

I. Evaluationsansätze und Methoden

Huey T. Chen
Theory-driven evaluation: Conceptual framework,
application and advancement 17

Thomas Widmer
Wirkungsevaluation zu Maßnahmen der Demokratieförderung 41

Manuel Eisner, Tina Malti, Denis Ribeaud, Barbara Müller
Groß angelegte Feldversuche in der kriminologischen
Präventionsforschung. Das Zürcher Projekt zur sozialen
Entwicklung von Kindern 69

II. Nutzungsorientierte Evaluationsstrategien im Bereich der Förderung demokratischer Kultur

Wolfgang Beywl, Susanne Giel
Nutzungsfokussierte Evaluation am Beispiel eines
multizentrischen Programms 101

Kerstin Sischka
Zum Nutzen eines konfliktsensiblen Ansatzes in der
wissenschaftlichen Projektbegleitung 127

Rainer Strobl und Olaf Lobermeier
Aufbau und Evaluation von Netzwerken für eine
demokratische Kultur 155

Gesa Schirrmacher
Was sich Auftraggebende von Evaluationen und
Evaluationspraxis wünschen 179

III. Die gesellschaftliche Bedeutung von Evaluation

Reinhard Stockmann
Evaluation und Gesellschaft 195

Wilhelm Heitmeyer
Evaluationsforschung. Parameter und Auswirkungen für die
Gesellschaft 221

Autorinnen und Autoren 233

Einleitung

Rainer Strobl, Olaf Lobermeier und Wilhelm Heitmeyer

Eine attraktive demokratische Kultur ist keine Selbstverständlichkeit. Vielmehr müssen die Bedeutung und die Qualität demokratischer Werte und Normen immer wieder begreifbar und erlebbar gemacht werden, um zu verhindern, dass sich Teile der Bevölkerung vom demokratischen System abwenden. Besonders drastisch zeigt sich die Abwendung von demokratischen Werten und Normen bei denjenigen, die aus rechtsextremistischen Motiven Straf- und Gewalttaten begehen. Der Anziehungskraft rechtsextremer Gruppen mit ihrer Musik und ihren Symbolen auf Jugendliche stehen die lokalen Institutionen und Akteure allerdings oft hilflos gegenüber, weil ihnen wirksame Gegenmaßnahmen fehlen. Ebenso wichtig wären jedoch effektive Strategien, um einer schleichenden Distanzierung von demokratischen Werten und Normen zu begegnen (vgl. Strobl/Lobermeier 2009).

Ob und wie Evaluationen zur Identifizierung, Bewertung und Weiterentwicklung solcher Strategien beitragen können, war Thema der Konferenz „Evaluation von Programmen und Projekten zur Förderung einer pluralistischen und demokratischen Kultur", die von der proVal Gesellschaft für sozialwissenschaftliche Analyse, Beratung und Evaluation und dem Institut für interdisziplinäre Konflikt- und Gewaltforschung der Universität Bielefeld gemeinsam veranstaltet wurde. Die Konferenz fand vom 16.-18.2.2011 im Zentrum für interdisziplinäre Forschung der Universität Bielefeld statt und wurde von der Deutschen Forschungsgemeinschaft (DFG) gefördert. Die Beiträge in dem vorliegenden Band geben einen Überblick über die für Evaluationen in diesem Themenfeld wichtigen Diskussionsstränge.

Die im Fokus des Bandes stehenden Programme und Projekte weisen einige Besonderheiten auf, die bei der Evaluation berücksichtigt werden müssen. Bezugspunkt dieser Programme und Projekte sind oft rechtsextremistische, antisemitische und fremdenfeindlichen Straf- und Gewalttaten, die sich in vielen deutschen Städten und Kommunen immer wieder ereignen. Daneben geht es aber oft auch um die heimliche Zustimmung breiter Bevölkerungsschichten zu Elementen einer rechtsextremen Ideologie. Beispielsweise teilt einer aktuellen repräsentativen Umfrage zufolge mehr als ein Drittel der deutschen Bevölkerung fremdenfeindliche Einstellungen, fast 11 Prozent haben antisemitische Einstellungen, und fast 23 Prozent vertreten die Auffassung, dass Muslimen die Zuwanderung nach Deutschland untersagt werden sollte (vgl. Heitmeyer 2012). Projekte zur Förderung einer pluralistischen und demokratischen Kultur wollen und sollen dem entgegenarbeiten. Hierfür stellt die Bundesregierung seit 1992 Mittel im Rahmen von Bundesprogrammen bereit. Das größte Bundesprogramm, TOLERANZ FÖRDERN – KOMPETENZ STÄRKEN hat ein Fördervolumen von 24 Millionen Euro pro Jahr. Hinzu kommen weitere Programme auf Bundes-, Landes- und auf kommunaler Ebene. Aber werden mit diesem Geld die richtigen Dinge getan? Gelingt es den Projekten, Maßnahmen zu entwickeln, die den Wert der Demokratie bewusst und erlebbar machen und die antidemokratische Tendenzen eindämmen helfen? Wie können solche Programme und Projekte optimiert werden? Evaluationen müssen versuchen, Antworten zu finden.

In der Vergangenheit war es allerdings eher die Regel als die Ausnahme, dass Programme zur Bekämpfung von Rechtsextremismus und zur Stärkung einer demokratischen Kultur insbesondere nach spektakulären Übergriffen und Verbrechen kurzfristig aufgelegt wurden. Evaluationen kommen oft erst dann ins Spiel, wenn das Programm bereits angelaufen ist und die Projekte ihre Arbeit aufgenommen haben. Wenn grundlegende Entscheidungen bereits getroffen sind, können die Kompetenzen von Evaluatorinnen und Evaluatoren für die Konzeptentwicklung oder für die Einbindung relevanter Stakeholder[1] nur noch eingeschränkt zum Tragen kommen. Häufig dominiert dann die Sichtweise des Initiators, was dazu führen kann, dass wichtige Erfahrungen nicht berücksichtigt und vorhandene Potentiale nicht ausgeschöpft werden können. Darüber hinaus ist es auch für den Nachweis von Wirkungen im Rahmen einer summativen Evaluation oft ein erhebliches Problem, wenn keine verlässlichen Daten zur Ausgangssituation vorliegen.

Politische Erwägungen spielen bei Programmen und Projekten zur demokratischen Kultur natürlich immer eine große Rolle. Bei politisch brisanten oder umstrittenen Programmen und Projekten besteht zum Teil die Hoffnung, dass eine Evaluation zur Versachlichung von Debatten und politischen Entscheidungen beitragen kann. Ob diese Hoffnung berechtigt ist, wird im vorliegenden Band durchaus kontrovers diskutiert. Die Einbettung in einen politischen Kontext hat aber auch Auswirkungen auf die Zeithorizonte, die für die Durchführung wissenschaftlicher Analysen zur Verfügung stehen und die zum Teil sehr kurz sind. Daraus können sich erhebliche methodische Probleme und Herausforderungen ergeben, denen sich eine anwendungsbezogene Wissenschaft aber stellen

---

1   Mit dem englischen Begriff „Stakeholder" werden Personen bezeichnet, die ein berechtigtes Interesse am Verlauf eines Programms oder Projekts haben. Im deutschen Sprachraum wird dieser Personenkreis zum Teil mit den Begriffen „Beteiligte und Betroffene" umschrieben. Da aber keine wirklich befriedigende deutsche Übersetzung existiert, hat sich der Begriff „Stakeholder" in der Fachdiskussion mittlerweile eingebürgert.

muss, wenn sie den relevanten Stakeholdern nützliche und nutzbare Informationen zur Verfügung stellen will. Typische methodische, praktische und grundsätzliche Probleme der Evaluation zeigen sich im Bereich der Bekämpfung von Rechtsextremismus und der Förderung einer demokratischen Kultur deshalb besonders deutlich. Lösungen, die in diesem schwierigen Feld gefunden werden, haben daher für die gesamte Evaluationspraxis eine große Bedeutung.

Die Beiträge in diesem Band behandeln drei zentrale Themenbereiche: 1. Evaluationsansätze und Methoden, 2. nutzungsorientierte Evaluationsstrategien im Bereich der Förderung demokratischer Kultur und 3. die gesellschaftliche Bedeutung der Evaluation. Im ersten Teil geht es unter der Überschrift „Evaluationsansätze und Methoden" insbesondere um die Frage, wie die Wirksamkeit von Programmen und Projekten sichergestellt und nachgewiesen werden kann. So genügt es im Non-Profit-Bereich nicht, Akzeptanz für bestimmte Maßnahmen herzustellen und eine Nachfrage nach ihnen zu wecken. Vielmehr ist es für die Qualität der Leistungen von Non-Profit-Organisationen ausschlaggebend, dass die eingesetzten Maßnahmen zur Verbesserung einer problematischen Situation beitragen und Veränderungen in die erwünschte Richtung anstoßen (vgl. Stockmann 2006). Diese Ausrichtung der Programme und Projekte und ihrer Evaluation auf Fragen der Wirksamkeit ist unserer Auffassung nach so entscheidend, dass wir in diesem Zusammenhang von einer Wirkungszentrierung sprechen.

Huey Chen beschreibt in seinem Ansatz der theoriegeleiteten Evaluation (*Theory-driven evaluation: Conceptual framework, application and advancement*) die zentralen Schritte eines solchen wirkungszentrierten Vorgehens. Dabei folgt die theoriegeleitete Evaluation dem Grundsatz, dass das Design und die Durchführung einer Evaluation von einer Programmtheorie angeleitet werden müssen. So eine Programmtheorie besteht aus expliziten und impliziten Annahmen der Stakeholder darüber, mit welchen Maßnahmen und unter welchen organisatorischen und sonstigen Voraussetzungen und Rahmenbedingungen wichtige Ziele erreicht und die problematische Ausgangssituation verbessert werden können. Im Unterschied zu einer so genannten Black-Box-Evaluation geht es also nicht nur darum, ob eine Intervention funktioniert, sondern auch darum, wie und unter welchen Rahmenbedingungen sie funktioniert. Auf die Frage, was „funktionieren" in diesem Zusammenhang genau bedeutet, gibt Chen eine differenzierte Antwort.

Mit den Möglichkeiten und Problemen der *Wirkungsevaluation zu Maßnahmen der Demokratieförderung* setzt sich der Beitrag von Thomas Widmer auseinander. Wirkung beschreibt Widmer als einen „kausal auf eine Intervention beliebiger Form (wie eine Maßnahme, ein Projekt oder ein Programm) rückführbaren Effekt". Oft seien Evaluationsgegenstände in diesem Themenfeld allerdings in Mehrebenensysteme eingebettet, bei denen Wirkungsketten über zahlreiche Wirkungsstufen auf verschiedenen Ebenen abliefen. Widmer versteht Evaluation unter dieser Voraussetzung als eine Dienstleistung, die Transparenz schafft, Nutzen stiftet und eine Bewertung vornimmt. Diese Dienstleistung wird seiner Ansicht nach auf staatlicher Ebene durch den Übergang von hierarchischen zu kooperativen Steuerungsformen verstärkt benötigt. Am Beispiel des Phänomens Rechtsextremismus diskutiert Widmer im Detail, wie ein derart vielschichtiges Phänomen begrifflich zu fassen ist und welche Evaluationsstrategien bei den verschiedenen Teilaspekten geeignet sind. Widmer stellt vier Aspekte heraus, die im Rahmen einer qualitativ hochwertigen Evaluation in diesem Themenfeld zu berücksichtigen sind: Klarheit über den Evaluationsgegenstand, Fokussierung bei der Wirkungsevaluation, Bescheidenheit angesichts hoher Schwierigkeitsgrade sowie Redlichkeit bei der Darstellung der der Aussagefähigkeit.

Ein wesentlicher Aspekt bei der Wirkungsevaluation von Programmen und Projekten ist das Phänomen, dass auch experimentell getestete Strategien unter realen Umsetzungsbedingungen nicht zwangsläufig erfolgreich sind. Manuel Eisner, Tina Malti, Denis Ribeaud und Barbara Müller beschreiben in ihrem Beitrag über das *Zürcher Projekt zur sozialen Entwicklung von Kindern* einen groß angelegten Feldversuch in der kriminologischen Präventionsforschung. Bei dem Feldversuch geht es um die Evaluation von zwei Präventionsprogrammen zur Reduktion von aggressivem Verhalten bei Kindern im Grundschulalter. Solche frühkindlichen Programme sind auch im Bereich der Rechtsextremismusprävention durchaus üblich. Die Voraussetzungen für groß angelegte Feldversuche zur Untersuchung der Wirksamkeit von Interventionen unter realistischen Bedingungen sind allerdings sehr anspruchsvoll. Eisner et al. nennen hier unter anderem eine qualitativ hochwertige Dokumentation des Programms, Belege für die Wirksamkeit des Programms unter Laborbedingungen und verschiedene Aspekte der Durchführbarkeit und Umsetzbarkeit des Programms. Wichtig seien ferner Messungen der Umsetzungstreue, um zu erfassen, ob die Intervention in der von den Programmentwicklern vorgesehenen Form implementiert wurde. Neben der Antwort auf die Frage, ob eine Intervention gewirkt hat, sollen groß angelegte Feldversuche Eisner et al. zufolge klären, warum sie gewirkt hat, bei wem sie gewirkt hat und unter welchen Bedingungen sie gewirkt hat.

Im zweiten Teil des Bandes steht der ebenfalls zentrale Aspekt der Nützlichkeit und der Nutzung von Evaluationsergebnissen stärker im Fokus. In ihrem Beitrag zur *nutzungsfokussierten Evaluation* erläutern Wolfgang Beywl und Susanne Giel, wie Nutzererwartungen und Nutzungsabsichten der Beteiligten und Betroffenen identifiziert und in den Evaluationsstrategien angemessen berücksichtigt werden können. Mit Bezug auf den Ansatz von Patton zeigen Beywl und Giel am Beispiel der Evaluation des Themenclusters „Früh ansetzende Prävention" im Bundesprogramm VIELFALT TUT GUT, wie eine Evaluationsstrategie mit diesem Schwerpunkt umgesetzt werden kann. Beschrieben werden unter anderem Instrumente zur Identifizierung der wichtigen Beteiligten, Methoden zur Identifizierung von Nutzungsabsichten und Verfahren zur Einbeziehung der Nutzungsabsichten in den Evaluationsplan. Obwohl ein Mindestmaß an Partizipation für dieses Vorgehen unabdingbar ist, können Nutzungsfokussierung und Partizipation nach den Erfahrungen von Beywl und Giel durchaus in einem Spannungsverhältnis stehen.

Kerstin Sischka spricht sich in ihrem Aufsatz *„Zum Nutzen eines konfliktsensiblen Ansatzes in der wissenschaftlichen Projektbegleitung"* für eine stärkere Verknüpfung von methodischer Evaluationsexpertise mit der wissenschaftlichen Forschung über das Themenfeld Rechtsextremismus, Jugend und Prävention aus. Anhand der wissenschaftlichen Begleitung von 18 Modellprojekten zur Arbeit mit rechtsextrem gefährdeten Jugendlichen beschreibt sie einen konfliktsensiblen und psychosozial ausgerichteten Evaluationsansatz. Grundgedanke dieses Ansatzes ist ebenfalls eine nutzen- und nutzungsorientierte Vorgehensweise, die den evaluierten Projekten ein Angebot zur systematischen Praxisreflexion unterbreitet. Ausgehend vom Prinzip der „Konfliktsensibilität" sollen Projekte mit Hilfe der wissenschaftlichen Begleitung nicht nur ihren Handlungskontext, sondern auch ihre Interaktion mit diesem Kontext reflektieren. Sischka legt dar, wie die wissenschaftliche Begleitung ein Empowerment der Projektmitarbeiter/innen gefördert hat, indem sie selbstreflexive Prozesse unterstützt und einen Rahmen für selbstorganisierten fachlichen Austausch und für Vernetzung bereitgestellt hat. Dass dieser reflexive Ansatz in der Lage ist, unterschiedliche Wirkungsdimensionen zu thematisieren, zeigt Sischka am Beispiel eines sozialkognitiven Bildungscurriculums mit straffälligen Jugendlichen in einer JVA.

Rainer Strobl und Olaf Lobermeier thematisieren in ihrem Aufsatz zur *Netzwerkevaluation* einen für die Stärkung der demokratischen Kultur zentralen Aspekt. Sie unterscheiden zunächst zwischen zufällig entstandenen, „natürlichen" Vernetzungen und strategisch geplanten Netzwerken. Letztere werden systematisch aufgebaut, um die Durchführung wesentlicher Aufgaben und Prozesse zu erleichtern oder überhaupt erst zu ermöglichen. Eine Evaluation kann den Autoren zufolge bereits bei der Netzwerkplanung wertvolle Unterstützung leisten und z. B. eine Stakeholderanalyse anleiten. Mit Hilfe der Netzwerkanalyse lassen sich Strukturen schon in dieser Phase visualisieren und später mit der tatsächlichen Vernetzung vergleichen. Hierdurch kann anschaulich gezeigt werden, welche wichtigen Beziehungen im aktuellen Netzwerk noch fehlen. Die Autoren betonen jedoch, dass eine Vernetzung kein Selbstzweck ist, sondern immer dazu dienen sollte, das Erreichen relevanter Ziele zu ermöglichen oder hierzu einen Beitrag zu leisten. Die Frage, ob diese inhaltlichen Ziele tatsächlich erreicht wurden, kann von der eigentlichen Netzwerkevaluation allerdings nicht beantwortet werden. Dies muss daher gesondert geprüft werden, indem geeignete Evaluationsstrategien zum Nachweis von Wirkungen eingesetzt werden. Während in den zuletzt vorgestellten Beiträgen geschildert wird, wie Evaluationen nützliche und nutzbare Informationen bereitstellen können, widmet sich Gesa Schirrmacher der Frage, *was sich Auftraggebende von Evaluationen und Evaluationspraxis wünschen*. Ein zentrales Problem bei der Nutzung von Evaluationsergebnissen kann Schirrmacher zufolge darin bestehen, dass die Lösung drängender sozialer Probleme nicht so lange hinausgezögert werden kann, bis die Wissenschaft wirklich valide Ergebnisse bereitstellt. Dennoch benötige die Verwaltung solide Ergebnisse zum Nutzen eines Programms oder Projekts. Mit diesen Ergebnissen würden unterschiedliche Ziele verfolgt. Neben einer Verbesserung von Programmen, Projekten oder Policies gehe es auch um Kostenreduktion oder die Legitimation von politischen Entscheidungen. Wichtig, so Schirrmacher, sei vor allem eine klare Kommunikation zwischen Auftraggebenden und Evaluierenden über die Ziele der Evaluation. Des Weiteren gehe es darum, dass Evaluatorinnen und Evaluatoren ihre Vorgehensweise und die Ergebnisse für die Auftraggebenden verständlich und nachvollziehbar darstellen und bei der Formulierung von Empfehlungen auch die Besonderheiten des jeweiligen politischen Kontexts berücksichtigten.

Der dritte Teil des Bandes widmet sich der gesellschaftlichen Bedeutung der Evaluation. Reinhard Stockmann betont in seinem Beitrag *Evaluation und Gesellschaft*, dass Evaluation nicht nur Hochkonjunktur hat, sondern auch dabei ist, sich als eigenständige Disziplin der angewandten Sozialforschung zu etablieren. Der Evaluationsboom führe zu vielfältigen Evaluationen, die die Gesellschaft auf unterschiedlichen Ebenen beträfen. Stockmann ist überzeugt, dass professionell durchgeführte Evaluationen nicht nur die Effizienz und die Effektivität von Projekten und Programmen steigern oder der Legitimierung von Politikstrategien dienen können, sondern darüber hinaus in der Lage sind, einen Beitrag zur gesellschaftlichen Aufklärung zu leisten, indem sie Transparenz über die Ziele und Wirkungen politischer Strategien und Maßnahmen herstellen. Stockmann diskutiert in seinem Beitrag auch die notwendigen Voraussetzungen zur Erfüllung dieser Evaluationsfunktionen. Er plädiert in diesem Zusammenhang unter anderem für eine weitergehende Professionalisierung und Etablierung der Evaluation als wissenschaftliche Forschungsdisziplin. Insgesamt ist Stockmann optimistisch, dass Evaluationen auf vielfältige Art einen gesellschaftlichen Nutzen stiften können.

Wilhelm Heitmeyer nimmt in seinem Beitrag *Evaluationsforschung. Parameter und Auswirkungen für die Gesellschaft* gewissermaßen die Gegenposition ein, wenn er analysiert, welche Auswirkungen die Zunahme an Evaluationsforschung auf öffentliche Diskurse, Akteursgruppen und Institutionen hat. Er ist insgesamt skeptisch, ob Evaluationsforschung wirklich einen Beitrag zur gesellschaftlichen Aufklärung leisten kann. Jede plurale, moderne Gesellschaft produziert Heitmeyer zufolge Zielkonflikte, durch die Bewertungskriterien für Evaluationen unklar werden. Aufgrund der unterschiedlichen Rationalitäten der verschiedenen gesellschaftlichen Teilsysteme stelle sich immer die Frage, welche Interessen welcher Stakeholder berücksichtigt werden sollen. So könne z. B. die Frage, was einer freiheitlichen demokratischen Kultur gut tut, keineswegs eindeutig beantwortet werden. Als Problembereiche identifiziert Heitmeyer eine unzureichende Bereitschaft zur Finanzierung professioneller Evaluationen, die Möglichkeit einer Hemmung von Risikobereitschaft durch den Zwang zur Evaluation, die Gefahr der ideologischen Instrumentalisierung von Evaluationsergebnissen, den Missbrauch von Evaluationen für ein Kontrollregime sowie den Zwang zu einer stärkeren Standardisierung gesellschaftlicher Praxen als Voraussetzung für ihre Evaluierbarkeit. Hinsichtlich der Auswirkungen der Evaluationsforschung auf die Gesellschaft zeichnet Heitmeyer ein ambivalentes Bild. Unter anderem sieht Heitmeyer auch die Gefahr, das Expertenwissen für die gesellschaftliche Diskussion auf Dauer immer unwichtiger wird, wenn die Abhängigkeit von Interessen und Auftraggebern nicht mehr zu verbergen ist. Er plädiert in diesem Zusammenhang für eine verständliche Darstellung und für eine rigorose Veröffentlichung von Evaluationsergebnissen.

Literatur

Heitmeyer, Wilhelm (2012): Gruppenbezogene Menschenfeindlichkeit (GMF) in einem entsicherten Jahrzehnt. In: ders. (Hg.): Deutsche Zustände. Folge 10. Berlin: Suhrkamp, S. 15-41.
Stockmann, Reinhard (2006): Evaluation und Qualitätsentwicklung. Eine Grundlage für wirkungsorientiertes Qualitätsmanagement, Münster; New York; München; Berlin: Waxmann.
Strobl, Rainer; Lobermeier, Olaf (2009): Die Problemstellung: Rechtsextremismus in der Kommune. In: Molthagen, Dietmar; Korgel, Lorenz (Hg.): Handbuch für die kommunale Auseinandersetzung mit dem Rechtsextremismus. Berlin: Friedrich-Ebert-Stiftung, Forum Berlin, S. 15-27.

I. Evaluationsansätze und Methoden

Theory-driven evaluation: Conceptual framework, application and advancement

Huey T. Chen

1 Introduction

There is an impressive amount of literature on theory-driven evaluation published in the past few decades. The literature devoted to this topic includes four volumes of New Directions for Evaluation (Bickman 1987, 1990; Rogers, Hasci, Petrosino, & Huebner 2000; Wholey 1987), several books (Chen 1990, 2005; Chen/Rossi 1992; (Connell, Kubisch, Schorr, & Weiss 1995; Fulbright-Anderson, Kubisch, & Connell 1998; Pawson & Tilly 1997) and numerous articles published in various journals (see recent review by (Coryn, Noakes, Westine, & Schoter 2011; Hansen & Vedung 2010). Furthermore, major evaluation textbooks (Patton 1997; Posavac & Carey 2007; Rossi, Lipsey, & Freeman 2004; Weiss 1998) have a chapter(s) introducing the concepts, methodology, and usefulness of theory-driven evaluation. The purpose of this chapter is to discuss the conceptual framework, applications, and new developments of theory-driven evaluation for facilitating further advancement.

2 Conceptual Framework of Program Theory

The tenet of theory-driven evaluation is that the design and application of evaluation needs to be guided by a conceptual framework called program theory (Chen 1990, 2005). Program theory is defined as a set of explicit or implicit assumptions by stakeholders about what action is required to solve a social, educational or health problem and why the problem will respond to this action. The purpose of theory-driven evaluation is not only to assess whether an intervention works or does not work, but also how and why it does so. The information is essential for stakeholders to improve their existing or future programs.

Theory-driven evaluation is sharply different from another type of evaluation, called black-box evaluation. Black-box evaluation mainly assesses whether an intervention has an impact on outcomes. It does not interest in the transformation process between the intervention and outcomes. Similarly, theory-driven evaluation is also different from method-driven evaluation. Method-driven evaluation uses a research method as a basis for conducting an evaluation. According to method-driven evaluation proposes the design of an evaluation is mainly guided by the predetermined research steps required by a particular method, quantitative, qualitative, or mixed. Unlike method-driven evaluation views evaluation mainly atheoretical, methodological activities, Method-driven evaluation tends to ignore stakeholders' view and concern in evaluation.

As a basis for designing theory-driven evaluation, program theory is a systematic configuration of stakeholders' prescriptive assumptions and descriptive assumptions underlying programs, whether explicit or implicit (Chen 1990, 2005). Descriptive assumptions, called change model, deal with what causal processes are expected to happen to attain program goals. Prescriptive assumptions, called action model, deal with what actions must be taken in a program in order to produce desirable changes. Theory-driven evaluation uses the action model and change model to address contextual factors and planning and implementation issues that are greatly interested to stakeholders.

Change Model: A change model describes the causal process generated by the program. The elements of a change model consist of the following three elements:

Goals and Outcomes: Goals reflect the desire to fulfill unmet needs, as with poor health, inadequate education, or poverty. Outcomes are the concrete, measurable aspects of these goals.

Determinants: To reach goals, programs require a focus, which will clarify the lines their design should follow. More specifically, each program must identify a leverage or mechanism upon which it can develop a treatment or intervention to meet a need. That leverage or mechanism is variously called the determinant or the intervening variable.

Intervention or Treatment: Intervention or treatment comprises any activity (ies) in a program that aims directly at changing a determinant. It is, in other words, the agent(s) of change within the program.

Action Model: An action model is a systematic plan for arranging staff, resources, settings, and support organizations to reach a target group and deliver intervention services. The action model consists of the following elements.

Implementing Organization: Assess, Enhance, and Ensure Its Capabilities: A program relies on an organization to allocate resources, to coordinate activities, and to recruit, train, and supervise implementers and other staff. How well a program is implemented may be related to how well this organization is structured. Initially, it is important to ensure that the implementing organization has the capacity to implement the program.

Program Implementers: Recruit, Train, Maintain Both Competency and Commitment: Program implementers are the people responsible for delivering services to clients: counselors, case managers, outreach workers, school teachers, health experts, and social workers. The implementers' qualifications and competency, commitment, enthusiasm, and other attributes can directly affect the quality of service delivery.

Peer Organizations/Community Partners: Establish Collaborations: Programs often may benefit from, or even require, cooperation or collaboration between their implementing organizations and other organizations. If linkage or partnership with these useful groups is not properly established, implementation of such programs may be hindered.

Intervention and Service Delivery Protocols: Intervention protocol is a curriculum or prospectus stating the exact nature, content, and activities of an intervention – in other words, the details of its orienting perspective and its operating procedures. Service delivery protocol, in contrast, refers to the particular steps to be taken to deliver the intervention in the field.

Ecological Context: Seek Its Support: Some programs have a special need for contextual support, meaning the involvement of a supportive environment in the program's work. Both microlevel contextual support and macrolevel contextual support can be crucial to a program's success. Microlevel contextual support comprises social, psychological, and material supports clients need to allow their continued participation in intervention programs. In addition to microlevel contextual support, program designers should consider the macrolevel context of a program, that is, community norms, cultures, and political and economic processes. These, too, have the ability to facilitate a program's success.

Target Population: Identify, Recruit, Screen, Serve: In the target group element, crucial assumptions at work include the presence of validly established eligibility criteria; the feasibility of reaching and effectively serving a target group; and the willingness of potential clients to become committed to, or cooperative with, or at least agreeable to joining the program. Relationships among the components are illustrated in Figure 1.

Figure 1: The Conceptual Framework of Program Theory

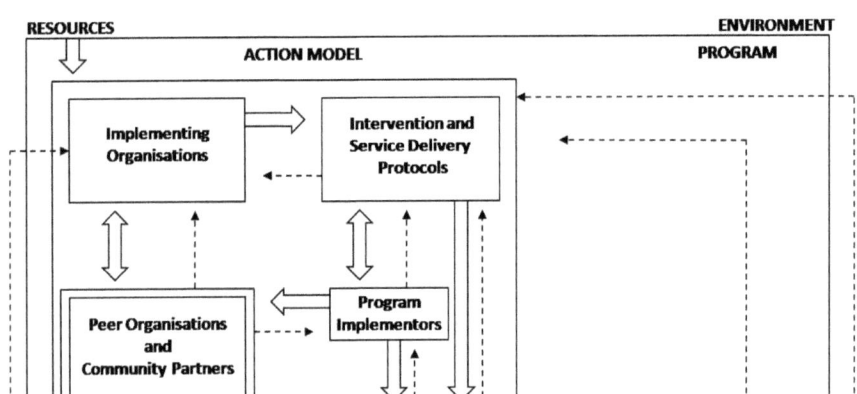

Figure 1 indicates that the action model must be implemented appropriately to activate the „transformation" process in the change model. For a program to be effective its action model must be sound and its change model plausible; its implementation is then also likely to be doing well. Figure 1 also illustrates evaluation feedback as represented in dotted arrows. Information from implementation can be used to improve the planning or the development of the action model. Similarly, information from the change model can be used to improve the implementation process and the action model. This conceptual framework of program theory should be useful to evaluators charged with designing an evaluation that produces accurate information about the dynamics leading to program success or program failure.

3 Examples of Theory-Driven Evaluation

3.1 Example of Theory-Driven Process Evaluation

Comprehensive theory-driven process evaluation is associated with certain strategies and approaches from the taxonomy. Two evaluations are discussed here to show some of the possible functions of this kind of evaluation.

3.1.1 Evaluating an Anti-Drug Abuse Program.

One comprehensive, theory-driven process evaluation that closely mirrors this handbook's conceptual framework of program theory is an evaluation of a large anti-drug abuse program for middle school students in Taiwan (Chen 1997). The program asked teachers to identify drug-abusing students and provide them with counseling services. A small group of top officials within Taiwan's Ministry of Education had designed the program; under the nation's centralized education system, the Ministry of Education approved appointments and salaries of teachers and administrators. When the program began in January 1991, 3.850 students had been identified as active drug abusers. That number declined sharply, plunging 96 %, to 154 students by June 1991.

The program's huge success led to a theory-driven process evaluation being conducted to examine how the program had been implemented. Hopes were that this program's example could foster the smooth implementation of other programs. The anti-drug abuse program featured a documentary program plan, but it was incomplete in comparison to the action model or program plan illustrated in Figure 1. Acting as facilitators, evaluators convened separate focus group meetings with top officials of the education ministry and with teacher representatives to obtain the information needed to complete the program plan. (The separate meetings acknowledged teachers' tendency to be silent in the presence of top officials, who have much more power than teachers do.) Evaluators played the role of facilitators and consultants, helping these key stakeholders develop their program theory. The final version of the program plan ultimately used for evaluation had been agreed to by both groups; the plan is presented on the left side of Table 1.

Table 1: The Spring Sun Program: normative versus actual

Program domains/ dimensions	Normative	Actual
Goal/outcome	Reduction of student drug use to be verified through urinalysis	Reduction of drug use, but urinalysis collection environment not controlled
Treatment	Primary: provide quality counseling to abusers Secondary: basic drug education	Primary: counseling mainly involved use of threats, admonishment, and/or encouragement not to use Secondary: basic drug education
Implementation Environment		
Target group	All drug abusing students	Only those drug abusing students who were easy to reach
Implementors	Teachers provided with adequate drug treatment training and information	Teachers lacked adequate drug treatment skills and information
Mode of delivery	Compulsory individual counseling	Compulsory individual counseling; but with problems such as lack of plan, format and objective
Implementing organisation	All schools that can adequately implement the program	Smaller schools had difficulties implementing the program
Inter-organisational procedures	Effective centralized school system	Communication gap, mistrust between Ministry of Education and the schools
Micro-context	Eliminate video game arcades	Video game arcades still exist
Macro-context	Strong public support	Strong public support, but problematic education system (elitism)

The program plan entailed mixing research methods – both quantitative and qualitative – to collect data. For example, quantitative methods were applied to rate teachers' satisfaction with a workshop on drug counseling skills sponsored by the education ministry, whereas qualitative methods were used to probe contextual issues of the teachers' opinions of the workshop. The right side of Table 1 displays empirical findings for the program's real-world implementation; comparison of the program theory to the implementation reveals large discrepancies. The program had been carried out, but the quality of services and the system of implementation were far from being impressive. The discrepancies between plan and implementation resulted from a lack of appropriate counseling training, the overburdening of teachers with counseling work with no change to their usual teaching responsibilities, and lack of communication as well as mistrust between an authoritarian ministry and the teachers. The evaluation results created doubt about how a program without strong implementation achieved a 96 % decrease in drug abuse in schools.

3.2 Examples of Theory-Driven Outcome Evaluation

Two basic models of intervening mechanism evaluation predominate in the discipline: linear and dynamic.

3.2.1 The Linear Model

The linear model is currently a very popular application of intervening mechanism evaluation. Linear models assume that the causal relationships among interventions, determinants, and outcomes are unidirectional: intervention affects determinant, and determinant then affects outcome. No reciprocal relationships operate among the variables. In linear models, the number and sequence of the determinants under study determine the model's form. The following causal diagrams illustrate the common linear model forms.

One-Determinant Model. This model, represented by Figure 2, contains a single determinant and is the fundamental model for intervening mechanism evaluation.

Figure 2: An example of a one-determinant model

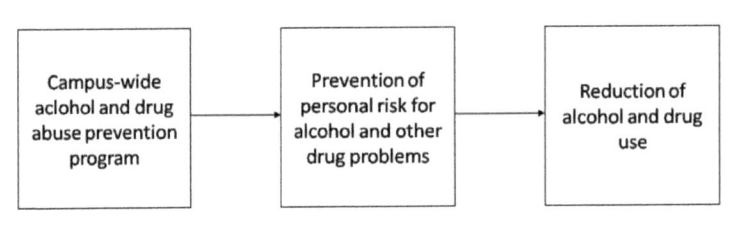

The one-determinant model is illustrated here by an evaluation of an alcohol and drug abuse prevention program at a college (Miller, Toscova, Miller, & Sanchez 2000). The intervention consisted of multiple components: print media, videotapes, speakers, referral services, and development of self-control. The determinant was perception of risk, and the outcome was a reduction in alcohol and drug use among the students on the campus where the program was established. As predicted, the data showed that after the interventions, there was heightened awareness on campus of the risks of substance abuse, which in turn reduced alcohol and drug use there. The one-determinant model is relatively easy to construct.

Multiple-Determinant Model, No Sequential Order. Another common linear model is the model with two or more determinants, each affected by the intervention or affecting the outcome, but in no particular sequence. A workplace nutrition program provides an example of the multiple-determinant model (Kristal, Glanz, Tilley, & Li 2000). The intervention featured at-work nutrition classes and self-help. The stakeholders and evaluators selected three determinants: predisposing factors (skills, knowledge, belief in diet-disease relationship), enabling factors (social support, perceived norms, availability of healthful foods) and stage of change (action and maintenance stages being subsequent to the intervention). The outcome variable was dietary change (eating vegetables and fruits). The model of this program is illustrated in Figure 3.

Figure 3: Workplace nutrition program as a multiple determinant. No sequential order.

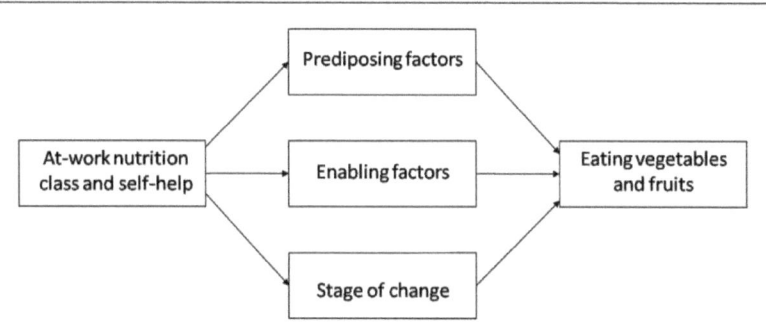

Kristal and colleagues found that the intervention did enhance predisposing factors as well as the likelihood of entering and remaining in the subsequent stages of change. They also found that the intervention did not affect enabling factors. The program was failing because the intervention was failing to activate one of the three determinants.

Multiple-Determinant Model With Sequential Order. The model containing two or more determinants aligned in a causal order is a multiple-determinant model with a sequential order. That is, certain determinants affect others in a particular sequential order. An example of this kind of linear model is found in an evaluation of a school-based antismoking campaign (Chen, Quane, & Garland 1988). The intervention contained components such as an antismoking comic book, discussions of the health messages the comic book delivered, and parental notification about the intervention program. The determinants of the model, in sequence, were the number of times the comic book was read, and knowledge of the comic book's story and characters. The sequential order indicates that repeated reading of the comic book changed the extent of knowledge about the plot and characters. The sequence is illustrated in Figure 4.

Figure 4: Antismoking program as a multiple-determinant with sequential order model

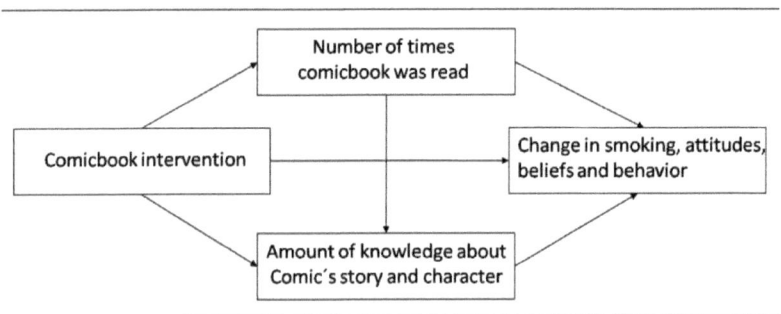

The outcome to be measured was change in attitudes, beliefs, and behaviors related to smoking. The evaluation determined that the distribution of the comic book affected the number of times the comic book was read, which in turn affected knowledge of its content. However, neither of these determinants was shown to affect students' smoking-related attitudes, beliefs, or behaviors.

The Dynamic Model. The dynamic model of intervening mechanism evaluation assumes that multidirectional, reciprocal causal relationships exist among intervention, determinant, and outcome. The relationship between determinant and outcome, especially, is reciprocal rather than one-way: The determinant affects the outcome, and the outcome also affects the determinant. A hypothetical educational program illustrates the model well. The project's focus was to equip parents with skills and strategies to assist their children with homework; homework had been chosen as a determinant of primary students' school performance. The model made clear, however, that the relationship between parental involvement and student performance need not be linear. Parents becoming more involved in a child's schoolwork might improve the child's performance, and then seeing the improved performance, parents perhaps might feel gratified, stimulating their willingness to devote time and effort to remaining involved in the child's education. This form of the dynamic model is represented in Figure 5.

Figure 5:   Education program as a dynamic model

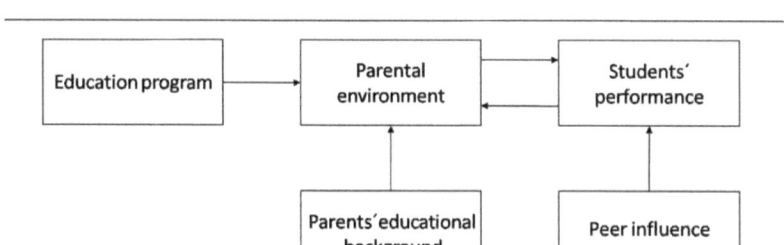

The conceptual framework of program theory is comprehensive enough to design and conduct different types of theory-driven evaluation depending on stakeholders' evaluation interests and needs. Readers are referred to Chen (Chen 1990, 2005) for detailed information on the following applications of theory-driven evaluation: Facilitating stakeholders to clarify a program theory underlying a program, using program theory to facilitate stakeholders for developing a sound intervention program, using an action model to design a systematic process evaluation, using a change model to design a theory-driven outcome evaluation, and integrating an action model and change model or a comprehensive evaluation.

4   Advantages of Theory-Driven Evaluation

Some advantages of theory-driven evaluation are discussed as follows:

Delineation of a strategy to consider stakeholders' views and interests: An evaluation suffers without adequate input from stakeholders. The challenges, however, are how to understand stakeholders' views and evaluation and how to integrate their interests in evaluation. The conceptual framework of program theory provides an effective tool for evaluators to communicate major evaluation issues with stakeholders and to design an evaluation that incorporates their interests.

Holistic assessment: The conceptual framework of program theory allows a holistic approach to assessing the merits of a program. Theory-driven evaluation can explain how and why a program achieves particular results by illustrating its means of implementation as well as underlying mechanisms of influence. The conceptual framework of program theory addresses issues in both the action model and the change model, so that it helps evaluators achieve a balanced view from which to assess the worth of a program.

Comprehensiveness of information needed to improve programs: A theory-driven evaluation that examines how a program's structure, implementation procedure, and causal mechanisms actually work in the field will provide useful information to stakeholders for program improvements.

Balance of scientific and practical concerns: Researchers are greatly concerned about the scientific rigor of an evaluation, while stakeholders desire an evaluation that addresses service issues. Since the conceptual framework of program theory uses an action model to address service issues and tackle rigorous issues in the change model, it has potential for greater dialogue and collaboration between academic and practical communities and for narrowing the gap between scientific and service communities.

Advancement of evaluation theory and methodology: Theory-driven evaluation has been applied in addressing scientific and service issues for a few decades. Lessons learned from the applications can be applied to further advance evaluation theory and methodology. The rest of this article will introduce recent developments of theory-driven evaluation in areas such as the integrative validity model and bottom-up evaluation approach.

5 Integrative Validity Model

Stakeholders are clients and users of evaluation results, evaluators must understand and address their view and need in evaluation. Because of working stakeholders intensively, theory-driven evaluation recognizes that stakeholders have a great interest in intervention programs that are capable of accomplishing two functions: goal attainment and system integration. Goal attainment means an intervention can activate causal mechanisms for attaining its prescribed goals as illustrated in the change model. System integration refers to an intervention is compatible or even synergic with other components in a system. These components include organizational missions and capacity, service delivery routine, implementers' capability, relationships with partners, clients' acceptance, and community norms as discussed in the action model. Stakeholders value goal attainment, but they are equally or even more interested in system integration because they are responsible for delivering services in the real world. Note also that although goal attainment and system integration are related outcomes attributable to an intervention, they do not necessarily go hand-in-hand. An efficacious or effective intervention does not mean that it is suitable for a community-based organization to implement it or vice versa (Chen 2010; Chen & Garbe P. 2011).

Stakeholders are greatly keen in evaluative evidence in system integration and goal attainment, but this interest has often not been satisfactorily met in evaluations. Traditionally, evaluators have applied the Campbellian validity typology (Campbell & Stanley 1963; Cook & Campbell 1979; Shadish, Cook, & Campbell 2002) for outcome evaluation. It is essential to note that the Campbellian validity typology was developed for research rather than evaluation purposes (Chen H.T., Donaldson, & Mark 2011). Its primary aim is for researchers to provide credible evidence in examining causal relationships among variables. Evaluators have found the typology is also very useful for outcome evaluation and have intensively applied it in addressing goal attainment issues. The typology has made a great contribution to program evaluation. However, the application of the typology as a major framework or standard for outcome evaluation has added evaluators' neglect of system integration issues. Since it is neither the scope nor intention of the Campbellian validity typology to be used for the purpose of designing well-balanced evaluations for meeting stakeholders' evaluation needs, it is up to evaluators to develop a more comprehensive perspective for systematically addressing both goal attainment and system integration issues. Theory-driven evaluation proposes an integrative validity model (Chen 2010; Chen & Garbe P. 2011) to take on this challenge. Building on Campbell and Stanley's (Campbell & Stanley 1963) distinction of internal and external validity, the integrative validity model proposes three types of validity for evaluation: effectual, viable, and transferable.

Effectual validity is the extent to which an evaluation provides credible evidence that an intervention causally affects specified outcomes. This validity is similar to the concept of internal validity proposed by Campbell and Stanley (1963). According to the Campbellian validity typology, randomized experiments are the strongest design in enhancing effectual validity. The next is quasi-experimental methods. Effectual validity is crucial for addressing goal attainment issues.

The integrative validity model proposes viable validity to address stakeholders' interest in system integration. Viable validity is the extent to which an intervention is successful in the real world. Here, viable validity refers to stakeholders' views and experiences regarding whether an intervention program is practical, affordable, suitable, evaluable, and helpful in the real world. More specifically, viable validity means that ordinary practitioners – rather than research staff – can implement an intervention program adequately, and that the intervention program is suitable for coordination or management by a service delivery organization such as a community clinic or a community-based organization. An additional inquiry is whether decision makers think the intervention program is affordable and can 1) recruit ordinary clients without paying them to participate, 2) have a clear rationale for its structure and linkages connecting an intervention to expected outcomes, and 3) ordinary clients and other stakeholders regard the intervention as helpful in alleviating clients' problems or in enhancing their well-being as defined by the program's real-world situations. In this context, helpful is whether stakeholders can notice or experience progress in alleviating or resolving a problem.

In the real world, stakeholders organize and implement an intervention program. Thus, they have real viability concerns. Viability alone might not guarantee an intervention's efficacy or effectiveness, but in real-world settings, viability is essential for an intervention's overall success. That is, regardless of the intervention's efficacy or effectiveness, unless that intervention is practical, suitable to community organizations' capacity for implementation, and acceptable to clients and implementers, it has little chance of survival in a community.

The integrative validity model also contributes to identifying viability evaluation – a new evaluation type that can assess the extent to which an intervention program is viable in the real world (Chen 2010). Viability evaluation requires mixed (qualitative and quantitative) methods. On the one hand, evaluation relies on quantitative methods to collect data with which it can monitor progress on recruitment, retention, and outcome. On the other hand, evaluation requires an in-depth understanding of stakeholders' views on, and their experience with, the specific intervention program.

The third component of the integrative validity model is *transferable validity*. The concept is a revision of the Campbellian validity typology's external validity. Since the Campbellian typology was developed for research purposes, external validity is conceptualized as an endless quest for confirmation of an intervention's universal worth – impossible for any evaluation to achieve (Chen 2010). The integrative validity model proposes a re-conceptualization of external validity as transferable validity from a stakeholders' perspective for usage in evaluation. Qualitative evaluators (Coxe, West, & Aiken 2009) prefer to use the term 'transferability' to external validity to emphasize that generalizability can be enhanced by qualitative methods such as thick description. This chapter uses transferability to represent issues related to generalizability, but stresses that transferability can be enhanced by qualitative and/or quantitative methods. Transferable validity for program evaluation is defined according to such concerns. Thus, the integrative validity model defines transferable validity as the extent to which evaluation findings of viability and effectuality can be transferred from a research setting to a real-world setting or from one real-world setting to another targeted setting. This definition stresses that transferability for program evaluation has a boundary – the real world.

Evaluation approaches with strong effectual validity tend to be low in transferable validity. For example, efficacy evaluation provides the most rigorous evidence on effectual validity, but it maximizes effectual validity at the expense of transferable validity. Efficacy evaluation applies randomized controlled trials (RCTs) that create an ideal and controlled environment in order to rigorously assess intervention effect. Manipulation and control used in maximizing effectual validity greatly reduce evaluation results' transferable validity to the real world. For example, to maximize effectual validity, RCTs usually use highly qualified and enthusiastic counselors as well as homogenous and motivated clients that hardly resemble real-world operations. Stakeholders may regard evidence provided in efficacy evaluation to be irrelevant to what they are doing.

Effectiveness evaluation is superior to efficacy evaluation for addressing transferable validity issues. Effectiveness evaluation estimates intervention effects in ordinary patients in real-world, clinical practice environments. To reflect the real world, recruitment and eligibility criteria are loosely defined to create a heterogeneous and representative sample of the targeted populations. Intervention delivery and patient adherence are less tightly monitored and controlled than in efficacy evaluations. The central idea is that to enhance transferability, effectiveness studies must resemble real-world environments. RCTs that require an intensive manipulation of setting are not suitable for effectiveness evaluation – evaluators often need to resort to non-RCT methods. Through scarifying some level of effectual validity, effectiveness evaluation enhances transferable validity.

Theory-driven evaluation argues effectiveness evaluation's transferable validity can be further enhanced by incorporating contextual factors and causal mechanisms as described in the action-change framework in the assessment (Chen 1990, 2005). In addition, theory-driven evaluation proposes the concepts of exhibited or targeted generalization for facilitating evaluators to address transferability issues (Chen 2010). Exhibited generalization of an evaluation itself provides sufficient contextual factors for an intervention to be effective in real-world applications. Potential users can adapt the information on the effectiveness of the intervention together with the contextual factors. Users can thereby assess its generalization potential with regard to their own populations and settings and decide whether to apply the intervention in their communities. Exhibited generalization can be achieved through the „action model-change model" framework in the theory-driven approach (Chen 1990, 2005) as previously discussed. Stakeholders sometimes have a particular real-world target population or setting to which they want to transfer the evaluation results. This is targeted generalization;

that is, the extent to which evaluation results can be transferred to a specific population and real world setting. Targeted generalization is achieved through methods such as sampling (Shadish et al. 2002), Cronbach's UTOS approach (Cronbach 1982), or the dimension test (Chen 1990). Thus through exhibited or targeted generalization, transferable validity adds a workable evaluation concept to program evaluation.

Furthermore, it is important to stress that transferable validity can mean either transferability of effectuality or transferability of viability. Transferability of effectuality has been the focus of the literature discussing external validity or generalizability. Transferability of viability, however, is an emerging concept that asks the question „To what extent can evaluation findings of an intervention's viability be transferred from one real-world setting to another targeted setting?" The distinction is important; that an intervention' *effectuality might* transfer to another setting does not guarantee that an intervention's *viability* will similarly be transferable.

6 Top-Down vs. Bottom-Up Approaches for Advancing Validity

It is desirable for an evaluation to have effectual validity, viable validity, and transferable validity. As discussed previously, these types of validity do not go hand in hand; it is extremely difficult to simultaneously maximize all three types of validity in an evaluation. Two approaches have been proposed to sequentially deal with them: top-down and bottom-up (Chen 2010; Chen & Garbe P. 2011). The traditional top-down approach is a series of evaluations, beginning with maximizing effectual validity by efficacy evaluations, then moving on to effectiveness evaluations aimed at strengthening transferable validity. This strategy has been intensively and successfully used in biomedical research. Many scientists and evaluators traditionally regard such a top-down approach as the gold standard of scientific evaluation. However, the application of this approach to evaluate health promotion/social betterment programs are found to be not as fruitful as expected. Recently, evaluators and researchers have increasingly recognized the application of this approach results in a huge gap between intervention research and real-world practice (Glasgow, Lichtenstein, & Marcus 2003).

Theory-driven evaluation proposes the bottom-up approach (Chen 2010; Chen & Garbe P. 2011) as an alternative to sequentially address validity issues. Since stakeholders regard viable validity as prime importance, the bottom-up approach proposes that the evaluation sequence begins with a viability evaluation. If this real-world intervention is in fact viable, a subsequent effectiveness evaluation provides sufficient objective evidence of the intervention's effectiveness in the stakeholder's real word. If necessary, the effectiveness evaluation could also address issues of whether such effectiveness is generalizable to other real world settings. After the intervention is deemed viable, effective, and generalizable in real world evaluations, an efficacy evaluation using methods such as RCTs will rigorously assess a causal relationship between intervention and outcome. The differences between the top-down approach and the bottom-up approach are illustrated in Figure 6.

Figure 6: Top-Down Approach vs. Bottom-Up Approach

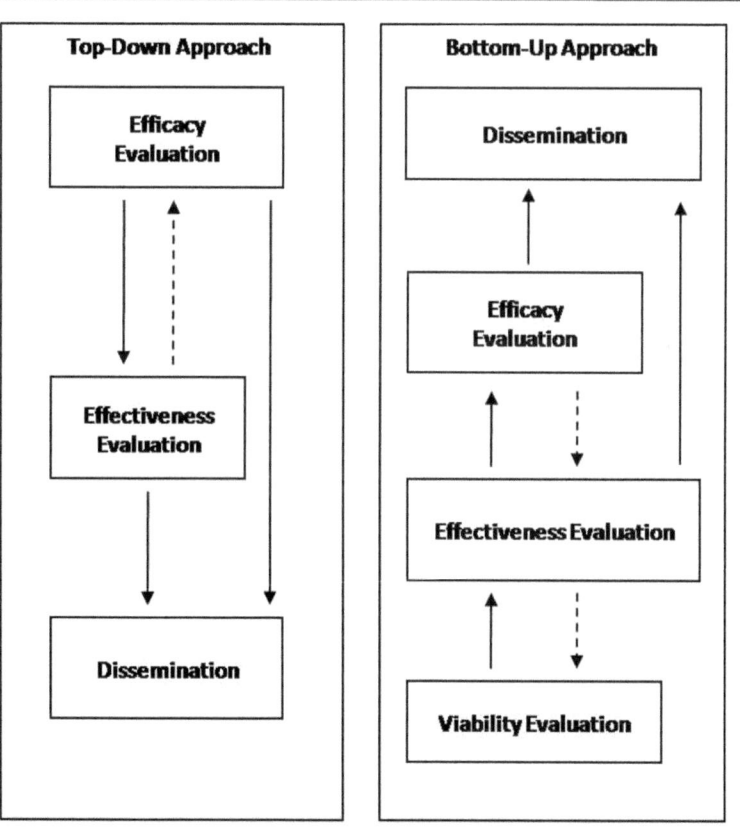

The bottom-up approach has a number of advantages over the top-down approach:

Assure intervention's usefulness to stakeholders and avoid wasting money. The traditional top-down approach usually begins with an expensive and time-consuming efficacy evaluation to assess an innovative intervention. After millions of dollars are spent on an efficacy evaluation, it might be found that the efficacious intervention is very difficult to implement in the real world, not of interest to stakeholders, or may not be real-world effective. This kind of approach tends to waste money.

By contrast, the bottom-up approach starts from viability evaluation. This first assesses the viability of an intervention as proposed by researchers or stakeholders. Because interventions with low viability are screened out in the beginning, this approach could save funding agencies considerable money and resources. The bottom-up approach encourages funding agencies to fund many viability evaluations and to select highly viable interventions for further rigorous studies.

Provide an opportunity to revise and improve an intervention in the real world before its finalization. One top-down approach limitation is finalizing the intervention protocol or package before or during efficacy evaluation – the protocol is not supposed to change after the evaluation. And when an intervention protocol is finalized at such an early stage, it prevents the intervention from gaining feedback from the real-world implementation or stakeholders' inputs for improvement. This approach seriously restricts an intervention's generalizability to the real world.

By contrast, the bottom-up approach affords an opportunity to improve an intervention during the viability evaluation. Intervention protocols refined from stakeholder inputs and implementation experience increase their real-world relevancy and contribution.

Provide an Alternative Perspective for Funding. In theory, funding agencies are interested in both scientific and viability issues. They want to see their funded projects be successful in communities or to have the capability of solving real-world problems. In practice, however, many agencies tend to heavily emphasize scientific factors such as RCTs or other randomized experiments as a qualification criterion for grant application (Donaldson, Christie, & Mark 2008; Huffman & Lawrenz 2006), while paying insufficient attention to viability issues. As discussed previously, if funding policy excessively stresses internal validity issues, it could waste money on projects that might be rigorous and innovative but that have little practical value. The bottom-up approach provides an alternative perspective for funding agencies to address scientific and viability issues in funding process. This perspective suggests three levels of funding:

Funding for viability evaluation: This funding level provides funds for assessing the viability of existing or innovative interventions. It will formally recognize a stakeholder's contribution in developing real-world programs. Researchers can also submit their innovative interventions for viability testing. In doing so, however, they will have to collaborate with stakeholders in addressing practical issues.

Funding for effectiveness evaluation: The second level of funding is an effectiveness evaluation for viable and popular interventions. Ideally, these evaluations should address both effectual and transferable validity issues.

Funding for efficacy evaluation: The third level of funding is efficacy evaluation for those interventions proven viable, effective, and transferable in the real world. Efficacy evaluation provides the strongest evidence of an intervention's precise effect, with practical value as an added benefit.

These three levels of funding will promote collaborations between stakeholders and researchers and ensure that evaluation results meet both scientific and practical demands.

7 Concurrent Validity Approaches

Under the conceptual framework of the integrative validity model, concurrent validity approaches contemplate dealing with multiple validity issues in a single evaluation. A concurrent approach has important implications for program evaluation. Outcome evaluation is often time-consuming. For example, the turnaround time for an efficacy or effectiveness evaluation of a program could easily be a few years. A long turnaround time plus the related expenses are major reasons why stakeholders ask for only one outcome evaluation as opposed to multiple outcome evaluations as discussed in the top-down or bottom-up approaches for a new or existing program.

In conducting a concurrent evaluation, evaluators face a challenging question: what type of evaluation is preferable for addressing validity issues? General guidance for concurrent approaches follows.

Maximizing Effectual Validity: When stakeholders need strong, objective proof of a causal relationship between an intervention and its outcomes, when they are willing to provide abundant financial resources to support the evaluation, and when they are willing to accept a relatively long timeline for conducting the evaluation, effectual validity is a priority. Evaluators will use the Campbellian validity typology, and when they do, RCT is the gold standard.

Maximizing Viable Validity: If stakeholders have a program with multiple components that are challenging to implement in a community, and if they need evaluative information to assure the survival of the program, viable validity should be a priority. If stakeholders need information about whether a program is practical or helpful in the real world or whether real-world organizations, implementers, and clients favor the program, an appropriate choice is to maximize viable validity. Evaluators could apply a viability evaluation for this purpose. Mixed (qualitative and quantitative) methods (Greene & Caracelli 1997; Tashakkori & Teddlie 2003) are particularly appropriate for viability evaluation.

Optimizing: If stakeholders prefer that an evaluation provide evidence of two or three types of validity (e.g., viable, effectual, and transferable), they must focus on finding an optimal solution for multiple validities in an evaluation (Chen 1988, 1990; Chen & Rossi 1983). A combination of effectiveness evaluation methodology with program theory is particularly useful for optimizing multiple validities (Chen 1990, 2005).

8 Theory-Driven Evaluation as an Alternative to Reductionism and Fluid Complexity

Evaluators have different views on how to conceptualize an intervention program and how to solve a problem. These different views of a program have a profound influence on how to evaluate the program. To illustrate the point, I will start with a discussion of two contrasting views of a program: reductionism and fluid complexity. Reductionism postulates that a program is stable and can be analytically reduced to a few core elements. A problem can be solved by using an appropriate intervention. The focus of black-box evaluation discussed previously is a good example of reductionism. The main focus of the evaluation is to assess whether a manipulation of the intervention can produce desirable outcomes. Other elements are subject to control in analysis in order to increase precision of assessment. One of the major benefits of reductionism is that it coexists well with statistical models and can provide an accurate estimation. Reductionism has made a significant contribution to quantitative evaluation. However, reductionism can oversimplify a program and provide an unsustainable solution.

Fluid complexity provides a contrasting view to reductionism. This perspective argues that a program tends to be made up of diverse and interactive elements in responding to turbulence in environment. As a result, a program is constantly changing. A problem has to be solved by a modification of groups of variables simultaneously and rapidly. The way an expedition team functions provides a good illustration of the fluid complexity view. Christopher Columbus' expedition team not only had to constantly revise its plans and activities in order to alleviate ongoing external threats, but also completely changed the mission.

After the original mission of finding a route to India was replaced with the new mission of discovering a new world and tasks were adjusted accordingly, the team and many others judged the expedition an enormous success. Fluid complexity makes an important contribution by bringing evaluators' attention to environmental influences and the dynamics of program processes. This approach may be useful for program planning and management, but in its current form, it has limitations in evaluation. Not many existing quantitative methods or statistical models are capable of analyzing such complicated transformation processes and interaction effects. Whether qualitative methods could meet the challenge remains to be seen. Furthermore, if a program is extremely complex and dynamic, then it lacks an entity for meaningful evaluation. In this case, consultants are more suitable than evaluators for offering opinions on how to address problems or issues generated from the constantly fluid and ever changing system.

The theory-driven evaluation's view on a program represents a synthesis of reductionism and fluid complexity. Theory-driven evaluation postulates that a program must address both change and stability forces as described by these two contrasting views. On the one hand, a program's political, social, or economic environment can create uncertainties that pressure the program for making changes. On the other hand, a program has to maintain some level of stability in order to provide a venue for transforming an intervention for desirable outcomes. Many programs address these opposite forces through taking proactive measures to reduce or even managing uncertainties. The action model and change models discussed previously provide a conceptual framework for understanding where proactive measures take place. For example, program managers and staff can build partnerships to buffer political pressure, strengthen organizational ties with funding agencies to increase chances to get funds, provide implementers training and incentive to reduce turnover, mobilize its community bases to generate community support for reducing criticisms, select a robust intervention for reducing potential implementation problems, and so on. A problem can be solved by reducing uncertainties and manipulating components as specified in the action and change models.

By synthesizing reductionism and fluid complexity, theory-driven evaluation may have the benefits of both worlds. It agrees with fluid complexity on the influences of uncertainties on a program, but argues that uncertainties could be reduced through anticipatory action such as better planning and information feedback. In addressing change and stability forces, the theory-driven evaluation's program view as expressed in program theory is more complicated than the reductionism's view of a program, but its scope is manageable and analyzable within the capability of existing quantitative and qualitative methods. There are programs suitable for applying either reductionism or fluid complexity, but the majority of intervention programs may be more applicable with the theory-driven evaluation's program view. Theory-driven evaluation provides an alternative for assessing these programs.

9 Discussion

Program evaluation is a young applied science. At its infancy stage, it had heavily borrowed concepts, methods, approaches, and theories from matured sciences. These methodologies and theories have been applied to evaluate and found their usefulness. They will continue to make contributions to program evaluation in the future. However, since these imported methodologies and theories were not developed for evaluation, I believe there are limits to how far they can help to advance evaluation. To further advance program evaluation, we may need more in-born evaluation theories and methodologies dedicating mainly for evaluation causes to energize the field. The development of theory-driven evaluation as demonstrated in this chapter represents an endeavour in this direction.

References

Bickman, L. (Ed.). (1987). Using program theory in evaluation. San Francisco Jossey-Bass.
Bickman, L. (Ed.). (1990). Advances in program theory. San Francisco: Jossey-Bass.
Campbell, D. T., & Stanley, J. (1963). Experimental and quasi-experimental designs for research. Chicago: RandMcNally.
Chen H.T./Donaldson, S. L./Mark, M. M. (2011). Validity Frameworks for Outcome Evaluation In C. HT, S. L. Donaldson & M. M. Mark (Eds.), Advancing Validity. In: Outcome Evaluation: Theory and Practice (Vol. Forthcoming). San Francisco: Jossey-Bass.
Chen, H. T. (1988). Validity in evaluation research: a critical assessment of current issues. Policy and Politics, 16(1), S. 1-16.
Chen, H. T. (1990). Theory-driven evaluations. Thousand Oak, CA: Sage.
Chen, H. T. (1997). Normative evaluation of an anti-drug abuse program. Evaluation and Program Planning, 20(2), S. 195-204.
Chen, H. T. (2005). Practical program evaluation: assessing and improving planning, implementation, and effectiveness. Thousand Oak, CA: Sage.
Chen, H. T. (2010). The bottom-up approach to integrative validity: a new perspective for program evaluation. Eval Program Plann, 33(3), S. 205-214. doi: S0149-7189(09)00101-3 [pii]10.1016/j.evalprogplan.2009.10.002

Chen, H. T./Garbe P. (2011). Assessing Program Outcomes from the Bottom-Up Approach: An Innovative Perspective to Outcome Evaluation. In: H. T. Chen, S. L. Donaldson & M. M. Mark (Eds.), Advancing Validity in Outcome Evaluation: Theory and Practice (Vol. Forthcoming). San Franscisco Jossey-Bass.
Chen, H. T./Quane, J./Garland, T. N. (1988). Evaluating an antismoking program. Evaluation and the Health Professions 11(4), S. 441-464.
Chen, H. T./Rossi, P. H. (1983). The theory-driven approach to validity. Evaluation and Program Planning, 10, S. 95-103.
Connell, J. P./Kubisch, A. C./Schorr, L. B./Weiss, C. H. (1995). New approaches to evaluating community initiatives: Concepts, methods and contexts. Washington, DC: Aspen Institute.
Cook, T. D./Campbell, D. T. (1979). Quasi-Experimentation: Design and Analysis Issues for Field Settings. Chicago: Rand McNally.
Coryn, C. L. S./Noakes, L. A./Westine, C. D./Schoter, D. (2011). A systematic review of theory-driven evaluation practice from 1990 to 2009. American Journal of Evaluation, 32(2), S. 199-266.
Coxe, S./West, S. G./Aiken, L. S. (2009). The analysis of count data: a gentle introduction to poisson regression and its alternatives. J Pers Assess, 91(2), 121-136. doi: 908606900 [pii]10.1080/00223890802634175
Cronbach, L. J. (1982). Designing Evaluations of Educational and Social Programs. San Francisco: Jossey-Bass.
Donaldson, S. L./Christie, C. A./Mark, M. M. E. (2008). What counts as credible evidence in applied and evaluation pracrtice? Newbury Park, CA: sage.
Fulbright-Anderson, K./Kubisch, A. C./Connell, J. P. (Eds.). (1998). New approaches to evaluating community innitiatives. Vol. 2: Theory, measurement and analysis. Washington, D.C.: Aspen Institute.
Glasgow, R. E.,/Lichtenstein, E./Marcus, A. C. (2003). Why don't we see more translation of health promotion research to practice? Rethinking the efficacy-to-effectiveness transition. Am J Public Health, 93(8), S. 1261-1267.
Greene, J./Caracelli, V. J. (Eds.). (1997). Advanced in mixed-method evaluation: Teh chanllenge and benefits of integarting diverse paradigm (Vol. 74). San Francisco: Jossey-Bass.
Hansen, M. B./Vedung, E. (2010). Theory-Based Stakeholder Evaluation. American Journal of Evaluation, 31(3), 295-313. doi:10.1177/1098214010366174
Huffman, D./Lawrenz, F. (Eds.). (2006). Critical Issues in STEM Evaluation. San Francisco: Jossey-Bass.
Kristal, A. R./Glanz, K./Tilley, B. C./Li, S. (2000). Mediating factors in dietary change: Understanding the impact of a worksite nutrition intervention. Health Education & Behavior, 27(1), S. 112-125.
Miller, W. R./Toscova, R. T./Miller, J. H./Sanchez, V. (2000). A theory-based motivational approach for reducing alcohol/drug problems in college. [Evaluation Studies Multicenter Study Research Support, U.S. Gov't, Non-P.H.S. Research Support, U.S. Gov't, P.H.S.]. Health Educ Behav, 27(6), S. 744-759.
Patton, M. Q. (1997). Utilization-Focused Evaluation (3d ed. ed.). Thousand Oaks, CA.
Pawson, R., /Tilly, N. (1997). Realistic evaluation. Thousand Oaks, CA: Sage.

Posavac, E. J., /Carey, R. G. (2007). Program Evaluation: Methods and Case Studies. Upper Saddle River, New Jersey: Pearson Prentice Hall.

Rogers, P. J./Hasci, T. A./Petrosino, A./Huebner, T. A. (Eds.). (2000). Program theory in evaluation: Challenges and Opportunites (Vol. 87). San Francisco: Jossey-Bass.

Rossi, P. H./Lipsey, M. W./Freeman, H. E. (2004). Evaluation: A systematic approach. Thousand Oaks, CA: Sage.

Shadish, W. R./Cook, T. D./Campbell, D. T. (2002). Experimental and quasi-experimental designs for generalized causal inference. Boston: Houghton Mifflin.

Tashakkori, A.,/Teddlie, c. (Eds.). (2003). Handbook of Mixed Methods in Social and Behavioral Research. thousand Oaks, CA: Sage.

Weiss, C. (1998). Evaluation (2nd edition ed.). Englewood Cliffs, New Jersey: Prentice Hall.

Wholey, J. S. (Ed.). (1987). Using program theory in evaluation (Vol. 33). San Francisco: Jossey-Bass.

Wirkungsevaluation zu Maßnahmen der Demokratieförderung[1]

Thomas Widmer

Die Wirkungsevaluation wird je nach Milieu idealistisch verklärt oder als Teufelszeug verdammt. Dieser Beitrag verfolgt das Ziel die Debatte um die Wirkungsevaluation zu versachlichen. Dazu wird ein vierstufiges Vorgehen gewählt. Zuerst erfolgt eine begriffliche Klärung, um die Wirkungsevaluation gegenüber anderen Formen der Evaluation abzugrenzen und um auf die Besonderheiten der Wirkungsevaluation hinzuweisen. Nicht zuletzt sollen in diesem ersten Schritt auch einige verbreitete evaluationsfachliche Missverständnisse offengelegt werden, die einen fundierten Diskurs über Zulässigkeit, Realisierbarkeit und Nützlichkeit von Wirkungsevaluationen behindern.

In einem zweiten Schritt soll die Relevanz der Wirkungsevaluation im heutigen gesellschaftlichen, wirtschaftlichen und politischen Umfeld herausgearbeitet werden. In einem dritten Teil wird sodann auf die spezifischen Herausforderungen der Wirkungsevaluation eingegangen, wobei hier eine Fokussierung auf die Demokratieförderung, oder präziser, auf Maßnahmen gegen Rechtsextremismus vorgenommen wird. Der Beitrag schließt mit einem zusammenfassenden Fazit.

1 Definitorische Grundlagen

Wie ist das Konzept „Wirkungsevaluation" inhaltlich zu fassen? Dies soll im nachfolgenden Abschnitt diskutiert werden. Zunächst sind also die beiden Elemente dieses Begriffs zu definieren.

„Unter *Evaluation* wird eine wissenschaftliche Dienstleistung verstanden, die sich mit der systematischen und transparenten Bewertung eines Gegenstan-

---

1 Dieser Beitrag stützt sich maßgeblich auf das Forschungsprojekt „Massnahmen gegen Rechtsextremismus in der Schweiz: Auf der Suche nach den wirksamsten Massnahmen.", das im Rahmen des Nationalen Forschungsprogramms „Rechtsextremismus – Ursachen und Gegenmassnahmen" (NFP40+) durch den Schweizerischen Nationalfonds gefördert wurde (vgl. dazu Widmer/Blaser/Falk 2007; Widmer/Hirschi 2007a; 2007b; 2007c; 2009; Hirschi/Widmer 2012). Ich bedanke mich beim Schweizerischen Nationalfonds für die Förderung und besonders bei Christian Hirschi für die fruchtbare Zusammenarbeit.

des befasst" (Widmer 2002: 102; Hervorhebung TW). Diese im Grundsatz recht offene Definition enthält doch einige eingrenzende Festlegungen. Zunächst wird festgestellt, dass mit Evaluation eine wissenschaftliche (und damit eine systematische und transparente) Vorgehensweise gemeint ist. Dies hat weitreichende Konsequenzen auf der methodischen Ebene, neben der Methodik besonders auch hinsichtlich einer Transparenz schaffenden Berichterstattung. Zweitens betont obige Definition mit der Bezeichnung der Evaluation als Dienstleistung, dass Evaluation zuhanden von Adressierten respektive Nutzenden eine Leistung erbringt, die dort einen Nutzen zu stiften haben sollte. Drittens legt die Definition schließlich fest, dass es sich bei der Evaluation um eine bewertende Tätigkeit handelt, sich die Evaluation also nicht darauf beschränkt zu erheben, zu messen, zu beschreiben, zu verstehen, zu erklären und zu prognostizieren, wie dies die wissenschaftliche Forschung tut, sondern zwingend (auch) zu bewerten. In Verbindung mit dem Erfordernis der Transparenz und jenem der Wissenschaftlichkeit zwingt diese Komponente der Definition die Evaluierenden dazu, Bewertungskriterien festzulegen, diese systematisch anzuwenden und deren Verwendung transparent darzulegen.

Das zweite Begriffselement, die *Wirkung* lässt sich seinerseits wie folgt umschreiben: Ein kausal auf eine Intervention beliebiger Form (wie eine Maßnahme, ein Projekt oder ein Programm) rückführbarer Effekt. Hierbei ist auf zwei häufig anzutreffende Missverständnisse hinzuweisen. Eine Wirkung ist somit nicht gleichzusetzen mit einer Veränderung in der Zieldimension. Wenn sich die Zahl der Erwerbslosen von einem Jahr zum nächsten senkt, ist bei weitem noch nicht klar, dass dieser empirisch zu beobachtende Rückgang eine Wirkung des von uns zu evaluierenden Arbeitsmarktintegrationsprogramms darstellt. Erst dann ist es statthaft von einer Wirkung zu sprechen, wenn hinreichend fundiert eine kausale Attribution vorgenommen werden kann. Ist eine solche ursächliche Zuordnung nicht möglich, verbieten sich auch entsprechende Wirkungsaussagen.

Als zweites Missverständnis trifft man häufig das Verständnis an, dass Wirkungen *intendierte* Effekte darstellen würden. Das Spektrum von Effekten ist jedoch sehr breit, wie dies aus Tabelle 1 zu entnehmen ist. Weiter ist davon auszugehen, dass es nicht nur unterschiedliche *Effekttypen* gibt, sondern dass in der Regel ein Projekt auch mehrere Effekte auslöst, dass also von multiplen Effekten auszugehen ist.

Tabelle 1: Dimensionen zur Spezifikation von Effekten

Dimension	Ausprägungen (graduell)	
Intention	intendiert	nicht-intendiert
Antizipation	antizipiert	nicht-antizipiert
Explikation	expliziert	nicht-expliziert
Signifikanz	wichtig	unwichtig
Bewertung	positiv	negativ

Quelle: Widmer 2008: 276

Diese unterschiedlichen Effekttypen sind aber bei weitem nicht die einzigen Differenzierungsdimensionen die hier relevant sind. Von besonderer Bedeutung für die Evaluation sind auch die *Wirkungsstufen* (vgl. Widmer/De Rocchi 2012: 30). Angelehnt an die Systemtheorie wird in der Regel unterschieden in den Input, in den Prozess und in den Output. Letzterer lässt sich wiederum unterteilen erstens in den Output im engeren Sinne, also den durch den Evaluationsgegenstand (zum Beispiel ein Projekt) direkt hervorgerufenen Leistungen oder Produkten, zweitens den sogenannten Outcome, also den bei den direkten Adressaten unmittelbar auftretenden Effekt des Projektes und drittens den Impact, also den mittelbar auftretenden, weiteren Effekten jenseits der direkten Adressaten, also zum Beispiel die Auswirkungen in der Gesamtgesellschaft. Je nach Kontext werden Output, aber dann vor allem auch Outcome und/oder Impact als Wirkung bezeichnet. Die genannten drei Wirkungsstufen können jedoch nur als Heuristik geeignet sein, weil sie die bestehende Vielgestaltigkeit und Kompliziertheit der empirisch anzutreffenden Wirkungsgefüge radikal reduzieren. Weder lässt sich darauf bauen, dass diese Wirkungskette lediglich dreistufig ist – so sind mehrere, nacheinander auftretende Outcome oder Impact durchaus zu erwarten – noch sind Wirkungsketten einspurig angelegt, wie dieses Modell dies suggeriert. Zudem muss davon ausgegangen werden, dass es auch zu Rückkopplungsphänomenen kommen kann, die ebenfalls unberücksichtigt bleiben.

Wie Abbildung 1 aufzeigt, sind Evaluationsgegenstände immer häufiger in Mehrebenensystemen eingebettet, bei denen Wirkungsketten über zahlreiche Wirkungsstufen auf verschiedenen Ebenen ablaufen und damit die lückenlose empirische Analyse der Zusammenhänge weiter erschwert.

Abbildung 1: Multiple Wirkungskette in Mehrebenensystemen (schematisch)

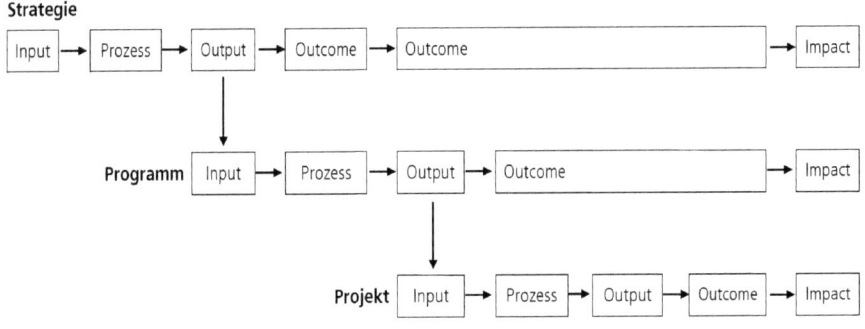

Quelle: Widmer/Frey 2006: 293

Abbildung 2 kontextualisert nun diese idealtypisch vereinfachte Wirkungskette mit den Wirkungsstufen Output, Outcome und Impact, dargestellt in der mittleren Zeile der Abbildung. Wie in der Abbildung exemplarisch und selektiv dargestellt, wirken zahlreiche unterschiedlichste externe Faktoren auf diese Wirkungskette ein. Es wird deutlich, dass eine Wirkungsevaluation auf der Stufe Impact sehr anforderungsreich ist, weil auf zahlreichen Stufen diverse alternative Erklärungen ausgeschlossen werden müssen, bevor eine Veränderung im Impact kausal dem zu evaluierenden Projekt zugeordnet werden kann.

Abbildung 2: Rivalisierende Erklärungen in der Wirkungskette (exemplarisch)

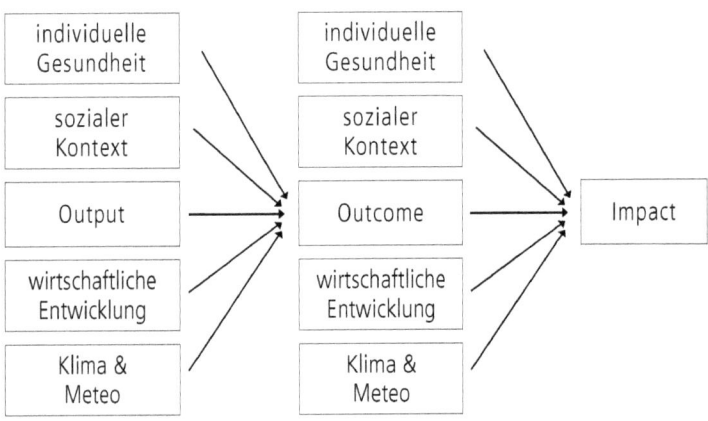

Die sogenannte kausale Attribution muss also in der Regel über zahlreiche Stufen und unter Ausschluss einer Vielzahl von rivalisierenden Erklärungen erfolgen. In der aktuellen Evaluationsdebatte wird wieder vermehrt Gewicht auf die Ebene des Impacts gelegt, nachdem für eine gewisse Zeit eher auf Prozesse, Leistungen und Produkte (Output) fokussiert worden war. In vielen Bereichen plädieren zudem einflussreiche Kreise wiederum klar dafür, dass der kausale Nachweis in Evaluationen durch Experimente mit Zufallszuweisung, sogenannte „randomized controlled trials" (RCT), zu erbringen sei (Widmer/De Rocchi 2012: 47-48, 145-151). RCT eignen sich eher bei gut isolierbaren Einzelinterventionen für den Nachweis von unmittelbaren Effekten und weniger für den Nachweis komplexer Wirkungsgefüge. Die Kombination dieser beiden Entwicklungen hat beispielsweise in der internationalen Entwicklungszusammenarbeit zur Forderung nach „rigorous impact evaluation" geführt, also nach Evaluationen, die sich mit rigorosem Zugang (sprich RCT) mit Wirkungen auf der Impact-Stufe befassen (vgl. Savedoff et al. 2006). Aufgrund der vorangehenden Überlegungen lässt sich hier auch von einem *Rigorous Impact Evaluation Paradox* sprechen: Je später in der Wirkungskette eine Evaluation ansetzt, umso weniger rigoros kann sie ausgestaltet werden.

Weiter erschwert die weitverbreitete Annahme, dass Wirkungsevaluationen summativ ausgerichtete ex-post Evaluationen sein müssten, häufig die Verständigung: Erstens können Wirkungsevaluationen prospektiv (ex-ante), begleitend oder retrospektiv (ex-post) angelegt werden. Und zweitens können Wirkungsevaluationen formativ (also verbesserungsorientiert) oder summativ (bilanzierend) konzipiert werden, wie dies in Tabelle 2 dargelegt ist.

Tabelle 2: Grundtypen der Evaluation (angelehnt an Chen 1996: 123)

		Evaluationsfunktionen	
		Verbesserung (formativ)	*Bilanzierung (summativ)*
Programmstufen	*Prozess*	Prozessverbesserungs- evaluation	Prozessbilanzierungs- evaluation
	Wirkung	Wirkungsverbesserungs- evaluation	Wirkungsbilanzierungs- evaluation

Zusammenfassend lässt sich somit festhalten, dass es sich bei einer Wirkungsevaluation um eine wissenschaftliche Dienstleistung handelt, die sich mit der systematischen und transparenten Bewertung eines Gegenstandes (wie Maßnahmen, Projekte, Programme etc.) anhand seiner Wirkungen (namentlich Outcome und Impact) befasst. Eine derartige Bewertung setzt voraus, dass die Evaluation eine kausale Zuordnung der Wirkungen zur fraglichen Intervention vornimmt, indem sie alternative Erklärungen ausschließt.

Der nachstehende Abschnitt geht nun im Anschluss an diese Klärung der Frage nach, welche Bedeutung die Wirkungsevaluation heutzutage hat und wie sich dieser Stellenwert erklären lässt. Dabei kommt dem Wandel von Staatlichkeit eine zentrale Bedeutung zu.

2 Relevanz der Wirkungsevaluation

2.1 Wandel von Staatlichkeit

In den letzten zwei Dekaden haben sich in der Ausprägung von Staatlichkeit erhebliche Veränderungen ergeben, die einen wesentlichen Faktor für die Entwicklung der Evaluation im Allgemeinen und die Bedeutung der Wirkungsevaluation im Speziellen darstellen. Dies sind namentlich die folgenden Entwicklungen:

- *Rückzug des Staates*: Im Zusammenhang mit dem Aufkommen des verwaltungspolitischen Leitbilds „Schlanker Staat" (Jann 2002: 289-290) haben sich im Zuge von Deregulierung, Liberalisierung und Privatisierung Verschiebungen der Systemgrenzen zwischen öffentlichem und privatem Sektor ereignet.
- *Verlust staatlicher Monopolherrschaft*: Durch Delegation von Aufgaben an Dritte verliert der Staat zunehmend Einflussmöglichkeiten. Das weitgehend staatliche Herrschaftsmonopol erodiert aufgrund des Aufkommens nichtstaatlicher Herrschaftsträger („Monopolist a. D." bei Zangl 2008; vgl. Genschel/Zangl 2008).
- *Auflösung der Grenzen des Staates:* Eine vermehrte Vermischung von staatlichen und privaten Sektoren sowie deren diffuse Abgrenzung fördert eine „Zerfaserung" von Staatlichkeit (Leibfried/Zürn 2006: 19; vgl. Schuppert 2008 und Genschel/Leibfried 2008).
- *Kooperative anstelle hierarchischer Steuerung*: Die Kooperation von Staat und Zivilgesellschaft respektive Wirtschaft in der Form von Netzwerken oder sogenannter „public private partnerships" ersetzt zunehmend herkömmliche Formen hierarchischer Steuerung (Mayntz 1987: 99-100; Benz 1994; Voigt 1995).

- *Vertikaler Transfer der Steuerungskompetenzen*: Vertikale Verlagerung von Zuständigkeiten von der nationalen zur internationalen (Zürn 1998) oder subnationalen Ebene (vertikale Entnationalisierung) wie auch von einer subnationalen zu einer anderen, eventuell auch zu einer neuen politischen Ebene („re-scaling"; Brenner 1999&2004; Kübler et al. 2003; Kübler/Koch 2008).
- *Horizontale Segmentierung*: Steigende Komplexität in Mehrebenenkonstruktionen namentlich im Rahmen der europäischen Integration, aber auch in föderalistisch strukturierten politischen Systemen (Benz 2004; Enderlein et al. 2010).

Die dargelegten Phänomene haben die Ausgestaltung von Staatlichkeit erheblich verändert, was für die Formen der staatlichen Steuerung nicht ohne Folgen blieb.

2.2 Staatliche Steuerung

Der Übergang von einer hierarchischen Steuerung bei „government" zu einer kooperativen Steuerung bei „governance", der Wandel von einer konditionalen zu einer finalen Steuerung in den Rechtsgrundlagen sowie die zunehmende horizontale und vertikale Strukturierung staatlichen Handelns verändert die Art und erhöht den Umfang der zur staatlichen Steuerung benötigten Grundlagen (Steuerungswissen), wobei schon früh Zweifel geäußert wurden, ob diese Herausforderungen überhaupt zu bewältigen sind (Mayntz 1987: 99). Dessen ungeachtet haben sich – maßgeblich durch die Praxis beeinflusst – Steuerungsmodelle etabliert, welche die althergebrachte Steuerung der Ressourcen und Prozesse durch eine Steuerung über Leistungs- und Wirkungsvorgaben ersetzen (oder zumindest ergänzen sollten) (vgl. dazu Schedler/Proeller 2011). Abbildung 3 legt diese verschiedenen Formen der Steuerung dar.

Abbildung 3: Formen der staatlichen Steuerung

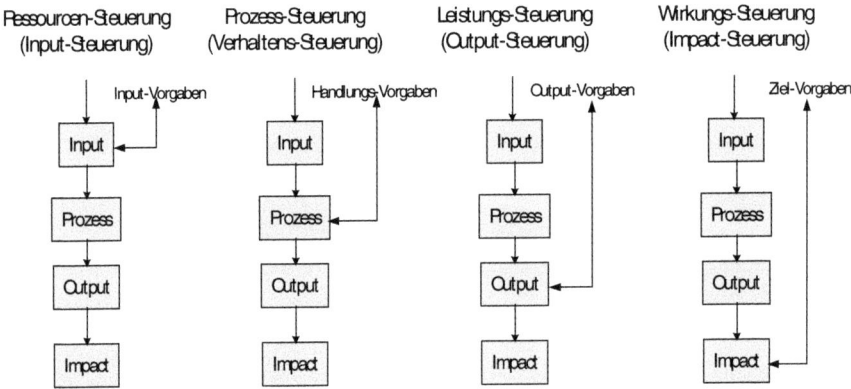

Quelle: Widmer/Rüegg 2005: 100

Wie aus der Abbildung ersichtlich wird, erweitert sich die Spannweite zwischen der Formulierung der entsprechenden Vorgaben und deren Überprüfung maßgeblich bei einem Wechsel von einer Ressourcen- und Prozesssteuerung zu einer Leistungs- und Wirkungssteuerung. Während die Einhaltung der Input- und Handlungsvorgaben mit den herkömmlichen Instrumenten der Verwaltungsführung und der Verwaltungsaufsicht weitgehend überprüft werden können, gilt dies nur eingeschränkt für die Output- und Zielvorgaben. Hier entstand eine zusätzliche Nachfrage nach Evaluationen, die versprechen, die Leistungen und besonders die Wirkungen staatlichen Handelns erfassen und bewerten zu können (Widmer/Rüegg 2005). In diesem Sinne kann die Evaluation als ein Element einer neuen Governance verstanden werden (vgl. auch Rhodes 1996; Fenger/Bekkers 2007).

2.3 Legitimation des Staates

Parallel zu diesen Entwicklungen haben sich aber auch die Legitimationserwartungen an den Staat verändert. Während sich der demokratische Rechtsstaat traditionell in erster Linie durch die demokratischen Mitwirkungsmöglichkeiten (Input-Legitimation) sowie durch regelkonformes und die Grundrechte wahrendes Verhalten (Prozess-Legitimation) legitimierte, wird vom zeitgenössischen Leistungsstaat auch ein Nachweis über Leistungen und Wirkungen staatlichen

Handelns erwartet (Output-Legitimation). In der Literatur hat besonders der Politikwissenschaftler Fritz W. Scharpf schon früh zwischen der Input- und der Output-Legitimation unterschieden (Scharpf 1975; Dahl 1994; Scharpf 1999: 10-21; Scharpf 2000) und erweiterte damit das traditionell engere Verständnis der staatlichen Legitimation (Lipset 1959: 86). Weil die dichotome Unterscheidung in Input und Output an ihre Grenzen gestoßen ist, wurde in der Literatur vermehrt die intermediäre Kategorie der Prozess-Legitimation (oder in Analogie zu 'input' und 'output' auch als 'throughput legitimacy' bezeichnet) eingeführt (Beetham 1991). Dieses Konzept hat eine gewisse Nähe zu jenem der „Legitimation durch Verfahren" (Luhmann 1969) und gewinnt gerade im Kontext der oben beschriebenen gewandelten Staatlichkeit mit einem Einbezug der Bürgerinnen und Bürger bei der staatlichen Leistungserstellung noch zunehmend an Relevanz.

Abbildung 4: Legitimationstypen in der Wirkungskette

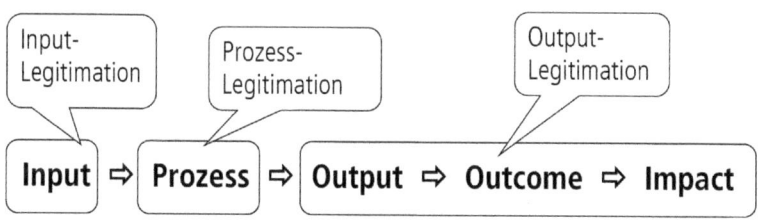

Quelle: Widmer 2009: 355 (übersetzt)

In Tabelle 3 werden diese drei Legitimationstypen weitergehend charakterisiert. Daraus wird deutlich, dass gerade die Output-Legitimation (teilweise aber auch die Prozess-Legitimation) nur beschränkt mit herkömmlichen Instrumenten der Mitwirkung und Kontrolle erarbeitet werden kann, sondern dass dafür ein zusätzlicher Bedarf besteht, den die Evaluation abzudecken verspricht. Der zunehmende Legitimationsdruck hat also zur Folge, dass sich der Staat auch über seine Leistungs- und Wirkfähigkeit zu legitimieren sucht, was einen zunehmenden Bedarf an Evaluationsaktivitäten ausgelöst hat. Die Bedeutung der Output-Legitimation ist dabei gerade auf der Ebene der einzelnen Politiken, Projekte, Programme und Maßnahmen von besonderer Bedeutung, während Mechanismen der Input-Legitimation primär auf der Ebene des politischen Systems als Ganzes ansetzen (Widmer 2009: 354). Dies bedeutet also, dass output-seitige Informationsgrundlagen besonders für einzelne Politiken nachgefragt werden. Damit rückt die Frage der kausalen Attribution, also jene nach der ursächlichen Zuordnung von empirisch beobachteten gesellschaftlichen Veränderungen (oder Zuständen zu einer bestimmten staatlichen Intervention, ins Zentrum des Interesses.

Tabelle 3: Merkmale der Legitimationstypen (nach Widmer 2009: 353)

Dimension	Input-Legitimation	Prozess-Legitimation	Output-Legitimation
Beschreibung	Politische Entscheidungen in direkt- oder repräsentativ-demokratischen Verfahren (Gesetzgebung & Wahlen) Verfahren gewährleisten, dass politische Entscheide den Präferenzen der Bürgerinnen und Bürger entsprechen	Rechtsstaatlichkeit Rechtssicherheit Gleichbehandlung der Bürgerinnen und Bürger	Leistungen und Wirkungen staatlicher Aktivitäten Kollektivverbindliche Entscheidungen dienen den Interessen der Allgemeinheit
grundlegende Erfordernisse	Verfahren folgen demokratischen Regeln	Verfahren gewährleisten Rechtsstaatlichkeit	staatliche Aktivitäten sind so gestaltet und umgesetzt, dass sie leistungsfähig und wirksam sind
weitere Bedingungen	direkte Transparenz	(vor allem) indirekte Transparenz	direkte und indirekte Transparenz
generierte Verantwortlichkeit[2]	vor allem vertikal durch die Bürgerinnen und Bürger (teilweise durch Judikative und Legislative)	vor allem horizontal durch die Legislative, durch Institutionen der Aufsicht	durch Institutionen der Aufsicht und durch die Bevölkerung (horizontal und vertikal)

2.4 Relevanz evaluativer Information im politischen Prozess

Die Literatur zur evidenzbasierten Politikgestaltung (evidence based policy making; Davies et al. 2000; Pawson 2006; Foss Hansen/Rieper 2009; Frey/Ledermann 2010) befasst sich mit der Frage nach der Rolle von Evidenz zu Leistungen

---

2 Ich stütze mich hier auf die Terminologie von vertikaler und horizontaler Verantwortlichkeit (accountability), wie sie von Diamond/Morlino (2005: XIX-XXV) und Considine (2005: 214-223) vorgeschlagen wurde.

und Wirkungen staatlichen Handelns in politischen Entscheidungsprozessen. Wie bei der in der Evaluationsliteratur etablierten Nutzungs- respektive Einflussforschung („utilization research", vgl. Weiss/Bucuvalas 1980; Leviton 2003; Shulha/Cousins 1997; Weiss 1998; respektive „theory of influence" Kirkhart 2000; Henry/Mark 2003) steht dabei im Zentrum ob, wie und unter welchen Bedingungen Evidenzen in die politische Entscheidungsfindung einfließen. Übereinstimmend ist bei dieser Literatur namentlich der Befund, dass die Nutzung von Evaluationen in politischen Entscheidungsprozessen respektive die Beeinflussung dieser Prozesse durch Evaluationen als voraussetzungsvoll zu gelten hat (für die Schweiz Widmer/Neuenschwander 2004; Balthasar 2007; 2009; Frey 2010; Frey/Widmer 2011).

2.5 Komplikationen und Komplexitäten

Da sich die Realität nicht an den vereinfachenden Modellen einer sozialtechnologischen Perspektive orientiert, ist die Evaluation aber auch mit dem Umstand konfrontiert, dass vielfältige und komplizierte Zusammenhänge zu untersuchen sind. Mit den oben beschriebenen Veränderungen der Staatlichkeit sind die Herausforderungen einer methodisch vertretbaren Wirkungsevaluation noch erheblich erschwert worden. Gerade Mehrebenenkonstellationen und der Einbezug der Bevölkerung in Politikprozesse haben die Ansprüche noch akzentuiert (Widmer/Frey 2006).

Abbildung 5: Exemplarisches Wirkungsmodell (Medizinaltarif TARMED)

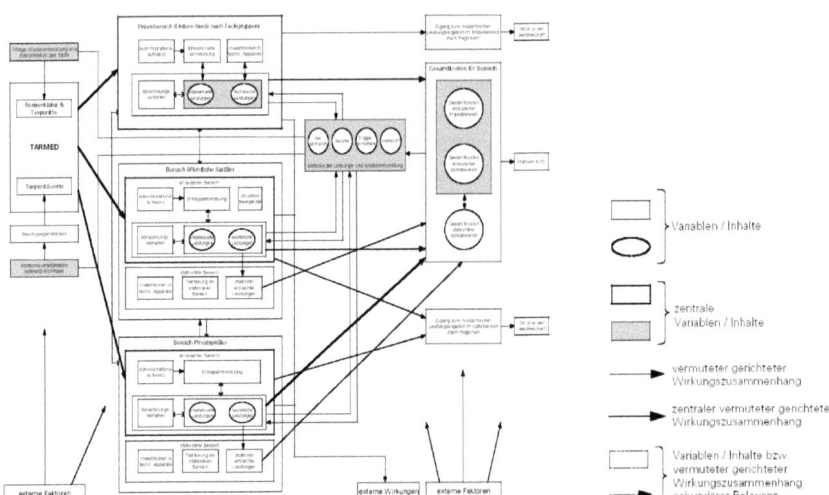

Quelle: Widmer et al. 2005: 39

Wirkungsketten zu empirischen Programmen haben sich sowohl als hochgradig komplex als auch kompliziert erwiesen und haben nichts gemein mit den abstrakten Wirkungsmodellen, wie wir sie in Lehrbüchern antreffen. Dies zeigt exemplarisch das in Abbildung 5 dargestellte Wirkungsmodell zu TARMED, einem Medizinaltarif in der Schweiz (vgl. Widmer et al. 2005: 37-39).

Die Vorstellung, dass gerade bei der Evaluation sozialer Dienstleistungen einstufige Wirkungsketten zu analysieren wären, ist vielfach unangemessen. Auch hinsichtlich anderer Gesichtspunkte sind politische Programme und Maßnahmen wenig fassbar, oft ausgesprochen flüchtig, wenig präzise und zudem in stetem Wandel begriffen. Alle diese Umstände erschweren die Aufgabestellung für die Evaluierenden erheblich. Dies gilt für die Evaluation von Maßnahmen gegen Rechtsextremismus, auf die ich nun zu sprechen kommen werde, in besonderem Maße.

3 Herausforderungen der Evaluation von Maßnahmen gegen Rechtsextremismus

3.1 Zugrundeliegendes Forschungsprojekt

Die nachfolgenden Ausführungen basieren auf Arbeiten des Forschungsprojektes „Massnahmen gegen Rechtsextremismus in der Schweiz: Auf der Suche nach den wirksamsten Massnahmen", das im Rahmen des Nationalen Forschungsprogramms „Rechtsextremismus – Ursachen und Gegenmassnahmen" (NFP40+; vgl. Niggli 2009) durch den Schweizerischen Nationalfonds gefördert wurde. Dieses Projekt wurde im Zeitraum 2004-2007 am Institut für Politikwissenschaft der Universität Zürich realisiert.

Das Forschungsprojekt verfolgte eine zweifache Zielsetzung: Erstens wird auf der Ebene konkreter Maßnahmen gegen Rechtsextremismus vorhandenes Wissen über die Wirksamkeit solcher Maßnahmen systematisiert und die zugrundeliegenden Evaluationen hinsichtlich ihrer methodischen Qualität überprüft. Die Forschungsfrage dieses ersten Untersuchungsteils lautet: *Welches sind die wirkungsvollsten Maßnahmen gegen Rechtsextremismus in der Schweiz und weshalb sind sie erfolgreich?* Zweitens zielt das Forschungsprojekt auf einer methodisch-konzeptionellen Ebene darauf ab, das Verständnis über die Evaluation von Maßnahmen gegen Rechtsextremismus zu verbessern. Die zweite zentrale Forschungsfrage ist demnach: *Wie kann die Wirksamkeit von Maßnahmen gegen Rechtsextremismus am besten evaluiert werden?*

Zur Untersuchung dieser Fragen folgte das Forschungsprojekt einem mehrstufigen Vorgehen. In den sechs Modulen kommen verschiedene Forschungsinstrumente zum Einsatz. Im Folgenden werde ich ganz knapp das Vorgehen und die Ergebnisse der Module vorstellen:

Modul 1: Meta-Evaluation und Evaluationssynthese
Vorgehen: In diesem Rahmen wurden bestehende Evaluationsstudien zu Maßnahmen gegen Rechtsextremismus erhoben, die Evaluationsqualität im Rahmen einer Meta-Evaluation überprüft und die Befunde aus den Evaluationen in einer Evaluationssynthese zusammengeführt.
Ergebnisse: Die Meta-Evaluation von zwölf Evaluationsstudien, die in der Schweiz, Deutschland, England, Australien, den USA sowie der EU zu Maßnahmen gegen Rechtsextremismus, Rassismus und Fremdenfeindlichkeit durchgeführt wurden, zeigte eine große qualitative Heterogenität der Studien auf. Zusammenfassend kann die Qualität der meisten Studien aber als gut bezeichnet werden. Es bestehen jedoch systematische Schwächen bei der Genauigkeit und der Nützlichkeit. Die Meta-Evaluationen legten bei der Konzeption und Durch-

führung der Evaluationen ähnliche Probleme offen, die auf die spezifischen Herausforderungen des Phänomens „Rechtsextremismus" zurückzuführen sind. So zeigte sich etwa in verschiedenen Studien, dass eine Eingrenzung des Phänomens „Rechtsextremismus" schwierig vorzunehmen ist und eine auf der Maßnahmenebene unklare Begriffsverwendung auch die Evaluation vor Probleme stellt. Zudem bewegen sich die Evaluationen aufgrund des spezifischen Gegenstandsbereichs in einem sowohl politisch wie rechtlich heiklen Umfeld, das auch für die Evaluation eine besondere Herausforderung darstellt (vgl. Widmer et al. 2007).

Modul 2: Maßnahmeninventar
Vorgehen: Im zweiten Modul wurde ein Inventar von Maßnahmen gegen Rechtsextremismus, Rassismus und Fremdenfeindlichkeit in der Schweiz erarbeitet.
Ergebnisse: Das Maßnahmeninventar umfasst im Bereich des Rechtsextremismus, Rassismus und Fremdenfeindlichkeit insgesamt 105 Gegenmaßnahmen, die in der Schweiz im Zeitraum von 1980 bis 2005 ergriffen worden sind. Der größte Anteil der Maßnahmen entfällt auf den Bildungsbereich und die allgemeine Öffentlichkeit in der Form verschiedener Sensibilisierungsprojekte. Es zeigt sich, dass Maßnahmen gegen Rechtsextremismus in der Schweiz meistens erst dann ergriffen werden, wenn durch rechtsextreme Vorfälle unmittelbar die öffentliche Sicherheit und Ordnung gefährdet ist und/oder aufgrund der Vorfälle das öffentliche Erscheinungsbild einer politischen Körperschaft negativ beeinträchtigt wird. Die Maßnahmen treten daher sporadisch und oft spontan auf; ein kontinuierlicher Ansatz fehlt weitgehend.

Modul 3: Expertenbefragung und Maßnahmenauswahl
Vorgehen: Aus den im Inventar aus Modul 2 enthaltenen Maßnahmen gegen Rechtsextremismus, Rassismus und Fremdenfeindlichkeit wurden mittels einer Vorselektion und einer Expertenbefragung sieben Maßnahmen ausgewählt.
Ergebnisse: siehe unten

Tabelle 4: Ausgewählte Maßnahmen für evaluative Fallstudien

Maßnahme	Träger-schaft	Ebene	Feld	Typ	Zeitlichkeit
Fachstelle Extremismus in der Armee (2002-2006)	öffentliche Verwaltung, Armee	Bund	Armee, Verwaltung	Koordination, Sensibilisierung	permanent, wiederholend
Lehrmittel 'Achtung Verachtung' (2001)	Lehrmittelverlag	Gemeinde	Bildung	Sensibilisierung, Aufklärung	punktuell, wiederholend
Bericht Rechtsextremismus Bund (2000)	öffentliche Verwaltung	Bund	Verwaltung, diverse	diverse	gemischt
Bericht Rechtsextremismus Kanton BL (2001)	öffentliche Verwaltung	Kanton	Verwaltung, diverse	diverse	gemischt
Themenheft „Fritz und Fränzi" (2006)	Stiftung	Zivilgesellschaft	Eltern	Sensibilisierung, Aufklärung	punktuell, einmalig
Dokumentarfilm „White Terror" (2006)	Filmproduktion	Zivilgesellschaft	Kultur	Sensibilisierung, Aufklärung	punktuell, wiederholend
Aus- und Weiterbildung in der Armee (2002-2006)	Armee	Bund	Armee	Sensibilisierung, Prävention	punktuell, wiederholend

Modul 4: Evaluative Fallstudien

Vorgehen: Die in Modul 3 ausgewählten Maßnahmen sind in diesem Modul in evaluativen Fallstudien je einer Evaluation unterzogen worden. Die Maßnahmen sind in Tabelle 4 anhand einiger Merkmale charakterisiert. Dabei wurden die Maßnahmen auf ihre Wirksamkeit überprüft sowie die verschiedenen gegens-

tandsspezifischen Herausforderungen aus der Sicht der Evaluation untersucht. Für die evaluativen Fallstudien wurde ein breites Spektrum an methodischen Instrumenten eingesetzt (siehe Widmer/Hirschi 2007c).
Ergebnisse: siehe unten

Modul 5: Fallstudienvergleich
Vorgehen: Die sieben Fallstudien wurden in einem systematischen Vergleich in zweierlei Hinsicht analysiert: Einerseits ging es bei der vergleichenden Analyse um die konzeptionell-methodischen Gesichtspunkte, andererseits um die materiellen Befunde hinsichtlich der Wirksamkeit der ausgewählten Maßnahmen gegen Rechtsextremismus.

Ergebnisse zu den Modulen 3 bis 5: In allen evaluativen Fallstudien ließen sich Wirkungen feststellen, welche auf die untersuchten Maßnahmen zurückgeführt werden können. Aus methodischer Sicht ist allerdings zu bedenken, dass solche kurzfristigen Effekte unmittelbar nach einer Intervention häufig auftreten. Erfolgt die Intervention zudem in einer akuten Problemlage, so ließe sich oft auch ohne Intervention eine Abschwächung des Problems beobachten, wenn von einem wellenartigen Auftreten solcher Phänomene ausgegangen wird. Die einzelnen Maßnahmen bewirkten bei einzelnen Adressatengruppen zum Teil sehr unterschiedliche Effekte. Auch der Umsetzungsgrad war je nach Maßnahme unterschiedlich. Inwiefern die eigentlichen Adressaten der Maßnahme tatsächlich erreicht werden konnten, ist speziell bei jenen Projekten fraglich, die auf einer freiwilligen Nutzung des Maßnahmenangebots beruhen. Vor allem bei Sensibilisierungsmaßnahmen kann die primäre Zielgruppe – die wenig Sensibilisierten und schlecht Informierten – oft überhaupt nicht erreicht werden, da eine gewisse Grundsensibilität gegenüber dem Thema eine Voraussetzung für die Nutzung des Maßnahmenangebots ist (vgl. Widmer/Hirschi 2007c).

Modul 6: Synthese und Empfehlungen
Vorgehen: In diesem Modul wurden die Befunde aus den fünf Modulen zusammengeführt und darauf aufbauend Empfehlungen im Hinblick auf die Konzeption und Durchführung von Evaluationen zu Maßnahmen gegen Rechtsextremismus erarbeitet.
Ergebnisse: Aufgrund der Erkenntnisse aus den verschiedenen Modulen entwickelten wir zwei Arbeitsinstrumente, die sich je an eine spezifische Zielgruppe richten:
Der *Leitfaden zur Evaluation* von Maßnahmen gegen Rechtsextremismus verfolgt das Ziel, Fachpersonen, die mit Maßnahmen gegen Rechtsextremismus betraut sind, Grundlagen und weiterführende Kenntnisse zur Evaluation solcher

Maßnahmen zu vermitteln und diesem Personenkreis damit die Durchführung und Begleitung von solchen Evaluationen zu erleichtern (Widmer/Hirschi 2007b).

Die *Spezifika der Evaluation* von Maßnahmen gegen Rechtsextremismus richten sich in erster Linie an Fachpersonen der Evaluation, die vor der Herausforderung stehen, eine Evaluation von Maßnahmen gegen Rechtsextremismus durchzuführen. Sie verfügen über generelle Kenntnisse und Erfahrungen in Evaluation, haben aber kaum spezifische Kenntnisse und Erfahrungen zu Maßnahmen gegen Rechtsextremismus (Widmer/Hirschi 2007a).

Nachfolgend greife ich die besonderen Herausforderungen der Evaluation von Maßnahmen gegen Rechtsextremismus auf und folge dabei der Darstellung in Widmer/Hirschi (2007a).

3.2 Herausforderungen

Bei der Darstellung der insgesamt neun zu diskutierenden Herausforderungen gehe ich jeweils so vor, dass ich zuerst die Problemlage schildere, dann die Relevanz der Problematik für die Evaluation aufzeige und schließlich Lösungsvorschläge für die Problematik darlege.

3.2.1 Abgrenzung des Phänomens „Rechtsextremismus"

Problemlage: Charakteristisch ist, dass es hinsichtlich des Phänomens Rechtsextremismus keine einheitliche Begriffsverwendung gibt. Es existiert keine hinreichend festgelegte und breiter etablierte Verwendung des Begriffs, weshalb dieser auch als amorph bezeichnet wird. Ausgelöst durch die Vielschichtigkeit des Phänomens bestehen zahlreiche Festlegungsversuche, die in eindimensionale und mehrdimensionale Konzeptionierungen unterschieden werden können. Mehrdimensionale Konzeptionen schließen etwa folgende Dimensionen mit ein: Nationalismus, Gewaltbereitschaft, Autoritarismus, Fremdenfeindlichkeit, Antisemitismus, Militarismus oder Ablehnung der Gleichberechtigung.

Problemrelevanz: Nicht überraschend steht der Begriff „Rechtsextremismus" häufig für eine zentrale Zieldimension des Evaluationsgegenstandes. Aus der generell mangelnden begrifflichen Klärung ergibt sich deswegen das Problem diffuser Zieldimensionen. Das Begriffsverständnis kann aber nicht nur unklar sein, vielmehr besteht auch die Gefahr, dass bei den *Beteiligten & Betroffe-*

nen[3] einer Evaluation auch divergierende Begriffsverständnisse verankert sein können.
Lösungsvorschläge: Die Begriffsklärung ist bei der Evaluation von Maßnahmen gegen Rechtsextremismus absolut prioritär. Sie sollte also ganz zu Beginn des Evaluationsprozesses geleistet werden, weil sie für die weitere Ausrichtung der Evaluation von zentraler Bedeutung ist. Allfällig bei Beteiligten & Betroffenen bestehende Begriffsverständnisse sollten aufgearbeitet und so weit möglich in das zu formulierende Konzept integriert werden. Falls unter den Beteiligten & Betroffenen kein Konsens erzielt werden kann, sollte erwogen werden, das Konzept des Rechtsextremismus zu meiden und stattdessen Alternativen zu prüfen.

3.2.2 Erfassung eines Phänomens mit manifesten und latenten Merkmalen

Problemlage: Rechtsextremismus ist ein Phänomen mit manifesten, also direkt beobachtbaren, wie auch mit latenten, nicht direkt beobachtbaren Dimensionen. Die empirische Erfassung manifester Formen von Rechtsextremismus fällt relativ einfach, bei den latenten Merkmalen ist dies jedoch nicht der Fall. Aspekte der ersten Gruppe wären beispielsweise rechtsextrem-motivierte physische Gewalt oder das Tragen rechtsextremer Symbole, und der zweiten Gruppe zum Beispiel rechtsextreme Einstellungen.
Problemrelevanz: Durch die geschilderte Sachlage besteht die Gefahr, dass es in einer Evaluation zu einer Unterschätzung des Phänomens kommt, weil latente Aspekte unbeachtet bleiben. Weil die Erfassung latenter Variablen anspruchsvoll ist und das Auftreten manifester Erscheinungsformen oft seltene Ereignisse darstellt, besteht die Gefahr einer unvollständigen Erfassung.
Lösungsvorschläge: Jede Erfassung des Phänomens Rechtsextremismus sollte unter allen Umständen anstreben, latente wie manifeste Merkmale zu berücksichtigen. Aufgrund der Schwierigkeiten, latente Merkmale empirisch zu erfassen, empfiehlt es sich, dabei einen multimethodischen Zugang zu wählen, um die Befunde abzusichern. Dies empfiehlt sich auch deswegen, weil die empirische Erfassung latenter Merkmale unvermeidlich Messeffekte provoziert, die verzerrte Befunde hervorrufen können.

---

3   Für den englischen Begriff „stakeholders" wird hier und im Folgenden der stehende Begriff „Beteiligte & Betroffene" verwendet (vgl. Joint Committee 2006: 53).

3.2.3 Erfassung eines graduell variierten und vielfältigen Phänomens

Problemlage: Rechtsextremismus ist ein graduelles Phänomen; ein dichotomes Verständnis wäre unangemessen. Dies gilt in besonderem Maße auch für ein multidimensionales Rechtsextremismus-Konzept. Zudem ist zu berücksichtigen, dass nicht nur die Frage des Mehr oder Weniger an Rechtsextremismus zu klären ist, sondern auch jene nach der Art oder Erscheinungsform des Rechtsextremismus. In diesem Sinne ist es durchaus vertretbar, von Rechtsextremismen zu sprechen.

Problemrelevanz: Aufgrund der geschilderten Problemlage besteht die Gefahr einer nur teilweisen Erfassung des Phänomens. So kann lediglich der politische Rechtsextremismus beachtet werden, während kulturelle oder soziale Rechtsextremismen weniger sichtbar sein können und deswegen unbeachtet bleiben.

Lösungsvorschläge: Der Rechtsextremismus ist erstens als kontinuierliches (nicht kategoriales) und zweitens als mehrdimensionales Merkmal zu erfassen. Im Zweifelsfall ist eher die weite Begriffsfassung vorzuziehen, um zu verhindern, dass materiell relevante Aspekte unbeachtet bleiben. Das Phänomen des Rechtsextremismus verlangt nach einer differenzierten Betrachtungsweise, vermeintlich klare Schwarz-Weiss-Zuordnungen sollten unterbleiben.

3.2.4 Erfassung eines sozial unerwünschten, potentiell illegalen Phänomens

Problemlage: Erscheinungsformen des Rechtsextremismus können illegale Handlungen darstellen. Weil dabei oft keine Differenzierung erfolgt, muss bei Zielgruppen von Maßnahmen gegen Rechtsextremismus (besonders wenn es sich um Sekundär- oder Tertiärprävention handelt) mit einem großen Misstrauen gegenüber der Maßnahme wie gegenüber der Evaluation dieser Maßnahme gerechnet werden.

Problemrelevanz: Hier ist namentlich auf die folgenden drei Punkte hinzuweisen: Erstens kann der geschilderte Umstand zur Folge haben, dass sich Adressaten der Evaluation durch totale Verweigerung entziehen oder dass der Grad an Rechtsextremismus unterschätzt wird, weil er absichtlich verdeckt wird (etwa aufgrund von Phänomenen der sozialen Erwünschtheit). Zweitens besteht die Gefahr, dass – aufgrund einer drohenden Strafverfolgung – verdeckt agierende Personen oder Gruppen durch die Evaluation nicht erfasst werden (können). Und drittens hat diese Problematik zur Folge, dass allenfalls erhaltene Informationen eine besonders hohe Sensibilität aufweisen und besondere Datenschutzvorkehrungen zu ergreifen sind.

Lösungsvorschläge: Die geschilderten Umstände legen nahe, dass der Datenzugang besonders sorgfältig abzuklären ist. Zweitens sollte eine glaubwürdige Sicherung der Anonymitätswahrung geschaffen werden. Weil dies nicht immer ganz einfach sein wird und stets die Gefahr besteht, dass das Vertrauen (auch ohne Zutun der Evaluation) zusammenbrechen kann, empfiehlt sich auch aus diesem Grund wenn immer möglich eine multiple Erfassung.

3.2.5 Adressatenspezifische Wirksamkeit

Problemlage: Wie unter anderem auch die Befunde aus den Fallstudien (Widmer/Hirschi 2007c) aufzeigen, darf bei Maßnahmen gegen Rechtsextremismus nicht von uniformen Effekten ausgegangen werden. Vielmehr ist anzunehmen, dass derartige Maßnahmen bei unterschiedlichen Zielgruppen (unterschieden beispielsweise nach Alter, Geschlecht, Bildungsstand, politischer Orientierung etc.) unterschiedlich rezipiert werden und auch unterschiedliche Wirkungen entfalten. Die Wirksamkeit von Maßnahmen gegen Rechtsextremismus ist differenziert zu beurteilen und pauschale Aussagen sind problematisch.

Problemrelevanz: Die Problematik ist besonders in zwei Hinsichten für die Evaluation relevant. Erstens können pauschale Wirksamkeitsaussagen irreführend sein, weil eine wirksame Realisierung von einer spezifisch charakterisierten Zielgruppe abhängt. Zweitens besteht die Gefahr, dass interindividuelle Differenzen in den Effektgrößen auf Aggregatebene kompensiert werden und damit gruppenspezifische Wirksamkeiten verdeckt bleiben.

Lösungsvorschläge: Im Rahmen der Evaluation kommt der Erhebung zahlreicher Adressatenmerkmale eine zentrale Bedeutung zu. Diese Merkmale können als Kovariate in die Analyse einbezogen werden, was Aufschlüsse über die Zielgruppenspezifität der Befunde erbringt. Nach Möglichkeit sollten die Fallzahlen erhöht werden, um so ausreichend robuste Subgruppenanalysen und Sensitivitätsanalysen, allenfalls auch eine Analyse mit sogenannten Mischverteilungsmodellen (Rost/Eid 2009) zu ermöglichen. Als Alternative dazu würde sich eine zielgruppenspezifische Fokussierung anbieten, um die Zielgruppenheterogenität zu reduzieren.

3.2.6 Erfassung eines emotionalisierten und moralisch aufgeladenen Phänomens

Problemlage: Debatten um das Phänomen Rechtsextremismus werden oft kontrovers und teilweise auch mit großer Schärfe geführt. Ähnliches lässt sich auch zu den Gegenmaßnahmen sagen. Die Evaluation derartiger Maßnahmen bewegt sich in einem emotionalisierten Umfeld, der Rechtsextremismus als Phänomen steht zwischen Verurteilung und Tabuisierung. Vertrauensgrundlagen sind in einem solchen Umfeld stets als prekär zu betrachten.

Problemrelevanz: Die Gewährleistung einer anhaltenden, breit abgestützten Glaubwürdigkeit der Evaluation stellt eine zentrale Herausforderung für die Evaluation dar. Ein Mangel an Vertrauen in die Evaluation bei maßgeblichen Kreisen kann die Durchführbarkeit der Evaluation gefährden, aber auch die Aussichten auf eine Nutzung der Evaluation erheblich trüben (Joint Committee 2006: 59-63).

Lösungsvorschläge: Die (vermeintliche) Unabhängigkeit einer Evaluation ist eng mit ihrer Glaubwürdigkeit gekoppelt (vgl. Widmer 2012). Gerade in einem solch umstrittenen Umfeld ist die Aufrechterhaltung der Unabhängigkeit eine große Herausforderung. Einseitige Parteinahmen sind in jedem Fall zu unterlassen. Generell ist eine gewisse Distanz zu allen Beteiligten & Betroffenen, also auch zu den Auftraggebenden und den Maßnahmenverantwortlichen, zu wahren, weil andernfalls von der Gegenseite Ablehnung und Obstruktion drohen. Schädlich ist dafür speziell, wenn die evaluierenden Akteure aufgrund früherer Tätigkeiten bereits im Feld positioniert sind (respektive werden). Weiter sollte eine deutlich erkennbare, konzeptionelle Trennung zwischen Evaluationsgegenstand und Evaluation vorgenommen werden, namentlich auch dadurch, dass darauf verzichtet wird, von der Gestaltung des Evaluationsgegenstandes auf die Konzeption der Evaluation zu schließen („materialistischer Fehlschluss"). Von ausschlaggebender Bedeutung ist zudem eine systematische und transparente Bewertung anhand von expliziten Bewertungskriterien, die mit besonderer Sorgfalt zu kommunizieren ist. Eine Begleitung durch nicht involvierte Dritte zur Vermeidung einer einseitigen Berichterstattung empfiehlt sich.

3.2.7 Unschärfe sozialer Dienstleistungen als Intervention

Problemlage: Maßnahmen gegen Rechtsextremismus bestehen zu einem hohen Anteil aus sozialen Dienstleistungen. Auf der Basis sozialer Interaktionen beruhende Maßnahmen zeichnen sich durch eine erhebliche Individualität aus, sind nicht zuletzt abhängig vom konkreten Handlungskontext und von den teilnehmenden Akteuren. Wegen dieser Einzigartigkeit ist davon auszugehen, dass die Wirksamkeit einer solchen Maßnahme stark implementationsabhängig ist (vgl. Pawson/Tilley 1997).

Problemrelevanz: Die beschriebene Problematik stellt die Evaluation auf der deskriptiven Ebene vor spezielle Herausforderung, weil die Beschreibung einer Maßnahmenumsetzung kaum auch für andere Maßnahmenumsetzungen stehen kann. Auf der analytischen Ebene hat die Implementationsabhängigkeit zur Folge, dass eine Replikation der Umsetzung kaum möglich ist und dass die Generalisierbarkeit der Befunde eingeschränkt ist. Erschwerend kommt hinzu, dass zahlreiche Drittvariablen die Resultate einer Evaluation beeinflussen können.

Lösungsvorschläge: Falls Aussagen isoliert von den konkreten Umständen angestrebt werden, ist bei der Evaluation auf eine ausreichend große Zahl an Maßnahmenumsetzungen in möglichst unterschiedlichen Kontexten zu achten ('most different systems design'; Przeworski/Teune 1970). Wenn dies nicht möglich ist, sollte der Geltungsanspruch reduziert, im Extremfall auf den direkt untersuchten Fall beschränkt werden. In jedem Fall sind die Befunde mittels Drittvariablen hinsichtlich ihrer Robustheit zu prüfen.

3.2.8 Wirkungsweise und Dauerhaftigkeit von Maßnahmen gegen Rechtsextremismus

Problemlage: Zur Wirkungsweise von Maßnahmen gegen Rechtsextremismus und besonders zu deren Dauerhaftigkeit wissen wir nur wenig. Zudem konzentrieren sich entsprechende Studien hinsichtlich der Wirkungserfassung vornehmlich auf eine kurzfristige Erfassung. Dies ist aus zwei Gründen problematisch: Erstens ist damit kaum etwas zu den längerfristigen Wirkungen und zu den weiteren Wirkungen (sog. 'impact') jenseits der Direktadressaten ('outcome') bekannt. Und zweitens besteht die Gefahr, dass bei einer kurzfristigen Betrachtungsweise Maßnahmeneffekte angenommen werden, die lediglich eine geringere Post-Inzidenz aufgrund von ad-hoc Maßnahmen in akuten Problemlagen („regression to the mean") darstellen.

Problemrelevanz: Die weitgehend ungeklärten Wirkungszusammenhänge schwächen die Aussagekraft von Evaluationen. Evaluationen in diesem Bereich können sich nicht auf einen festen Bestand abgesicherter Befunde abstützen, wie dies teilweise in anderen Interventionsfeldern der Fall ist.

Lösungsvorschläge: Hier ist sowohl auf der Ebene der Maßnahmen und auf der Ebene der Evaluation anzusetzen. Für beide Ebenen scheint es zweckmäßig auf eine stärkere Kontinuität zu setzen. Maßnahmen sollten pro-aktiv und kontinuierlich konzipiert werden. Evaluationen sollten sich nicht nur auf den unmittelbaren Effekt konzentrieren, sondern versuchen, eine längerfristige Perspektive einzunehmen. Die Evaluation sollte zudem anstreben, zur Steigerung der internen Validität vermehrt Kontrollgruppenvergleiche zu realisieren, wobei Randomisierungen selten möglich sein werden (Campbell/Stanley 1966; Cook/Campbell 1979; Klöti/Widmer 1997, 194-196). Weiter schlage ich vor, vermehrt nicht nur die erste Stufe der Wirkungskette abzudecken (vgl. den nachfolgenden Abschnitt).

3.2.9 Erfassung eines Symptoms ohne Kenntnisse der kausalen Herleitung

Problemlage: Die Ursachen für das Entstehen von Rechtsextremismus sind weiterhin unklar. Es ist nicht klar, welche Faktoren das Aufkommen von rechtsextremen Haltungen und Handlungen erklären. Auch wenn in der Literatur zahlreiche Erklärungsansätze vorgeschlagen werden, steht eine fundierte empirische Bestätigung weitgehend aus.

Problemrelevanz: Für die Evaluation entsteht daraus das Problem, dass man nicht weiß, wie weit man sich mit grundlegenden Kernaspekten befasst, oder lediglich „Symptombekämpfung" betreibt. Es bleibt für die Evaluation unklar, welche der zahlreich vorgeschlagenen, potentiellen Ursachen in das Evaluationsdesign einzubeziehen sind. Dies macht eine zielgerichtete Fokussierung einer Evaluation schwierig.

Lösungsvorschläge: Hierzu wird vorgeschlagen, dass die Evaluation zu einem besseren Verständnis des Phänomens beitragen soll, indem sie dem programmtheoretischen Ansatz folgt (Chen/Rossi 1987; Chen 1990; Widmer 1991: 68-70; Mohr 1995; Donaldson 2003; Chen 2005; Coryn et al. 2011). Eine vermehrte Verwendung dieses Ansatzes trägt zur Klärung der bisher vielfach ungeklärten Zusammenhänge bei, und zwar sowohl was die Erklärungen von Rechtsextremismus als auch die Wirkungszusammenhänge der Gegenmaßnahmen betrifft. Nicht zuletzt sollte sich aber die Evaluation angesichts dieser Unsicherheiten auch in einer vorsichtigen Interpretation der Befunde üben.

4 Fazit

Diesen Beitrag möchte ich mit vier, meines Erachtens für die Wirkungsevaluation zu Maßnahmen gegen Rechtsextremismus hoch relevanten, übergreifenden Hinweisen abschließen, die sich durchaus nicht nur an die Evaluierenden, sondern auch an andere Beteiligte & Betroffene richten:

Klarheit: Wirkungsevaluationen zu Maßnahmen gegen Rechtsextremismus leiden oft durch den Umstand, dass sie viele Unklarheiten mit sich bringen. So ist oft nicht gänzlich klar, von welchen Wirkungen präzise gesprochen wird und welchen Rechtsextremismus man im Grunde genommen meint. Im Dienste einer qualitativ überzeugenden Evaluation sollten diese Unklarheiten ausgeräumt und explizit präzise Festlegungen getroffen werden.

Fokus: Es besteht die Tendenz im Rahmen von Wirkungsevaluationen einen zu weiten Fokus zu verfolgen, was zwangsläufig mit sich bringt, dass eine fundierte Vorgehensweise angesichts der gegebenen Rahmenbedingungen verunmöglicht wird.

Bescheidenheit: Gerade die Wirkungsevaluation und gerade die Evaluation von Maßnahmen gegen Rechtsextremismus sind äußerst anspruchsvolle Tätigkeitsfelder. Die Evaluation ist ein durchaus leistungsfähiger Ansatz, aber auch die Evaluation sollte ihre Begrenzungen kennen, gerade in Feldern, in denen sich die Schwierigkeitsgrade kumulieren.

Redlichkeit: Nicht zuletzt ist es auch Aufgabe der Evaluation auf ihre eigenen Grenzen hinzuweisen und gegenüber Dritten offen darzulegen, welche Aussagen möglich sind. Sonst läuft sie Gefahr, Erwartungen zu enttäuschen und Glaubwürdigkeit zu verspielen.

Literatur

Balthasar, A. (2007): Institutionelle Verankerung und Verwendung von Evaluationen. Zürich: Rüegger.

Balthasar, A. (2009): Institutional design and utilization of evaluation: a contribution to a theory of evaluation influence based on Swiss experience. Evaluation Review 33, Heft 3, S. 226-256.

Beetham, D. (1991): The legitimation of power. London: Macmillan.

Benz, A. (1994): Kooperative Verwaltung. Funktionen, Voraussetzungen und Folgen. Baden-Baden: Nomos.

Benz, A. (2004): Multilevel Governance – Governance in Mehrebenensystemen. In: Benz, Arthur (Hrsg.): Governance – Regieren in komplexen Regelsystemen. Wiesbaden: VS Verlag, S. 125-146.

Brenner, N. (1999): Beyond state-centrism? Space, territoriality, and geographical scale in globalization studies. Theory and Society 28(1): 39-78.

Brenner, N. (2004): New state spaces. Urban governance and the rescaling of statehood. New York: Oxford University Press.

Campbell, D. T./Stanley, J. (1966): Experimental and quasi-experimental designs for research. Chicago: Rand McNally.

Chen, H.-T. (1990): Theory-driven evaluations. Newbury Park: Sage.

Chen, H.-T. (1996): A comprehensive typology for program evaluation. Evaluation Practice 17, Heft 2, S. 121-130.

Chen, H.-T. (2005): Practical program evaluation. Newbury Park: Sage.

Chen, H.-T./Rossi, P. H., (1987): The theory-driven approach to validity. Evaluation and Program Planning 10, Heft 1, S. 95-103.

Considine, M. (2005): Making public policy. Cambridge: Polity Press.

Cook, T./Campbell, D. T. (1979): Quasi-experimentation design and analysis for field settings. Boston: Houghton Mufflin.

Coryn, C. L. S./Noakes, L. A./Westine, C. D./Schröter, D. C. (2011): A systematic review of theory-driven evaluation practice from 1990 to 2009. American Journal of Evaluation 32, Heft 2, S. 199-226.

Dahl, R. A. (1994): A democratic dilemma: System effectiveness versus citizen participation. Political Science Quarterly 109, Heft 1, S. 23-34.

Davies, H. T. O./Nutley, S. M./Smith, P. C. (eds) (2000): What works? Evidence-based policy and practice in public services. Bristol: Policy Press.

Diamond, L./Morlino, L. (2005): Introduction. In: Diamond, L./Morlino, L. (eds): Assessing the quality of democracy. Baltimore: Johns Hopkins University Press: IX-XLIII.

Donaldson, S. I. (2003): Theory-driven program evaluation in the new millennium. In: Donaldson, Stewart I./Scriven, Michael (eds): Evaluating social programs and problems. Mahwah, NJ: Lawrence Erlbaum,: 109-141.

Enderlein, H./Wälti, S./Zürn, M. (eds) (2010: Handbook on multi-level governance. Cheltenham: Edward Elgar.

Fenger, M./Bekkers, . (2007): The governance concept in public administration. In: Bekkers, V./Dijkstra, G./Edwards, A./Fenger, M. (eds): Governance and the democratic deficit. Aldershot: Ashgate: 13-33.

Foss Hansen, H./Rieper, O. (2009). The evidence movement. The development and consequences of methodologies in review practices. Evaluation 15, Heft 2, S. 141-163.

Frey, K. (2010): Revising road safety policy: The role of systematic evidence in Switzerland. Governance 23, Heft 4, S. 667-690.

Frey, K.n/Ledermann, S. (2010): Evidence-based policy: A concept in geographical and substantive expansion. German Policy Studies 6 Heft 2, S. 1-15.

Frey, K./Widmer, T. (2011): Revising Swiss policies: The influence of efficiency analyses. American Journal of Evaluation 32, Heft 4, S. 494-517.

Genschel, P./Leibfried, S. (2008): Schupperts Staat. Wie beobachtet man den Wandel einer Formidee? Der Staat 47, Heft 3, S. 359-380.

Genschel, P./Zangl, B.(2008): Metamorphosen des Staates – vom Herrschaftsmonopolisten zum Herrschaftsmanager. Leviathan 36, Heft 3, S. 430-454.

Henry, G. T./Mark, M. M. (2003): Beyond use: Understanding evaluation's influence on attitudes and actions. American Journal of Evaluation 24, Heft 3, S. 293-314.

Hirschi, C./Widmer, T. (2012): Approaches and challenges in evaluating measures taken against right-wing extremism. Evaluation and Program Planning 35, Heft 1, S. 171-179.

Jann, W. (2002): Der Wandel verwaltungspolitischer Leitbilder: Vom Management zu Governance?, in: König, Klaus (Hrsg.): Deutsche Verwaltung an der Wende zum 21. Jahrhundert, Baden-Baden, S. 279-303.

Joint Committee on Standards for Educational Evaluation (Hrsg.) (2006): Handbuch der Evaluationsstandards. 3. Auflage. Wiesbaden: VS Verlag.

Kirkhart, K. (2000): Reconceptualizing evaluation use: An integrated theory of influence. New Directions for Evaluation 88, S. 5-23.

Klöti, U./Widmer, T. (1997): Untersuchungsdesigns. In: Bussmann, W./Klöti, U./Knoepfel, P. (Hrsg.): Einführung in die Politikevaluation. Basel: Helbing & Lichtenhahn, S. 185-213.

Kübler, D./Koch, P. (2008): Re-scaling network governance. The evolution of public transport management in two Swiss agglomerations. Flux 72/73, S. 108-119.

Kübler, D./Schenkel, W./Leresche, J.-P. (2003): Bright lights, big cities? Metropolisation, intergovernmental relations, and the new federal urban policy in Switzerland. Swiss Political Science Review 9, Heft 1, S. 261-282.

Leibfried, S./Zürn, M. (2006): Von der nationalen zur postnationalen Konstellation. In: Leibfried, S./Zürn, M. (Hrsg.): Transformationen des Staates? Frankfurt: Suhrkamp, S. 19-65.

Leviton, L. C. (2003): Evaluation use: Advances, challenges and applications. American Journal of Evaluation 24, Heft 4, S. 525-535.

Lipset, S. M. (1959): Some social requisites of democracy: Economic development and political legitimacy. American Political Science Review 53, Heft 1, S. 69-105.

Luhmann, N. (1969): Legitimation durch Verfahren. Neuwied: Luchterhand.

Mayntz, R. (1987): Politische Steuerung und gesellschaftliche Steuerungsprobleme – Anmerkungen zu einem theoretischen Paradigma. Jahrbuch zur Staats- und Verwaltungswissenschaft 1, S. 89-110.

Mohr, L. B. (1995): Impact analysis for program evaluation. 2nd ed. Thousand Oaks: Sage.

Niggli, M. A. (Hrsg.) (2009): Right-wing extremism in Switzerland. National and international perspectives. Baden-Baden: Nomos.

Pawson, R. (2006): Evidence-based policy. London: Sage.

Pawson, R./Tilley, N. (1997): Realistic evaluation. London: Sage.

Przeworski, A./Teune, H. (1970): The logic of comparative social inquiry. Malabar, FL: Krieger.

Rhodes, R. A. W. (1996): The new governance: Governing without government. Political Studies 44, Heft 4, S. 652-667.

Rost, J./Eid, M. (2009): Mischverteilungsmodelle. In: Holling, Heinz (Hrsg.): Grundlagen und statistische Methoden der Evaluationsforschung. Göttingen: Hogrefe, S. 483-524.

Savedoff, W. D./Levine, R./Birdsall, N. (2006) When will we ever, learn? Improving lives through impact evaluation. Report of the Evaluation Gap Working Group. Washington: Centre for Global Development.

Scharpf, F. W. (1975): Demokratietheorie zwischen Utopie und Anpassung. Kronberg: Scriptor Verlag.

Scharpf, F. W. (1999): Governing in Europe: effective and democratic? Oxford: Oxford University Press.

Scharpf, F. W. (2000): Interdependence and democratic legitimation. In: Pharr, S. J./Putnam, R. D. (Hrsg.): Disaffected democracies. Princeton: Princeton University Press: 101-120.

Schedler, K./Proeller, I. (2011): New Public Management. 5. Auflage. Bern: Haupt.

Schuppert, G. F. (2008): Was ist und wie misst man Wandel von Staatlichkeit? Der Staat 47, Heft 3, S. 325–358.

Shulha, L. M./Cousins, J. B. (1997): Evaluation use: Theory, research, and practice since 1986. Evaluation Practice 18, Heft 1: S. 195-208.

Voigt, R. (Hrsg.) (1995): Der kooperative Staat. Krisenbewältigung durch Verhandlung. Baden-Baden: Nomos.

Weiss, C. H. (1998): Have we learned anything new about the use of evaluation? American Journal of Evaluation 19, Heft 1, S. 21-33.

Weiss, C. H./Bucuvalas, M. J. (1980): Truth tests and utility tests: Decision-makers' frames of reference for social science research. American Sociological Review 45, Heft 2, S. 302-313.

Widmer, T. (1991): Evaluation von Massnahmen zur Luftreinhaltepolitik in der Schweiz. Eine quasi-experimentelle Interventionsanalyse nach dem Ansatz von Box/Tiao. Zürich: Rüegger.

Widmer, T. (2002): Staatsreformen und Evaluation: Konzeptionelle Grundlagen und Praxis bei den Schweizer Kantonen. Zeitschrift für Evaluation 1, Heft 1, S. 101-114.

Widmer, T. (2008): Evaluationsansätze und ihre Effekte. In: Hildegard Matthies/Dagmar Simon (Hrsg.): Wissenschaft unter Beobachtung. Effekte und Defekte von Evaluationen. Leviathan Sonderheft 24: 276.

Widmer, T. (2009): The contribution of evidence-based policy to the output-oriented legitimacy of the state. Evidence & Policy 5, Heft 4, S. 351-372.

Widmer, T. (2012): Unabhängigkeit in der Evaluation. LeGes – Gesetzgebung & Evaluation 23, Heft 2 (im Erscheinen).

Widmer, T./Bisang, K./Moser, C. (2005): TARMED. Vorbereitung einer Wirkungsanalyse über die Einführung sowie die Wirkungen von TARMED. Bern: Bundesamt für Gesundheit.

Widmer, T./Blaser, C./Falk, C. (2007): Evaluating measures taken against right-wing extremism. Evaluation 13, Heft 2, S. 221-39.

Widmer, T./De Rocchi, T. (2012): Evaluation: Grundlagen, Ansätze und Anwendungen. Zürich: Rüegger.

Widmer, T./Frey, K. (2006): Evaluation von Mehrebenen-Netzwerkstrategien. Zeitschrift für Evaluation 5, Heft 2, S. 287-316.

Widmer, T./Hirschi, C. (2007a): Herausforderungen der Evaluation von Massnahmen gegen Rechtsextremismus. LeGes – Gesetzgebung & Evaluation 18, Heft 2, S. 255-74.

Widmer, T./Hirschi, C. (2007b): Leitfaden zur Evaluation von Massnahmen gegen Rechtsextremismus. In: Fachstelle für Rassismusbekämpfung (Hrsg.): Rechtsextremismus bekämpfen. Bern: FRB: 57-82.

Widmer, T./Hirschi, C. (Hrsg.) (2007c): Fallstudien zur Evaluation von Massnahmen gegen Rechtsextremismus. Zürcher Politik- & Evaluationsstudien Nr. 6. Zürich: Institut für Politikwissenschaft.

Widmer, T./Hirschi, C. (2009): How to evaluate measures against right-wing extremism. In: Niggli, M, A, (ed.): Right-wing extremism in Switzerland. National and international perspectives. Baden-Baden: Nomos: 277-89.

Widmer, T./Neuenschwander, P. (2004): Embedding evaluation in the Swiss federal administration. Purpose, institutional design and utilization. Evaluation 10, Heft 4, S. 388-409.

Widmer, T./Rüegg, E. (2005): Konsequenzen von Staatsreformen für die demokratische Steuerungsfähigkeit. Vergleichende Analyse zu vier Schweizer Kantonen. Politische Vierteljahresschrift, 46, Heft 1, S. 86-109.

Zangl, B. (2008): Monopolist a.D. WZB-Mitteilungen 121: S. 11-14.

Zürn, M. (1998): Regieren jenseits des Nationalstaates. Globalisierung und Denationalisierung als Chance. Frankfurt: Suhrkamp.

Groß angelegte Feldversuche in der kriminologischen Präventionsforschung
Das Zürcher Projekt zur sozialen Entwicklung von Kindern[1]

Manuel Eisner, Tina Malti, Denis Ribeaud, Barbara Müller

1 Einleitung

Kriminologische Experimentalstudien über die Wirksamkeit von Verbrechensprävention unter realen Bedingungen sind wissenschaftliche Großprojekte. Solche Experimente erfordern langfristige Planung, die Zusammenarbeit zwischen Wissenschaft und Praxis und ein großes Forschungsteam. Eine Intervention umzusetzen und ihren Erfolg zu messen, verursacht beträchtliche Kosten. Werden solche Experimente aber gut durchgeführt, versorgen sie politische Entscheidungsträger und Praktiker mit dem besten kriminologischen Wissen darüber, wie man wirksam Delikten vorbeugt. Groß angelegte Feldexperimente sind jedoch komplex. Sollen sie erfolgreich sein, erfordern sie eine Vielfalt methodischer Kompetenzen.

In diesem Beitrag erläutern wir zunächst, wie sich kriminologische Feldexperimente von anderen Experimentalstudien unterscheiden und warum diese Unterschiede zu spezifischen methodischen Problemen führen. In einem zweiten Schritt geben wir eine Einführung in die konzeptionellen, organisatorischen und praktischen Herausforderungen, die sich in den verschiedenen Stadien großer Feldexperimente stellen. Um aufzuzeigen, wie Forscher kritische Herausforderungen angehen können, greifen wir im ganzen Beitrag auf Erfahrungen aus dem *Zürcher Projekt zur sozialen Entwicklung von Kindern (z-proso)* zurück (für einen Überblick über die Studie siehe Eisner und Ribeaud 2005). Dieser groß angelegte Feldversuch kombiniert eine Längsschnittstudie mit der Evaluation zweier universeller Präventionsprogramme. Beide Programme wurden zu Beginn

---

[1] Dieser Beitrag ist eine übersetzte und leicht überarbeitete Fassung des Buchbeitrags: Eisner, M., D. Ribaud, T. Malti (2011): „Large-scale criminological field experiments", in Gadd, D., Karstedt, S., und Messner, S. F. (Hrsg.): The SAGE Handbook of Criminological Research Methods, Sage Publications, 410-424.

der Grundschule umgesetzt und sollen aggressives Problemverhalten bei Kindern reduzieren.

2 Warum brauchen wir kontrollierte Wirkungsstudien und Feldversuche?

In der Präventions- und Interventionsforschung wird zwischen klinischen Wirksamkeitsstudien, kontrollierten Wirkungsstudien und Feldversuchen unterschieden (Elliott und Mihalic 2004; Flay 1986; Glasgow et al. 2003; Schoenwald und Hoagwood 2001). Mit *klinischen Wirksamkeitsstudien (efficacy trials)* möchte man herausfinden, ob eine Intervention unter optimalen Umsetzungsbedingungen eine Wirkung hat. In solchen Studien beaufsichtigen die Forscher die Durchführung der Intervention eng. Die Maßnahmen werden von einem ausgebildeten und motivierten Forscherteam umgesetzt, die Teilnehmer müssen bestimmte Einschlusskriterien erfüllen und mögliche Störfaktoren werden sorgfältig kontrolliert. In klinischen Wirksamkeitsstudien ist die Zahl der Teilnehmer typischerweise klein und die Ergebnisse werden oft kurze Zeit nach Durchführung der Intervention gemessen.

Mit *kontrollierten Wirkungsstudien (effectiveness trials)* versucht man festzustellen, ob eine Intervention unter realen Bedingungen die gewünschte Wirkung hat. Solche Studien sind typischerweise groß angelegt und erfordern die Zusammenarbeit der Forscher mit vielen externen Stellen. Das Programm wird durch Praktiker umgesetzt und die Zielgruppe der Intervention ist heterogen. Mit kontrollierten Wirkungsstudien versucht man oft Langzeiteffekte nachzuweisen, die für politische Entscheidungsträger bedeutsam sind.

Feldversuche (dissemination trials) prüfen die Effekte einer Intervention unter den Umsetzungsbedingungen, unter denen das Programm zukünftig angewendet werden soll. Sie erforschen also die Wirkung von fertig entwickelten und dokumentierten Programmen, die sich auf eine adäquate Infrastruktur, Ausbildungsmechanismen und technische Supportstrukturen stützen. Idealerweise führen unabhängige Forscher Feldversuche durch. Diese Experimente helfen zu verstehen, welche Wirkungen man aufrechterhalten kann, wenn die Programmentwickler nicht aktiv involviert sind. Kontrollierte Wirkungsstudien und Feldversuche haben ähnliche methodische Eigenschaften und werden im Folgenden als „groß angelegte Feldversuche" diskutiert.

Klinische Wirksamkeitsstudien sind ein wichtiger erster Schritt in der Evaluation von Maßnahmen, die Delinquenz und Kriminalität verringern sollen. Bevor ein Programm breit übernommen wird, sollte man jedoch zuverlässig wissen, ob das Programm auch funktioniert, wenn es von ausgebildeten Praktikern mit einer diversen Zielgruppe umgesetzt wird, und ob die Wirkungen über eine Zeitspanne anhalten, die praktisch relevant ist. Wie wichtig die Unterscheidung zwischen verschiedenen Studientypen ist, hat sich in mehreren Metaanalysen gezeigt. Diese untersuchten, welche Faktoren die Stärke von Interventionseffekten in der Kriminologie und in den Gesundheits- und Präventionswissenschaften beeinflussen (Beelmann und Lösel 2006; Petrosino und Soydan 2005; Piquero et al. 2009; Wilson et al. 2003a). In vielen dieser Studien zeigt sich ein ähnliches Muster: Man findet eher signifikant positive Effekte, wenn die Zahl der Studienteilnehmer klein ist (Farrington und Welsh 2003), wenn die Intervention in sehr hoher Qualität umgesetzt wird, wenn der Programmentwickler direkt an der Evaluation beteiligt ist (Petrosino and Soydan 2005) und wenn man die Wirkungen kurz nach der Intervention misst (Beelmann and Lösel 2006). Hingegen findet man deutlich geringere Effekte in Studien mit einer großen Teilnehmerzahl, bei einer Umsetzung der Intervention durch ausgebildete Fachkräfte, bei begrenzter Umsetzungsqualität, wenn der Programmentwickler nicht direkt beteiligt ist und wenn Wirkungen über Monate oder Jahre beurteilt werden.

Diese Erkenntnisse legen nahe, dass die Generalisierbarkeit von klinischen Wirksamkeitsstudien begrenzt ist. Kontrollierte Wirkungsstudien und Feldversuche sind deshalb wichtig, um Forschungsresultate in politische Empfehlungen zu übersetzen. Solche Studien sind komplex, zeitaufwändig und oft teuer. Das Konzept der „Forschungsmethoden" erhält dabei eine viel umfassendere Bedeutung als normalerweise in der kriminologischen Forschung. Natürlich spielen die üblichen Pflichten eine wichtige Rolle: Die Forschungsfragen und Hypothesen müssen korrekt formuliert sein, man braucht eine adäquate Stichproben- und Messstrategie und man muss adäquate statistische Analysen durchführen. Forscher, die große Wirksamkeitsstudien und Feldversuche durchführen, müssen aber zusätzlich auch die Zusammenarbeit zwischen Forschern und Interessenvertretern verstehen, mit verschiedenen beteiligten Parteien kommunizieren und Programme umsetzen können (siehe Kasten 1).

Kasten 1:   Charakteristika und Ziele groß angelegter Wirkungsstudien und Feldversuchen

- Test der Wirksamkeit von Interventionen unter praxisnahen Bedingungen, oft mit großen Stichproben
- Realistische Einschätzung von Interventionseffekten in Routineanwendungen
- Vermittlung der Interventionen durch ausgebildete Praktiker statt durch Forscher

- Untersuchung von Kurz- und Langzeiteffekten, oft über mehrere Jahre
- Verständnis der Wechselwirkungen zwischen Interventionseffekten und dem Lebenslauf von Menschen
- Erforschung der Bedingungen für eine erfolgreiche Übertragung von Programmen in andere Kontexte
- Intensive Kooperation zwischen Praktikern und Forschern

3 Kontrollierte Wirkungsstudien und Feldversuche in der Kriminologie

Die Kriminologie steht randomisierten kontrollierten Studien im Vergleich zu anderen Sozialwissenschaften eher positiv gegenüber. Diese Haltung gründet möglicherweise in ihrer traditionellen Offenheit für strategische Fragen und vielleicht auch in der begeisterten Unterstützung, die weltweit führende Forscher wie Sherman et al. (2002), Farrington (1983), Weisburd (2000) und Lipsey (1995) der experimentellen Forschung entgegenbringen. Diese Unterstützung zeigte sich unter anderem in der Gründung der *Academy of Experimental Criminology* im Jahr 1999 und der Lancierung des *Journal of Experimental Criminology* im Jahr 2004. In zahlreichen kriminologischen Bereichen werden groß angelegte Feldversuche durchgeführt. Beispiele dafür sind Polizeiarbeit in Brennpunkten (z. B. Braga 2005; Weisburd 2005), Frühprävention von Problemverhalten (z. B. Olds 2002), die Prävention von Mobbing, Substanzmissbrauch und Delinquenz in Schulen (Gottfredson et al. 2006; Patton et al. 2003), Programme zum Opfer-Täter-Ausgleich (Sherman et al. 2005) oder Behandlungsprogramme für Straftäter (z. B. Timmons-Mitchell et al. 2006). Einen Überblick über randomisierte Studien in der Kriminologie vermitteln Farrington und Welsh (2005 2006).

Unsere eigenen Erfahrungen mit einem groß angelegten Feldversuch stammen aus der z-proso-Studie (für einen Überblick über die Studie siehe Eisner et al. 2008). Dieses Projekt kombiniert eine Längsschnittstudie mit der Evaluation zweier universeller Präventionsprogramme. Als Evaluationsstudie will das Projekt politischen Entscheidungsträgern forschungsbasiertes Wissen zur Verfügung stellen. Es untersucht, ob Präventionsprogramme, die zu Beginn der Grundschule umgesetzt werden, externalisierendes Problemverhalten während der Kindheit verringern und Delinquenz während der Adoleszenz reduzieren können. Zudem möchte die Studie herausfinden, ob man Programme, die sich in anderen Ländern als wirksam erwiesen haben, erfolgreich in den ethnisch vielfältigen Kontext westeuropäischer Städte übertragen kann.

Die umgesetzten Interventionen sind bewährt und wurden zuvor sowohl in klinischen Wirksamkeits- als auch in kontrollierten Wirkungsstudien getestet.

Auf Familienebene wurde das Erziehungskompetenzprogramm Triple P *(Positive Parenting Programme;* siehe z. B. Sanders 1992, 1999) umgesetzt. Auf Schulebene wurde das Sozialkompetenzprogramm PFADE eingesetzt *(Programm zur Förderung alternativer Denkstrategien – Promoting Alternative Thinking Strategies (PATHS);* siehe z. B. Greenberg et al. 1998; Kusche und Greenberg 1994). Von Beginn an wurde die Studie in enger Zusammenarbeit zwischen einem Forschungsteam an den Universitäten Zürich und Cambridge und einer Umsetzungsgruppe der Stadt Zürich entwickelt.

Um die Wirksamkeit der Programme zu untersuchen, wurden 56 Schulen in der Stadt Zürich zufällig einer von vier Versuchsgruppen zugeteilt: Einer Triple P-Gruppe, einer PFADE-Gruppe, einer kombinierten Triple P- und PFADE-Gruppe und einer Kontrollgruppe ohne Intervention. Zielstichprobe waren alle 1675 Kinder, die im Herbst 2004 in die erste Klasse der Grundschule in eine der teilnehmenden Schulen eintraten. Die Interventionen wurden im ersten und zweiten Grundschuljahr umgesetzt. Die Datenerhebungen umfassen zurzeit vier Befragungen der wichtigsten Bezugsperson des Kindes und fünf Wellen von Kinder- und Lehrpersonenbefragungen im ersten, zweiten, dritten, fünften und siebten Schuljahr.

4 Was zeichnet kontrollierte Wirkungsstudien und Feldversuche aus?

Experimente folgen stets derselben allgemeinen Logik: Der Experimentator manipuliert eine bestimmte Komponente eines Systems. Er erwartet aufgrund der Theorie, dass diese Manipulation eine Wirkung auf eine Zielgröße ausübt. Mit einer Beobachtungsvorrichtung misst er ein Signal der Zielgröße. Forscher müssen deshalb zwei Probleme lösen: Die Manipulation des Inputs muss klar definiert, kontrolliert und systematisch sein. Die Instrumente, die das Signal erfassen, müssen messen, was sie messen sollen. Sie müssen präzise sein und empfindlich reagieren auf ein Ausmaß an Veränderungen, wie sie die Manipulation voraussichtlich hervorruft. Fast alle spezifischen Herausforderungen groß angelegter Feldversuche hängen mit der Schwierigkeit zusammen, dieses grundlegende experimentelle Design aufrechtzuerhalten und korrekte Schlussfolgerungen aus den Resultaten zu ziehen (siehe auch Welsh et al. 2010). Wir fassen diese Herausforderungen in den folgenden vier Fragen zusammen:

- Wie kann man gewährleisten, dass die tatsächliche Manipulation eines Systems mit der beabsichtigten Manipulation übereinstimmt, wenn man eine Intervention (z. B. Behandlung, Maßnahme, Programm) in einem größe-

ren Rahmen umsetzt? Diese Frage ist bekannt als Problem der *Umsetzungstreue* in Feldstudien.
- Wie kann eine Feldstudie so angelegt werden, dass die Forscher eine Veränderung im Signal (z. B. Problemverhalten, Drangsalieren, wiederholte Straffälligkeit), die das Experiment hervorbringt, eindeutig unterscheiden können von allen anderen Veränderungen, die in natürlichen Umgebungen vorkommen? Diese Frage bezieht sich auf die zentrale Herausforderung der *internen Validität* (Shadish et al. 2002).
- Wie können wir sicherstellen, dass die Qualität der Messinstrumente genügt, um die Signale zu erfassen, auch wenn sich eine große Zahl von Personen an der Datenerhebung beteiligt? Diese Frage bezieht sich darauf, wie man in groß angelegten Studien eine hohe *Konstruktvalidität* erreicht.
- Wie kann man ein Feldexperiment so durchführen, dass seine Resultate unverzerrte Schätzungen der Effekte sind, die wir erwarten können, wenn die Intervention an anderen Orten oder durch andere Personen durchgeführt wird? Diese Frage zielt auf das zentrale Element der *externen Validität* oder *Generalisierbarkeit*.

In den folgenden Abschnitten erläutern wir generelle Strategien um diese Herausforderungen zu meistern. Um mögliche Lösungen zu illustrieren, greifen wir auf die z-proso-Studie zurück.

5 Die Vorbereitungsphase

Groß angelegte Feldstudien erfordern eine detaillierte, langfristige Planung. Oft ist es ratsam eine Machbarkeitsstudie durchzuführen, bevor das Hauptprojekt angegangen wird. In einer Machbarkeitsstudie können folgende Fragen geklärt werden: Was sind die Bedürfnisse und Ressourcen am geplanten Ort der Intervention? Welche möglichen Interventionen eignen sich für die Zielpopulation? Ist der Standort auf eine Intervention vorbereitet? Sind die nötigen finanziellen und organisatorischen Ressourcen für die Umsetzung verfügbar? Welches sind die sozialen und demografischen Eigenheiten des Zielortes? Welche möglichen Hindernisse, Risikofaktoren und Ressourcen gibt es in der Gemeinschaft? Mit welchen verschiedenen Interessengruppen müssen während des Feldexperiments Partnerschaften aufgebaut und unterhalten werden?

6 Die Bedürfnisse von Gemeinschaften verstehen und einbeziehen

Eine sorgfältige Auswahl einer passenden Maßnahme ist zentral. Die Wahl einer angemessenen Intervention für kontrollierte Wirkungsstudien und Feldversuche wird von drei Faktoren beeinflusst (Elliott und Mihalic 2004): (1) den organisatorischen Ressourcen für die Intervention, (2) der Anschlussfähigkeit der Intervention an die bestehenden Organisationsstukturen und Ressourcen und (3) der Bereitschaft des geplanten Standortes für die Intervention.

Die *organisatorischen Ressourcen* umfassen alle Aspekte, welche eine effiziente und vorgabengetreue Programmumsetzung beeinflussen: Dazu gehören etwa qualitativ hochstehende, gedruckte Handbücher und (falls nötig) Unterrichtsmaterialien; die Fähigkeit, Ausbilder zu schulen, zu zertifizieren und zu überwachen; die Verfügbarkeit von Infrastruktur um technische Unterstützung zu leisten; ein überprüfter Ablauf für die Rekrutierung der Teilnehmenden in das Programm und für die Vermittlung des Programmes. Grundsätzlich sollte man nur einen großen Feldversuch durchführen, wenn bereits in klinischen Wirksamkeitsstudien belegt wurde, dass eine Intervention wirksam ist. Sie sollte zudem auf einem überzeugenden theoretischen Modell beruhen und vollständig dokumentiert sein.

Die *Anschlussfähigkeit an die bestehenden Strukturen und Ressourcen* bezieht sich auf das Umfeld der geplanten Intervention: Schließt die Intervention Lücken in der bereits bestehenden Versorgung? Kann sie innerhalb der bestehenden Strukturen bereitgestellt werden? Genügt die organisatorische und finanzielle Unterstützung, um die Intervention umzusetzen? Die Wahl einer Intervention sollte auf einer gründlichen Abklärung der Bedürfnisse und Ressourcen am geplanten Standort beruhen (Hawkins et al. 2002). Eine solche Abklärung muss erstens erfassen, welche Risikofaktoren bei der Zielgruppe besonders einflussreich sind. Zudem sollte sie mögliche Hindernisse für die Umsetzung der Programme abklären und einen Überblick schaffen über die bereits vorhandenen Aktivitäten, Maßnahmen und Mechanismen zur Prävention oder Reduktion von Delinquenz und Verbrechen.

Die *Bereitschaft des Standortes („site readiness")* bezieht sich darauf, ob eine Gemeinschaft, Schule oder Institution eine Intervention und Feldstudie befürworten und bereit sind, sie zu unterstützen. Sie wird beeinflusst von Faktoren wie einem gut vernetzten und respektierten lokalen Vorkämpfer, der Glaubwürdigkeit des Programmes innerhalb der Gemeinschaft und einer dauerhaften Unterstützung durch die Behörden. Weitere Grundlagen sind formelle Zusagen durch die betroffene Organisation, die Beständigkeit der Organisation und des Personals und eine vorgängige Zusage der nötigen Ressourcen (Elliott und Mihalic 2004).

Forscher sollten versuchen die Bereitschaft und Aufnahmefähigkeit am Standort zu beeinflussen. In jedem groß angelegten Feldexperiment muss man überlegen, wie man verschiedene Akteure und Interessenvertreter einbinden kann. Dieser Prozess umfasst wechselnde Aktivitäten während der verschiedenen Studienphasen (Goodman 2000). Es ist beispielsweise nützlich, Partner auf verschiedenen Ebenen anzusprechen: auf der Makro- oder Politikebene (z. B. nationale oder lokale politische Entscheidungsträger), auf der Mesoebene von Akteuren mit Leitungsfunktionen (z. B. Schulleiter, Polizeioffiziere) und auf der Mikroebene von Personal, das direkt mit der Umsetzung der Intervention zu tun hat (z. B. Lehrpersonen, Sozialarbeitende, Gefängnispersonal). Um Begeisterung für das Projekt zu wecken und aufrechtzuerhalten, können auf jeder Ebene andere Kommunikationsformen sinnvoll sein.

Ein wichtiges Ziel der Studie *z-proso* war es, den lokalen Behörden Forschungsresultate über Programme zu liefern, die sie später auf einer breiteren Basis umsetzen können. Wir mussten deshalb sorgfältig abwägen, welche Programme wir in der Feldstudie einsetzen. Zu diesem Zweck führten wir im Jahr 2002 eine Machbarkeitsstudie zu den Grundlagen wirksamer Gewaltprävention in der Stadt Zürich durch (Eisner et al. 2003). Sie hatte vier Ziele: (1) Die Problemsituation am vorgesehenen Standort gründlich zu untersuchen und zu beschreiben; (2) das bestehende Wissen über die Gründe und Risikofaktoren für Jugendgewalt in einer für die politischen Entscheidungsträger zugänglichen Weise zusammenzufassen; (3) die bestehenden Ressourcen am geplanten Standort festzustellen und einen umfassenden Überblick zu den bereits bestehenden Präventions- und Interventionsaktivitäten zu erarbeiten; und (4) das verfügbare Wissen über wirksame universelle Präventionsprogramme zusammenzufassen.

Diese Untersuchung der Bedürfnisse und Ressourcen kombinierten wir mit einem Bericht über die universellen, selektiven und indizierten Präventionsprogramme, die international eine gute Evidenzbasis haben. Neben der Zusammenfassung bestehender Überblicksdarstellungen der US-amerikanischen Forschung (z. B. der *'Blueprints of Violence Prevention'*-Webseite vom *Center for the Study and Prevention of Violence* an der Universität Colorado), versuchten wir auch Ergebnisse aus europäischen Evaluationsstudien einzubeziehen. Auf dieser Grundlage schlugen wir im Schlussbericht schließlich neun Programme vor, die in Zürich umgesetzt werden könnten. Diese Programme haben vier Gemeinsamkeiten: (1) Sie waren schon an anderen Orten evaluiert worden und hatten sich als wirksam erwiesen; (2) sie zielen auf Risikofaktoren ab, die im Zürcher Kontext relevant sind; (3) sie füllen Lücken zwischen bestehenden Präventions- und Interventionsprogrammen; und sie können (4) im Rahmen einer Längsschnittstudie mit einem randomisierten Experiment evaluiert werden.

Zusammen mit den Zürcher Behördenvertretern haben wir schließlich entschieden, Triple P und PFADE als universelle Präventionsprogramme einzusetzen. Beide Programme richten sich an Kinder im Grundschulalter und wollen Risikofaktoren in der Familie (Erziehungspraktiken), in der Schule (Schulklima) und auf Individualebene (emotionale Kompetenzen und Selbstkontrolle) beeinflussen. Die Programme wurden ausgewählt, weil sie bedeutsame Lücken in den bestehenden lokalen Angeboten füllten, weil die Ergebnisse von vorhergehenden Evaluationen genügend positiv waren, um eine groß angelegte randomisierte Studie zu rechtfertigen und weil die lokalen Behörden bereit waren, eine hochwertige Umsetzung der Interventionen organisatorisch und finanziell zu unterstützen.

Beratende Gremien können sehr hilfreich sein um einen groß angelegten Feldversuch zu entwickeln. Für die Studie *z-proso* bauten wir zwei Gremien auf, die unterschiedliche Funktionen erfüllten. Das wissenschaftliche Expertengremium bestand aus führenden Wissenschaftern aus dem Feld. Sie hatten Erfahrungen mit der Durchführung ähnlicher Studien und brachten breite methodologische Kompetenzen mit. Dies war sehr hilfreich um das definitive Design der Studie auszuarbeiten. Das zweite Gremium wurde durch die Stadt Zürich aufgebaut und diente als Kommunikations- und Diskussionsforum zwischen dem Forschungsteam und verschiedenen Akteuren, die an der Studie interessiert oder von ihr betroffen waren. Es bestand unter anderem aus Vertretern von Schulbehörden, Sozialdiensten, Polizei, Stadtentwicklung, Gesundheits- und Präventionsdiensten und der Organisation der Schulpsychologen.

7 Die Entwicklung des Forschungsdesigns

Ein Forschungsdesign legt fest, wie die experimentelle Manipulation (d. h. die Intervention) umgesetzt werden soll, wie die Studieneinheiten (z. B. Individuen oder Schulen) der Experimental- oder der Kontrollgruppe zugewiesen werden und wie und wann man Messungen vor und nach der Intervention vornimmt. Bei der Entwicklung eines groß angelegten Feldexperimentes muss man verschiedene Probleme bedenken. Damit man feststellen kann, ob die erwarteten Effekte erreicht wurden, muss die Studie erstens ausreichend groß sein. Um die Stichprobe zu bestimmen, müssen sich Forscher mit der Technik der *Poweranalyse* vertraut machen (Cohen 1988). Einfach gesagt, kann man mit einer Poweranalyse feststellen, wie groß eine Stichprobe sein muss, damit der Forscher einen Interventionseffekt mit hoher Wahrscheinlichkeit entdeckt, falls es einen Effekt gibt. Wie wir ausgeführt haben, haben Interventionen in großen Wirkungsstudien und Feldversuchen schwächere Effekte als in klinischen Wirksamkeitsstudien.

Es ist deshalb ratsam einen Feldversuch so groß anzulegen, dass man praktisch relevante Interventionseffekte entdecken kann, auch wenn sie relativ schwach sind. Zweitens müssen die Forscher entscheiden, wie sie die untersuchten Einheiten der Experimental- und der Kontrollgruppe zuweisen. Details zu verschiedenen experimentellen Forschungsdesigns erläutern Shadish et al. (2002) und Rossi, Lipsey und Freedman (2004). In der Kriminologie werden oft größere Einheiten anstelle von Individuen randomisiert. Viele kriminologisch relevante Interventionen in der realen Welt werden auf der Ebene von Schulen, Gerichten, Bewährungshelfern, Brennpunkten der Kriminalität oder Gefängnistrakten durchgeführt (Weisburd und Taxman 2000). Damit solche Feldversuche extern valide sind, muss das Forschungsdesign berücksichtigen, dass die Maßnahmen gebündelt umgesetzt werden. Um derartige klumpen-randomisierte Experimente *(cluster-randomised experiments)* zu entwickeln, sollte man die Speziallitteratur zum Thema kennen und konsultieren (vgl. z. B. Donner und Klar 2000).

Schließlich gilt es die zeitliche Abfolge und die Organisation der Datenerhebungen zu überlegen. Normalerweise macht man mindestens eine Messung vor der Intervention *(baseline measurement)* und eine Messung nach der Intervention *(post measurement)*. In Feldstudien wird oft zwischen kurz- und langfristigen Effekten unterschieden und entsprechend führt man mehrere Messungen nach der Intervention durch *(follow-up measurements)*.

In der *z-proso*-Studie beeinflussten verschiedene Überlegungen das definitive Forschungsdesign. Zunächst mussten wir uns für eine angemessene Randomisierungseinheit entscheiden. Da das Sozialkompetenzprogramm PFADE in Schulklassen umgesetzt wird, erwägten wir zunächst eine Randomisierung auf Klassenebene. Diese Strategie barg aber das Risiko, dass Interventionseffekte übertragen werden, falls Klassen bzw. Lehrpersonen in der Experimentalgruppe in Kontakt mit benachbarten Klassen und Lehrpersonen in der Kontrollgruppe stehen. Deshalb haben wir uns entschieden, Schulen als Randomisierungseinheit zu wählen.

Wir benutzten ein faktorielles Design um die Schulen den Experimentalbedingungen zuzuweisen. Faktorielle Designs sind nützlich, wenn man zwei oder mehrere Interventionen gleichzeitig testen will. Die Studieneinheiten werden dazu (mit gleicher Wahrscheinlichkeit) einer Kombination von Maßnahmen zugewiesen (Shadish et al. 2002: 263). In unserem Fall ergab die Kombination aus dem Eltern- und dem Sozialkompetenztraining ein 2x2 faktorielles Design mit vier Versuchsbedingungen: „Kontrollbedingung", „nur Triple P", „nur PFADE" und „Triple P und PFADE kombiniert". Dieses Design benötigt kleinere Stichproben als ein separater Test jeder Intervention und verursacht deshalb geringere Kosten. Zudem ist es möglich, Interaktionen zu testen, man kann also untersuchen, ob eine Kombination beider Interventionen wirksamer ist als jede Intervention für sich. Drittens musste der genaue Ablauf der Randomisierung festgelegt werden. Dabei war wichtig, dass die angestrebte Stichprobe von 1200 teilnehmenden Kindern etwa 50 bis 60 Schulen entsprach. Bei einer direkten Zufallsziehung mit derart wenigen Schulen besteht die Gefahr, dass unausgewogene Gruppen entstehen. In diesem Fall unterscheiden sich die Individuen in den unterschiedlichen Experimentalbedingungen in verschiedenen Aspekten, denn eine Zufallszuweisung führt nur zu vergleichbaren Experimentalgruppen, wenn die Zahl der Einheiten relativ groß ist. Wir haben uns deshalb für ein randomisiertes Blockdesign entschieden. Die Einheiten für die Randomisierung (z. B. Schulen) werden dabei zuerst in relativ ähnliche Gruppen eingeteilt. Die Zuweisung zu den Experimentalbedingungen erfolgt dann innerhalb jeder Gruppe (Boruch 1997: 111). In unserem Fall teilten wir die Schulen in 14 Blöcke mit je vier Schulen ein. Die Schulen in jedem Block gehörten zum gleichen Schulverwaltungskreis und der soziale Hintergrund ihres Einzugsgebietes war vergleichbar. Innerhalb jeden Blocks wurden die Schulen dann zufällig den verschiedenen Experimentalbedingungen zugeteilt.

Schließlich mussten wir die zeitliche Abfolge der Datenerhebungen und der Interventionen bestimmen (siehe Grafik 1 für einen Überblick). Die Reihenfolge der Interventionen wurde teilweise von praktischen Überlegungen bestimmt. Triple P war zu Beginn der Studie schon seit mehreren Jahren kommerziell erhältlich. Wir konnten uns deshalb auf existierendes Material und ein Netz von Anbietern stützen, die vom Vertreiber lizenziert waren. Im Gegensatz dazu mussten wir für PFADE zuerst eine einsatzbereite deutsche Fassung entwickeln. Dafür mussten wir das PFADE-Lehrmittel übersetzen und adaptieren, vorläufige Versionen des Lehrmittels testen, ein Trainingsprogramm für die Lehrpersonen entwickeln und Fachleute ausbilden, welche die Lehrpersonen schulen und betreuen sollten. Um genügend Zeit für die Entwicklung einer einsatzfähigen Version von PFADE zu haben, boten wir Triple P während des ersten Schuljahres an und setzten PFADE im zweiten Jahr um. Die Datenerhebungen wurden so geplant, dass die erste Erhebungswelle vor Beginn des Elterntrainings komplett abgeschlossen war. Die dritte Erhebungswelle wurde nach Beendigung des Sozialkompetenztrainings durchgeführt. Die zweite Erhebungswelle überlappte zeitlich teilweise mit dem Beginn des Sozialkompetenztrainings in den Schulen. Aus diesem Grund benutzten wir die Daten der zweiten Erhebungswelle nicht, um die Effekte des Sozialkompetenztrainings zu untersuchen.

Abbildung 1: Überblick über die *z-proso*-Studie

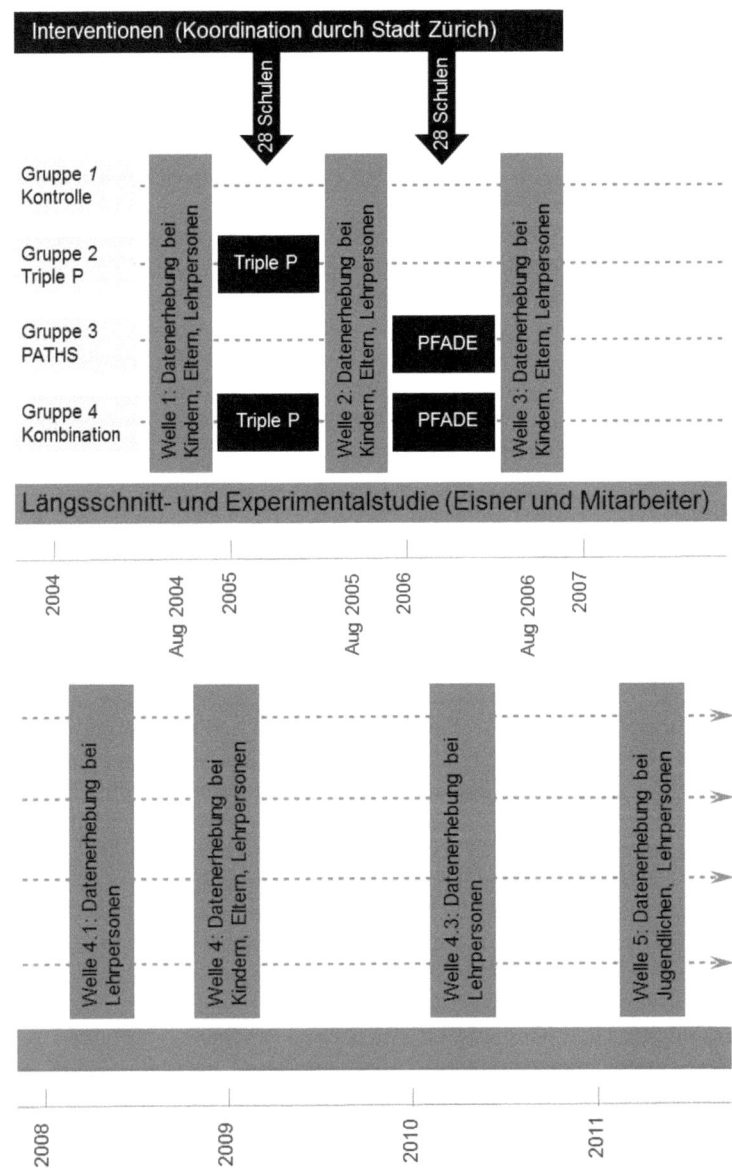

8 Messinstrumente

Jedes Experiment untersucht, ob die vorhergesagte Veränderung einer Zielgröße eintritt, wenn man einen angenommenen Mechanismus manipuliert. Um das festzustellen, braucht man mindestens Daten über zwei Komponenten: eine korrekte Messung der Manipulation und eine valide und reliable Messung, die auf Veränderungen in der Zielgröße empfindlich ist. In kontrollierten Wirkungsstudien und Feldversuchen müssen beide Messinstrumente sehr sorgfältig gestaltet werden. Forscher und Praktiker erwarten von groß angelegten kriminologischen Feldversuchen mehr als eine Antwort auf die Frage „Hat die Intervention gewirkt?". Der große organisatorische und finanzielle Aufwand von Feldversuchen rechtfertigt auch Fragen wie: „Warum hat es gewirkt?", „Für wen?" und „Unter welchen Bedingungen?".

Es ist deshalb entscheidend, mit verschiedenen Instrumenten umfassend und systematisch zu erfassen, wie die Intervention der Zielpopulation dargeboten wurde. Ohne diese Daten kann man zentrale Fragen unmöglich beantworten: Hat die Zielgruppe die Intervention wie geplant erhalten? Welche Elemente einer Intervention haben am stärksten zum Gesamteffekt beigetragen? Sind mögliche nicht-signifikante Resultate auf ein unwirksames Programm oder auf eine mangelhafte Umsetzung zurückzuführen? Wie kann die Wirksamkeit des Programmes verbessert werden (Dane und Schneider 1998)? Jedes groß angelegte Feldexperiment braucht deshalb umfassende Messungen der *Umsetzungstreue* (oder *Integrität*). Sie erfassen, ob die Intervention so umgesetzt wurde, wie die Programmentwickler es vorsahen (Dusenbury et al. 2003). Dane und Schneider (1998) unterscheiden fünf Dimensionen von Umsetzungstreue: (1) Das Ausmaß, in dem alle Komponenten der Intervention umgesetzt wurden *(adherence);* (2) die Menge an Programminhalten, welche die Teilnehmer erhalten haben *(dose);* (3) der Grad an Engagement und Kompetenz mit dem das Programm vermittelt wurde *(quality of delivery);* (4) das Ausmaß, in dem sich Teilnehmer aktiv an der Intervention beteiligt haben *(participant responsiveness);* und (5) die spezifischen Elemente des Programmes, die vermittelt wurden *(programme differentiation).*

Daten über die Vermittlung einer Intervention werden oft bei mehreren Informanten erhoben. In der Studie z-proso verwendeten wir beispielsweise vier Beobachtungsverfahren, um die Umsetzung des Elterntrainings zu messen: Jedes Stadium der Teilnahme (von der ersten Absicht teilzunehmen bis zum Abschluss aller vier Kursteile) wurde auf Anmeldungs- und Anwesenheitsbögen festgehalten. Die Kursleiter dokumentierten die vermittelten Programmteile und das Kursklima mit einem standardisierten Fragebogen. Die Eltern füllten einen Fragebogen aus, der verschiedene Aspekte der Teilnehmerzufriedenheit erfasste.

Durch teilnehmende Beobachtung erhob ein Mitglied des Forschungsteams qualitative Daten zu einem Teil der Kurse. Schließlich wurden in der zweiten Befragung der Eltern (also einige Monate nach der Intervention) Fragen dazu gestellt, wie oft die Eltern im Alltag tatsächlich Techniken benutzen, die sie im Kurs kennengelernt haben (siehe Eisner et al. 2012).

Die Messung der Zielgröße sollte auf einer *Theorie der Programmwirkung* beruhen. Damit ist ein theoretisches Modell gemeint, das den Mechanismus beschreibt, von dem man annimmt, dass er für die direkten und indirekten Effekte der Intervention verantwortlich ist. Diesen Mechanismus soll die Intervention aktivieren (Bickman 1987; Rogers et al. 2000). Forscher, die eine groß angelegte Feldstudie durchführen, sollten sich dabei nicht mit einem „Black Box"-Modell ihrer Intervention begnügen. Vielmehr sollten die Messinstrumente so gestaltet sein, dass sie alle unmittelbaren Mechanismen und weiter entfernten Zielgrößen erfassen, auf denen die Theorie der Programmwirkung beruht. So benutzt ein Elterntrainingsprogramm beispielsweise die Eltern als therapeutische Vermittler einer Veränderung: Man geht davon aus, dass eine Veränderung im Erziehungsverhalten kausal das Problemverhalten des Kindes verändert. Die Evaluation eines Elterntrainings sollte deshalb untersuchen, ob das Training das Erziehungsverhalten der Eltern (als unmittelbaren Mechanismus) beeinflusst, ob das Training zu einer Veränderung im Problemverhalten des Kindes (als entfernte Zielgröße) führt und ob die Veränderung im Problemverhalten durch eine Veränderung im Erziehungsverhalten (als Mediator) vermittelt wurde.

Messinstrumente müssen empfindlich auf Veränderungen sein. Sie müssen die Informationen über eine Veränderung in der Zielgröße erfassen können, die vom Stimulus der Intervention hervorgerufen wird. Dazu müssen die Messinstrumente reliabel und valide sein. Unpräzise Instrumente neigen dazu, die wahren Effekte einer Intervention zu unterschätzen. Forscher sind deshalb gut beraten, für groß angelegte Feldexperimente Instrumente zu verwenden, die vorgängig getestet wurden und von denen man weiß, dass sie auf ähnliche Interventionen reagieren.

Hinzu kommt, dass Forscher mehrere Informationsquellen über Veränderungen in der Zielgröße benutzen sollten. Es kann ungenügend sein, sich beispielsweise einfach auf offizielle Messungen von Kriminalität (z. B. Festnahmen) zu verlassen, da eine Intervention auch Prozesse beeinflussen kann, welche auf die Wahrscheinlichkeit einer Festnahme wirken. Ähnlich können Lehrpersonenbefragungen in einer schulbasierten Intervention nicht ausreichen. Wenn sich eine Lehrperson selbst an der Programmumsetzung beteiligt, ist ihr Urteil möglicherweise verzerrt. Allgemein ist es deshalb ratsam, Programmeffekte anhand mehrerer Merkmale und mit mehreren Methoden (*multi-trait multi-method approach*) zu messen (Campbell 1959): Zielgrößen sollten mit mehreren

Informationsquellen erfasst werden. Die Instrumente müssen zudem alle Zielbereiche umfassen, von denen man meint, dass sie durch die Intervention beeinflusst werden. In der *z-proso*-Studie verwendeten wir beispielsweise identische Messungen von Problemverhalten bei Lehrpersonen, Eltern und den Kindern selbst.

9 Datenerhebung und -verwaltung

Die Datenerhebung für ein groß angelegtes Feldexperiment ist anspruchsvoll. Sie umfasst eine Vielzahl von Aufgaben: Man muss einen realistischen Zeitplan erarbeiten, qualifiziertes Personal anstellen, Interviewer ausbilden und überwachen, eine hohe Teilnahmerate erreichen und aufrechterhalten sowie die Erhebung und Aufbewahrung der Daten organisieren (Stouthamer-Loeber und van Kammen 1995). Gute Organisation ist besonders wichtig, wenn Daten von mehreren Informanten erfasst werden und Messungen über längere Zeitperioden geplant sind.

Für jede Erhebungswelle der Studie *z-proso* mussten wir bis zu 30 Interviewerinnen suchen und ausbilden. Das Training der Interviewerinnen dauerte zwei Tage und beinhaltete umfangreiche praktische Übungen mit dem Fragebogen. Zudem erarbeiteten wir ein je 60-seitiges Interviewerhandbuch für die Kinder- und Elterninterviews. Die Handbücher enthielten detaillierte Richtlinien darüber, wie man die Eltern kontaktiert, wie man die Studie erklärt, wie man auf Bedenken der Eltern reagiert, wie man die Interviews durchführt, wie man mit schwierigen Situationen umgeht und wie man mit der Projektkoordination kommuniziert. Zusätzlich waren die Interviewerinnen verpflichtet, in wöchentlichen Treffen mit der Projektkoordination ihren Arbeitsfortschritt, schwierige Fälle und mögliche Probleme mit dem Fragebogen zu besprechen. Da wir überwiegend Mütter und Kinder befragten, stellten wir für die Durchführung der Interviews bis auf wenige Ausnahmen nur weibliche Personen an. Die Auswahl umfasste eine Sicherheitsprüfung und für Kinderinterviewerinnen wurde Arbeitserfahrung mit Kindern in einem ähnlichen Alter verlangt. Um die standardisierte Datenerhebung zu vereinfachen und die Daten effizient zu übertragen, wurden die Kinder- und Elterninterviews als computergestützte persönliche Interviews angelegt. Die Interviewerinnen konnten die verschlüsselten Interviewdaten elektronisch auf einen Server übertragen. Für die Kinderinterviews mussten zudem organisatorische Details mit den Schulleitungen und den Lehrpersonen geklärt werden, da sie in separaten Räumen während der Schulzeit stattfanden.

10 Ethnische und kulturelle Vielfalt

Die Standorte von kriminologischen Feldversuchen sind heute oft von einer beachtlichen ethnischen und kulturellen Vielfalt geprägt. Möchte man ein groß angelegtes Feldexperiment durchführen, muss man wissen, wie diese Vielfalt die geplante Studie beeinflussen kann. Je nach Projekt brauchen Forscher Spezialwissen darüber, wie man Befragungsinstrumente am besten übersetzt (Harkness et al. 2003), ob die geplante Intervention kulturelle Anpassungen benötigt (Castro et al. 2004), sowie wie man ethnische Minderheiten am besten für die Teilnahme gewinnen und dabei behalten kann (Yancey et al. 2006). In Kasten 2 sind einige Fragen aufgeführt, die sich möglicherweise stellen.

Kasten 2:   Fragen zur Durchführung von Wirkungsstudien in ethnisch vielfältigen Umgebungen

- Was ist die ethnische und kulturelle Zusammensetzung der Zielgruppe?
- Welche speziellen Maßnahmen braucht es, um Angehörige von Minderheiten für eine Studienteilnahme zu kontaktieren und zu gewinnen?
- Muss die Datenerhebung (Interviews, Fragebogen) in mehreren Sprachen erfolgen?
- Wie können die Messinstrumente in hoher Qualität übersetzt werden?
- Braucht es besondere Instrumente, um kulturspezifische Antwortmuster (z. B. soziale Erwünschtheit) zu messen?
- Wie können interkulturell kompetente Interviewer gefunden und ausgebildet werden?
- Sollen die Interventionen an die Bedürfnisse von ethnischen Minderheiten angepasst werden?

Für die Interventionskomponente eines Experimentes muss man sich fragen, ob das Vorgehen bei der Teilnehmergewinnung, das Format und die Sprache des Angebotes oder Programminhalte angepasst werden sollen. Anpassungen können aus mehreren Gründen sinnvoll sein: Falls bei Minderheiten andere Risikofaktoren wichtig sind, müssen möglicherweise die verschiedenen Programmelemente anders gewichtet werden. Verschiedene ethnische Gruppen können auch unterschiedlich empfänglich sein für verschiedene Elemente eines Programmes, wie beispielsweise persönliche Treffen oder internetbasiertes Lernen. Schließlich können identische Botschaften eines Programmes kulturell angepasst vermittelt werden.

Ob kulturelle Anpassungen nötig oder wünschenswert sind, wird unter Präventions- und Interventionsforschern seit 20 Jahren leidenschaftlich debattiert. Ein Überblicksartikel von Miranda et al. (2005) fasst die Ergebnisse von psychosozialen Interventionen für ethnische Minderheiten zusammen. In einem informativen Beitrag beschreiben Castro et al. (2004) wie Präventionsprogramme ihre Konsumenten verfehlen können und umreißen mögliche Lösungsansätze. Lau (2006) diskutiert, wann und in welchem Umfang kulturelle Anpassungen von evidenzbasierten Interventionen sinnvoll sein können. Grundsätzlich sollten Entscheidungen, Programm*inhalte* kulturell anzupassen nicht übereilt vorgenommen werden. Überblicksartikel legen nahe, dass viele standardisierte Präventions- und Behandlungsprogramme bei Minderheits- und Mehrheitsgruppen gleich wirksam sind (Elliott und Mihalic 2004; Wilson et al. 2003b). Nehmen Forscher wesentliche Veränderungen an einem Programm vor, handelt es sich um eine andere Intervention, die eine grundlegende Anpassung des Studiendesigns erfordert.

Ein zweiter Themenbereich in Zusammenhang mit ethnischer Vielfalt ist die Auswahl von Interviewern und die Datenerhebung. Wir können nur gültige Schlussfolgerungen über unterschiedliche Programmeffekte bei Minder- und Mehrheiten ziehen, wenn die erhobenen Daten für beide Gruppen von gleicher Qualität sind. In einem ethnisch und kulturell vielfältigen Umfeld braucht es eine Reihe von Maßnahmen, um dieses Ziel zu erreichen: Soweit die Angehörigen von Minderheiten eine tiefere Teilnahmewahrscheinlichkeit haben, können angepasste Rekrutierungsstrategien nötig sein. Möglicherweise muss man interkulturell kompetente Interviewer anstellen und ausbilden und sich überlegen, ob man Informationen und Fragebogen in verschiedene Sprachen übersetzen muss. Eine guter Einstiegspunkt in die Speziallitteratur zu diesem Thema sind die *Cross-Cultural Survey Guidelines,* die vom *Comparative Survey Design and Implementation (CSDI, http://www.csdiworkshop.org)* Workshop entwickelt wurden, sowie der Sammelband *Cross-Cultural Survey Methods* von Harkness et al. (2003).

In der *z-proso*-Studie war kulturelle Vielfalt ein wichtiges Thema. In der Machbarkeitsstudie zeigte sich, dass etwa 56 % der Eltern in der Stadt Zürich einen Migrationshintergrund haben. Die meisten Migrantengruppen sind in sozial benachteiligten Quartieren konzentriert, verfügen über geringere ökonomische Mittel und weniger Bildungsressourcen. Zudem war zu erwarten, dass ein erheblicher Teil dieser Eltern nicht ausreichend Deutsch lesen und sprechen konnte, um schriftliche Informationen zu verstehen oder an einem Interview teilzunehmen. Die wichtigsten Muttersprachen der migrierten Eltern waren Albanisch (9 %), Bosnisch/Kroatisch/Serbisch (9 %), Portugiesisch (7 %), Tamilisch (5 %), Spanisch (5 %), Türkisch (5 %) und Italienisch (4 %).

Im Hinblick auf diese Herausforderungen erarbeiteten wir ein umfassendes Maßnahmenpaket. Für die Studienteilnahme und die Datenerhebung beinhaltete es vorwiegend vier Punkte (für Details siehe Eisner und Parmar 2007; Eisner und Ribeaud 2007): (1) Wir übersetzten alle Kommunikationsmaterialen (d. h. Briefe, Projektinformationen und Einwilligungserklärungen) in die zehn wichtigsten Migrantensprachen und versandten sie zusammen mit den jeweiligen deutschen Versionen. (2) Wir ließen die Elternfragebogen mit einem Expertenteam-Ansatz (Harkness 2003: 37) in alle erwähnten Sprachen sowie auf Englisch übersetzen, so dass die Interviewerin zu Beginn der Befragung die passende Sprache wählen konnte. (3) Für jede größere Sprachminderheit stellten wir zweisprachige und interkulturell kompetente Interviewerinnen an und bildeten sie aus. (4) Um migrierte Eltern zu kontaktieren, entwickelten wir eine angepasste und ausführlichere Rekrutierungsstrategie. Bei den Interventionen war die wichtigste Maßnahme, die Triple P-Elternkurse auch in Türkisch, Albanisch und Englisch anzubieten. Während wir zusätzliche Anstrengungen unternahmen, um Eltern mit Migrationshintergrund für die Kurse zu gewinnen, blieben das Vermittlungsformat und der Inhalt der Kurse unverändert.

11 Planung und Koordination der Interventionen

Eine umfangreiche Forschungsliteratur bestätigt, dass mangelhaft umgesetzte Interventionen nicht wirken – zu diesem Thema braucht es also keine weitere Forschung (Dane und Schneider 1998; Dusenbury et al. 2003; Greenberg et al. 2005). Es ist anspruchsvoll, in groß angelegten Feldstudien eine gute Umsetzungstreue zu erreichen: Die Zielgruppe ist vielfältiger als in kleinen Interventionen und das Programm wird von Praktikern umgesetzt, die verschiedene Ansprüche gegeneinander abwägen müssen. Zudem wird die Intervention in alltäglichen Situationen empfangen, wo die Forscher viele Kontextfaktoren nicht kontrollieren können.

Forscher, die ihr eigenes Programm von einer klinischen Wirksamkeitsstudie ins Stadium einer kontrollierten Wirkungsstudie bringen möchten, sollten bedenken, dass dieser Schritt erhebliche zusätzliche Investitionen erfordert: Sie umfassen eine vollständige Dokumentation der Intervention, Mechanismen für die Überwachung und Qualitätskontrolle, die Erarbeitung von Ausbildungsunterlagen und einen Zeitplan um die Vermittler der Intervention auszubilden. Will man ein Programm evaluieren, das von anderen Forschern entwickelt wurde, muss man sich ein vollständiges Bild darüber verschaffen, was es braucht um das Programm so umzusetzen, wie es die Entwickler vorgesehen haben. Mihalic (2004) gibt einen allgemeinen Überblick über die Kriterien für gute Umsetzungsqualität. Auch die Webseite *'Blueprints of Violence Prevention'*, die vom *Center for the Study and Prevention of Violence (CSVP)* an der Universität Colorado betrieben wird, bietet Einblick in die kritischen Aspekte. Für jedes der elf empfohlenen Modellprogramme, listet eine Broschüre des CSVP die Anforderungen für eine Umsetzung in hoher Qualität auf.

Die zwei Programme in der Studie *z-proso* boten unterschiedliche Herausforderungen bezüglich der Umsetzungsqualität. Für das Elterntraining Triple P konnten wir uns auf einen etablierten Vertrieb stützen, der Erfahrung mit der Lizenzvergabe für Anbieter hatte. Unsere Aufgabe war hauptsächlich, in Zusammenarbeit mit Triple P Schweiz die fähigsten Anbieter aus einem Pool von Bewerbern auszuwählen. Zusätzlich bauten wir lokale Kontrollmechanismen auf und ein Mitglied des Forschungsteams überprüfte eine Auswahl von Kursen.

Die Leitlinien der *'Blueprints of Violence Prevention'*-Initiative (Greenberg et al. 1998) bildeten eine wichtige Grundlage für die Planung der PFADE-Intervention. Sie erklären sehr detailliert, wie man die Ausbildung der Lehrpersonen organisiert, wie oft das Programm unterrichtet werden soll und in welcher Form man es beaufsichtigen soll. Zusätzlich beriet ein Experte aus den Niederlanden, wo PFADE in den 1990er Jahren eingeführt wurde, das Umsetzungsteam beim Aufbau der Lehrerausbildung. Um sich ein Bild vom Ablauf des Programmes unter realen Bedingungen zu machen, besuchte das Umsetzungsteam aus Zürich zudem PFADE-Schulen in den Niederlanden.

12 Datenauswertung

Ein fachgerecht durchgeführtes kriminologisches Feldexperiment produziert eine große Menge an Daten. Um diese Daten angemessen zu analysieren, braucht es solide statistische Kenntnisse. Es gibt vielfältige statistische Methoden, um festzustellen, ob eine Intervention die gewünschte Wirkung zeitigt. Sie zu beschreiben übersteigt den Umfang dieser Einführung (siehe dafür die Beiträge in Piquero und Weisburd 2010). Dennoch ist es nützlich, einige Grundsätze zusammenzufassen, welche die Evaluation der Resultate leiten sollen.

Erstens ist es wichtig, umfassend zu dokumentieren, welche Messungen während der Studie gemacht wurden. Forscher sollten zudem festhalten, wie sie aus den Daten psychometrische Skalen berechnet haben, beispielsweise zu Erziehungspraktiken, Impulsivität oder aggressivem Verhalten. In der *z-proso*-Studie haben wir technische Dokumentationen verfasst, die detailliert jedes Instrument, seine Anwendung in der Studie und seine psychometrischen Eigenschaften beschreiben und die online zugänglich sind.

Zweitens muss man sorgfältig dokumentieren, wie die Teilnehmer den Experimentalgruppen und der Kontrollgruppe zugewiesen wurden, welcher Anteil der Zielstichprobe anfangs an der Studie teilnahm *(study participation rate)* und welcher Anteil der Teilnehmer die Studie in verschiedenen Phasen verließ *(attrition rate)*. In der Studie *z-proso* folgten wir den CONSORT-Empfehlungen (Altman 2001; Campbell 2004) wie man diese Informationen in Flussdiagrammen transparent präsentieren kann. Sie zeigen die Teilnahme- und Abbruchsraten in den verschiedenen Phasen einer experimentellen Studie. Als Teil dieser Analysen wird man üblicherweise auch untersuchen, ob die Randomisierung erfolgreich war, das heißt, ob die Experimentalgruppen gleichwertig sind.

Drittens sollte jede empirische Untersuchung einer kontrollierten Wirkungsstudie oder eines Feldversuches einen ausführlichen Bericht umfassen. Er hält fest, wie die Maßnahmen umgesetzt wurden, wie die Umsetzungstreue variierte und welche Faktoren möglicherweise die Dosis und die Qualität der Programmvermittlung beeinflusst haben. Solche Analysen sind in groß angelegten Feldversuchen speziell wichtig. Beispielsweise nahmen in der *z-proso*-Studie nur etwa 25 % der Eltern, denen ein kostenloses Elterntrainingsprogramm angeboten wurde, auch tatsächlich am Kurs teil. Obwohl diese Teilnahmerate höher ist als in vielen vergleichbaren Studien, ist es wichtig zu untersuchen, wer an der Intervention teilgenommen hat und wie man die Gewinnung der Teilnehmer für ähnliche Programme in Zukunft verbessern könnte. Die entsprechenden Untersuchungen zeigen, dass teilnehmende Eltern häufiger in Haushalten mit nur einer berufstätigen Person leben, eher einen Schweizer als einen Migrationshintergrund haben und besser in Nachbarschaftsnetzwerken integriert sind (Eisner et al. 2011). Solche Erkenntnisse können in Zukunft helfen, Mängel im Rekrutierungsprozess zu erkennen und Empfehlungen für bestimmte Zielgruppen zu entwickeln.

Die Wirkungen einer Intervention sollten in mehreren Stufen untersucht werden. Zentral ist die Frage, ob eine Intervention die erwartete Wirkung auf unmittelbare und entferntere Zielgrößen hatte. Dabei berücksichtigt man alle Teilnehmer, die ursprünglich der Experimentalgruppe zugewiesen wurden und schließt Teilnehmer, die nicht kooperationsbereit waren oder Teilgruppen, die nur Teile der geplanten Intervention erhalten haben, nicht aus (Boruch 1997: 201). Diese sogenannten *Intention-To-Treat (ITT)* Analysen sind entscheidend in kontrollierten Wirkungsstudien und Feldversuchen. Sie informieren politische Entscheidungsträger und Fachleute darüber, welche Wirkungen realistischerweise in einer größeren Bevölkerungsgruppe erwartet werden können, wenn die Maßnahmen wie in der Studie vermittelt werden. Damit sie nicht verzerrt sind, müssen ITT-Analysen für alle Zielgrößen durchgeführt und publiziert werden, für die man ursprünglich eine Wirkung erwartet hat. In späteren Stadien möchten

Forscher vielleicht untersuchen, in welchem Maße die Wirkungen von Faktoren wie Umsetzungstreue, Eigenschaften verschiedener Teilnehmergruppen oder der Vermittlung von bestimmten Programmkomponenten abhingen.

13 Forschungsethische Fragen

Randomisierte kriminologische Feldversuche berühren fast alle Gebiete der Forschungsethik. Auf mindestens vier Ebenen müssen ethische Fragen bedacht werden: (1) Bei der Auswahl der Intervention; (2) bei der zufallsgesteuerten Zuweisung zu den Experimentalbedingungen; (3) bei der Erhebung und Aufbewahrung von Daten; und (4) bei der Auswertung und Publikation der Resultate. So sind groß angelegte Versuche nur angebracht, wenn ausreichend Forschung nahelegt, dass durchgängig positive Wirkungen zu erwarten sind. Es dürfen keine Hinweise auf negative Wirkungen vorliegen. Die zufällige Zuweisung zu Experimentalbedingungen ist eine ethische Frage, die oft von politischen Entscheidungsträgern und gelegentlich von Studienteilnehmern angesprochen wird. Eine wichtige Argumentationshilfe bietet hierbei Weisburd (2003), der zum Schluss kommt, dass randomisierte Versuche in der Forschung in Kriminologie und Strafjustiz ethisch nicht nur zulässig sondern geradezu geboten sind, weil sie am ehesten die Gewähr bieten, dass Entscheide auf der Grundlage von gut abgesichertem Wissen gefällt werden. Außerdem müssen sich Forscher überlegen, wie sie Vertraulichkeits- und Datenschutzanforderungen nachkommen können und wie sie Einwilligungen nach erfolgter Aufklärung *(informed consent)* einholen. Auch die Sicherheit und Gesundheit der Interviewer im Feld muss man sorgfältig bedenken. In der *z-proso*-Studie erhielten die Interviewerinnen zum Beispiel detaillierte schriftliche Anweisungen über Situationen, in denen sie *keine* Interviews durchführen durften. Zudem wurde ein Notfallplan für den Fall ausgearbeitet, dass die Sicherheit einer Interviewerin bedroht wäre.

Schließlich müssen die Forscher entscheiden, wie sie ihre Forschungsresultate präsentieren und dokumentieren. Ihre Darstellung muss es anderen Wissenschaftlern, politischen Entscheidungsträgern und Fachleuten aus der Praxis erlauben, sich ein vollständiges Bild der Studienresultate zu machen. Unverzerrte Information ist ein heikles Thema in Wirkungsstudien und Feldversuchen. Die Interessen von politischen Entscheidungsträgern, Programmentwicklern, Interessenvertretern und Praktikern verbinden sich im Wunsch, positive Resultate zu sehen. Forscher sollten sich deshalb vor einem möglichen Einfluss von Wunschdenken auf ihre Analysen und Resultate schützen. Sie können beispielsweise vor Beginn des Experiments einen Plan für die Datenanalyse schreiben und diesen Plan von einem Experten im Gebiet prüfen lassen. Forscher sollten sich auch darauf vorbereiten, dass sie nachteilige Wirkungen einer Intervention finden könnten und sich überlegen, wie sie diese kommunizieren würden. McCords (2003) Überblick über die Cambridge-Somerville-Jugendstudie erinnert daran, dass auch sorgfältig entwickelte und theoriebasierte Interventionen manchmal nachteilige Wirkungen haben können und dass die Kommunikation solcher Wirkungen eine große persönliche und wissenschaftliche Integrität erfordert.

Das wichtigste ethische Problem, das wir in der Studie z-proso hatten, bezieht sich auf die Publikation und Interpretation von Forschungsresultaten. Zu unserer Enttäuschung fanden wir keine Hinweise darauf, dass das Elterntrainingsprogramm Triple P positive Effekte auf das Problemverhalten von Kindern hat (Eisner et al. 2012; Malti et al. 2011). Dies steht im Gegensatz zu umfangreicher bestehender Forschung über Triple P, die zum Teil mit ähnlichen Zielgruppen und vergleichbaren Studiendesigns durchgeführt wurde (für einen Überblick siehe Nowak und Heinrichs 2008). Nachdem wir die Ergebnisse der z-proso-Studie mit verschiedenen Methoden überprüft hatten, war es wichtig, den Grund für dieses Resultat herauszufinden.

Wir wählten zwei Wege, um das Problem anzugehen: Erstens achteten wir darauf, bei der Publikation der Ergebnisse zum Elterntraining alle relevanten Details zum Studiendesign, zur Umsetzung der Interventionen, zur Messung der Zielgröße und zu den statistischen Analysen zu präsentieren. Das erlaubt es den Lesern zu beurteilen, ob die z-proso-Studie Mängel hat, die das Fehlen von Effekten erklären könnten. In der Diskussion mit politischen Entscheidungsträgern und in wissenschaftlichen Publikationen versuchten wir zudem, die Begrenzungen der z-proso-Studie aufzuzeigen, die für das Fehlen von positiven Effekten verantwortlich sein könnten.

Dennoch: Nach unserer Ansicht ist das Studiendesign von z-proso solide. Das Fehlen positiver Effekte ist eher eine wahre Aussage über die Studienpopulation als ein Artefakt. Eisner (2009) warf deshalb die Frage auf, ob Evaluationen, die von Programmentwicklern selbst durchgeführt werden, möglicherweise subtilen Verzerrungen unterliegen, die aus einem Rollenkonflikt zwischen dem neutralen wissenschaftlichen Beobachter und dem Programmentwickler entstehen, der materielle und immaterielle Interessen hat. Diese Hypothese führte zu einer lebhaften akademischen Debatte (Olds 2009; Sherman und Strang 2009), welche die ethischen Anforderungen an Forscher thematisiert, die eine experimentelle Studie durchführen, und mögliche Konflikte aufzeigt.

14 Schlussfolgerungen

Groß angelegte Feldstudien, welche die Wirksamkeit von kriminologischen Interventionen unter realistischen Bedingungen untersuchen, werden aus verschiedenen Gründen in Zukunft wahrscheinlich noch wichtiger sein als heute. In mehreren Forschungsfeldern zeigen Metaanalysen und systematische Überblicksartikel, dass gewisse Interventionen wirksam sein können. Gleichzeitig ist aber weitherum anerkannt, dass wir noch nicht verstehen, wie man solche Wirkungen in die Praxis übertragen und über längere Zeit aufrechterhalten kann (Welsh et al. 2010). Zusätzlich zu empirisch geprüften Programmen brauchen wir deshalb auch empirisch geprüfte Umsetzungs- und Verbreitungsstrategien. In den letzten 20 Jahren wurden in vielen westlichen Ländern Empfehlungslisten oder Akkreditierungsverfahren für Präventions- und Therapieprogramme geschaffen. Für die Aufnahme auf eine solche Liste wird immer häufiger verlangt, dass die Wirkung eines Programms in mindestens einem unabhängigen großen Feldversuch bestätigt wurde. Immer noch bestehen viele Programme und Maßnahmen diesen Test nicht. Noch fehlen groß angelegte Wirkungsstudien und Feldversuche in Ländern außerhalb der USA. Bis zu welchem Grad die Resultate von wirksamen Interventionen auf andere Länder übertragbar sind, ist noch größtenteils unklar und muss genauer untersucht werden (siehe Kasten 3). Es gibt also noch viel zu tun.

Kasten 3:   Eine Grundausrüstung für Einsteiger

- Forscher, die zum ersten Mal ein kriminologisches Feldexperiment durchführen, müssen die Lösungen für viele Probleme nach und nach finden. Trotzdem kann man viele Fehler vermeiden, indem man sich vor Beginn der Studie in folgenden vier Gebieten ein breites Wissen aneignet:
- Erstens muss man die Logik von experimentellen und nichtexperimentellen Forschungsdesigns studieren und verstehen, wie man korrekte Schlussfolgerungen über kausale Effekte von Interventionen zieht. Wir empfehlen dazu das hervorragende Buch *Experimental and Quasi-Experimental Designs for Generalized Causal Inference* von Shadish et al. (2002). Zugleich sollten Neulinge die neueste Auflage von Rossi et al. (2004): *Evaluation: A Systematic Approach* greifbar haben. Das Buch führt Studierende durch alle methodischen Schritte einer Evaluationsstudie, inklusive der Auswahl von Programmen, ihrer Umsetzung und der Wirkungsmessung.
- Zweitens sollten Wissenschafter die wesentliche Forschung in dem Ge-

biet kennen, das sie mit ihrer Intervention erreichen wollen. Das kann entwicklungsbedingte Risikofaktoren für die Entstehung von Problemverhalten betreffen oder Mechanismen der Polizeiarbeit oder Prozesse durch die Schwerverbrecher ihr kriminelles Verhalten aufgeben oder aufrechterhalten. Zudem sollte man sich ein vertieftes Verständnis über das bestehende Wissen zu wirksamen Präventions- und Interventionsprogrammen erarbeiten. Der Band *Evidence-Based Crime Prevention* von Sherman et al. (2002) bietet immer noch einen wertvollen Überblick über die meisten Arten kriminologischer Interventionen. Forscher sollten sich aber auch mit spezialisierten systematischen Überblicksartikeln vertraut machen, wie beispielsweise den Berichten für die *Crime and Justice Group* der *Campbell Collaboration*.

- Drittens muss man praktische Dinge wie Datenerhebung, Interviewführung, Koordination eines Forscherteams und die Umsetzung von Interventionen beherrschen. Die Monografie *Randomized Experiments for Planning and Evaluation: A Practical Guide* von Boruch (1997) ist eine wichtige Quelle, um experimentelle Feldversuche zu planen. Für Studien mit einer großen Zahl von Interviews ist *Data Collection and Management: A Practical Guide* von Stouthamer-Loeber und van Kammen (1995) unentbehrlich. Schließlich sollten Forscher verstehen, welche praktischen Herausforderungen auf sie zukommen, wenn sie eine Intervention in großem Maßstab programmgetreu umsetzen wollen. Einen guten Überblick über bedenkenswerte Themen findet man in Rohrbach et al. (2006), Elliot und Mihalic (2004), Domitrovich und Greenberg (2000) und Durlak und DuPre (2008).

- In den letzten zehn Jahren haben Berufsorganisationen wertvolle Empfehlungen und Checklisten herausgegeben. Zwei sind speziell nützlich: Erstens hat das *Committee on Law and Justice of the US National Research Council* einen Bericht mit dem Titel *Improving Evaluation of Anti-crime Programs* (National Research Council 2005) herausgegeben. Es will damit eine Evaluationsforschung fördern, die gültige und nützliche Resultate bereitstellt, auf die sich politische Entscheidungsträger stützen können. Der Bericht enthält methodologische und praktische Richtlinien für die Gestaltung und Umsetzung solcher Studien (Lipsey et al. 2006: 272). Auch die US-amerikanische *Society of Prevention Research* hat Richtlinien entwickelt, die helfen wirksame Präventionsprogramme zu identifizieren (Flay et al. 2005). Diese *Standards of Evidence* stellen methodische Kriterien auf, mit denen man feststellen kann, ob eine Intervention in klinischen Wirksamkeitsstudien, in kontrollierten Wirkungsstudien oder in Feldversu-

chen erwünschte Wirkungen hat.
- Nützliche Weblinks
  Campbell Collaboration: http://www.campbellcollaboration.org/
  CONSORT Grundsätze: http://www.consort-statement.org
  Empfehlungen für kulturübergreifende Befragungen:
  http://ccsg.isr.umich.edu/index.cfm

Literatur

Altman, D.G. (2001): The revised CONSORT statement for reporting randomized trials: explanation and elaboration. In: Annals of Internal Medicine, 134, Heft 8, S. 663.
Beelmann, A./Lösel, F. (2006): Child social skills training in developmental crime prevention: Effects on antisocial behavior and social competence. In: Psycothema, 18, Heft 3, S. 603-610.
Bickman, L. (1987): The functions of program theory. In: New Directions for Program Evaluation, Heft 33, S. 5-18.
Boruch, R. (1997): Randomized Experiments for Planning and Evaluation: A Practical Guide. Applied Social Research Method Series, No 44. Thousand Oaks: Sage.
Braga, A. (2005): Hot spots policing and crime prevention: A systematic review of randomized controlled trials. In: Journal of Experimental Criminology, 1, Heft3, S. 317-342.
Campbell, D.T. (1959): Convergent and discriminant validation by the multitrait-multimethod matrix. In: Psychological Bulletin, 56, Heft 2, S. 81.
Campbell, M.K. (2004): CONSORT statement: extension to cluster randomised trials. In: British Medical Journal (Clinical Research Edition), 328, Heft 7441, S. 702.
Castro, F.G./Barrera, M./Martinez, C.R. (2004): The cultural adaptation of prevention interventions: Resolving tensions between fidelity and fit. In: Prevention Science, 5, Heft 1, S. 41-45.
Cohen, J. (1988): Statistical Power Analysis for the Behavioral Sciences. New York: Academic Press.
Dane, A.V./Schneider, B.H. (1998): Program integrity in primary and early secondary prevention: are implementation effects out of control. Clinical Psychology Review, 18, Heft 1, S. 23-45.Donner, A./Klar, N. (2000): Design and Analysis of Cluster Randomization Trials in Health Research. London, UK: Arnold Publishers.
Domitrovich, C.E./Greenberg, M.T. (2000): The study of implementation: Current findings from effective programs that prevent mental disorders in school-aged children. In: Journal of Educational and Psychological Consultation, 11, Heft 2, S. 193-221.
Durlak, J./DuPre, E. (2008): Implementation matters: A review of research on the influence of implementation on program outcomes and the factors affecting implementation. In: American Journal of Community Psychology, 41, Heft 3, S. 327-350.

Dusenbury, L./Brannigan, R./Falco, M./Hansen, W.B. (2003): A review of research on fidelity of implementation: implications for drug abuse prevention in school settings. In: Health Education Research, *18* Heft 2, S. 237-256.

Eisner, M. (2009): No effects in independent prevention trials: can we reject the cynical view? In: Journal of Experimental Criminology, 5, Heft 2, S. 163-183.

Eisner, M./Manzoni, P./Ribeaud, D./Schmid, R. (2003): Grundlagen wirksamer Gewaltprävention in der Stadt Zürich. Forschungsbericht Nr. 0 aus der Reihe z-proso. (zuletzt aufgerufen am 18.6.2012 unter https://protos.ethz.ch/zproso/research/pub/abl/2003_Eisner_etal_Grundlagen.pdf)

Eisner, M./Meidert, U./Ribeaud, D./Malti, T. (2011): Stages of Parental Engagement in a Universal Parent Training Program. In: Journal of Primary Prevention, 32(2), S. 83-93.

Eisner, M./Nagin, D. S./Ribeaud, D./Malti, T. (2012): Effects of a universal parenting program for highly adherent parents: A Propensity Score Matching Approach. In: Prevention Science, *13, Heft 3, S. 252-266.*

Eisner, M./Parmar, A. (2007): Doing criminological research in ethnically and culturally diverse contexts. In: King, R.D./Wincup, E. (Hrsg.): Doing Research on Crime and Justice. Oxford: Oxford University Press, S. 171-199.

Eisner, M./Ribeaud, D. (2007): Conducting a criminological survey in a culturally diverse context. In: European Journal of Criminology, 4, Heft 3, S. 271-298.

Eisner, M./Ribeaud, D./Jünger, R./Meidert, U. (2008): Frühprävention von Gewalt und Aggression: Ergebnisse des Zürcher Präventions-und Interventionsprojektes an Schulen. Zürich/Chur: Rüegger Verlag.

Elliott, D.S./Mihalic, S.F. (2004): Issues in disseminating and replicating effective prevention programs. In: Prevention Science, 5 Heft 1, S. 47-53.

Farrington, D.P. (1983): Randomized experiments on crime and justice. In: Tonry, M./Morris, N (Hrsg.) Crime and Justice, Vol. 4. Chicago: Chicago University Press, S. 257-308.

Farrington, D.P. /Welsh, B.C. (2003): Family-based prevention of offending: A meta-analysis. In: Australian and New Zealand Journal of Criminology, 36, Heft 2, S. 127-151.

Farrington, D.P.und Welsh, B.C. (2005): Randomized experiments in criminology: What have we learned in the last two decades? In: Journal of Experimental Criminology, 1, Heft 1, S. 9-38.

Farrington, D.P./Welsh, B.C. (2006): A half century of randomized experiments on crime and justice. In: Crime and Justice, 34, Heft 1, S. 55-132.

Flay, B.R. (1986): Efficacy and effectiveness trials (and other phases of research) in the development of health promotion programs. In: Preventive Medicine, 15, Heft 5, S. 451-474.

Flay, B.R./Biglan, A./Boruch, R./Castro, F./Gottfredson, D./Kellam, S. et al. (2005): Standards of evidence: Criteria for efficacy, effectiveness and dissemination. In: Prevention Science, 6, Heft 3, S. 151-175.

Glasgow, R.E./Lichtenstein, E./Marcus, A.C. (2003): Why don't we see more translation of health promotion research to practice? Rethinking the efficacy-to-effectiveness transition. In: American Journal of Public Health, 93, Heft 8, S. 1261-1267.

Goodman, R.M. (2000): Bridging the gap in effective program implementation: From concept to application. In: Journal of Community Psychology, 28, Heft 3, S. 309-321.

Gottfredson, D./Kumpfer, K./Polizzi-Fox, D./Wilson, D./Puryear, V./Beatty, P. et al. (2006): The Strengthening Washington D.C. Families project: A randomized effectiveness trial of family-based prevention. In: Prevention Science, 7, Heft 1, S. 57-74.

Greenberg, M.T./Domitrovich, C.E./Graczyk, P.A./Zins, J.E. (2005): The Study of Implementation in School-Based Preventive Interventions: Theory, Research, and Practice, Vol. 3. Rockville: Center for Mental Health Services, Substance Abuse and Mental Health Services Administration.

Greenberg, M.T., Kusché, C.A. und Mihalic, S.F. (1998): Blueprints for Violence Prevention, Book Ten: Promoting Alternative Thinking Strategies (PATHS). Boulder, CO: Center for the Study and Prevention of Violence.

Harkness, J.A. (2003): Questionnaire translation. In: Harkness, J.A/van de Vijver, F.J.R/Mohler, P.P. (Hrsg.) : Cross-Cultural Survey Methods.. New York: John Wiley, S. 35-57.

Harkness, J.A./Van de Vijver, F.J.R./Mohler, P.P. (2003): Cross-Cultural Survey Methods. New York: John Wiley.

Hawkins, D.J./Catalano, R.F./Arthur, M. (2002): Promoting science-based prevention in communities. In: Addictive Behaviors, 27, Heft 6, S. 951-976.

Kusche, C.A./Greenberg, M.T. (1994): The PATHS Curriculum. Seattle: Developmental Research and Programs.

Lau, A.S. (2006): Making the case for selective and directed cultural adaptations of evidence-based treatments: Examples from parent training. In: Clinical Psychology: Science and Practice, 13, Heft 4, S. 295-310.

Lipsey, M.W. (1995): What do we learn from 400 research studies on the effectiveness of treatment with juvenile delinquents? In: McGuire, J. (Hrsg.): What works? Reducing Reoffending. New York: John Wiley. S. 63-78.

Lipsey, M.W./Petrie, C./Weisburd, D./Gottfredson, D. (2006): Improving evaluation of anti-crime programs: Summary of a National Research Council report. In: Journal of Experimental Criminology, 2, Heft 3, S. 271-307.

Malti, T./Ribeaud, D./Eisner M. (2011): The effectiveness of two universal preventive interventions in reducing children's externalizing behavior: A cluster randomized controlled trial. In: Journal of Clinical Child and Adolescent Psychology, 40, S. 677-692.

McCord, J. (2003): Cures that harm: Unanticipated outcomes of crime prevention programs. In: The ANNALS of the American Academy of Political and Social Science, 587, Heft 1, S. 16-30.

Mihalic, S.F. (2004): The importance of implementation fidelity. Emotional and Behavioral Disorders In Youth, 4, S. 83-105.

Miranda, J./Bernal, G./Lau, A./Kohn, L./Hwang, W.-C./LaFromboise, T. (2005): State of the science on psychosocial interventions for ethnic minorities. In: Annual Review of Clinical Psychology, Heft 1, S. 113-142.

National Research Council (2005): Improving Evaluation of Anticrime Programs. Committee on Improving Anticrime Programs, Committee on Law and Justice, Division of Behavioral and Social Sciences and Education (Hrsg.). Washington, D.C.: National Academy Press.

Nowak, C./Heinrichs, N. (2008): A comprehensive meta-analysis of Triple P-positive parenting program using hierarchical linear modeling: effectiveness and moderating variables. In: Clinical Child and Family Psychology Review, 11, Heft 3, S. 114-144.

Olds, D.L. (2002): Prenatal and infancy home visiting by nurses: From randomized trials to community replication. In: Prevention Science, 3, Heft 3, 153-172.

Olds, D.L. (2009): In support of disciplined passion. Journal of Experimental Criminology, 5, Heft 2, S. 201-214.

Patton, G./Bond, L./Butler, H./Glover, S. (2003): Changing schools, changing health? design and implementation of the Gatehouse Project. In: Journal of Adolescent Health, 33, Heft 4, S. 231-239.

Petrosino, A./Soydan, H. (2005): The impact of program developers as evaluators on criminal recidivism: Results from meta-analyses of experimental and quasi-experimental research. In: Journal of Experimental Criminology, 1, Heft 4, S. 435-450.

Piquero, A.R./Farrington, D.P./Welsh, B.C./Tremblay, R./Jennings, W.: (2009): Effects of early family/parent training programs on antisocial behavior and delinquency. In: Journal of Experimental Criminology, 5, Heft 2, S. 83-120.

Piquero, A.R./Weisburd, D. (2010): Handbook of Quantitative Criminology. New York: Springer.

Rogers, P.J./Petrosino, A./Huebner, T.A./Hacsi, T.A. (2000): Program theory evaluation: Practice, promise, and problems. In: New Directions for Evaluation, Heft 87, S. 5-13.

Rohrbach, L.A./Grana, R./Sussman, S./Valente, T.W. (2006): Type II translation: transporting prevention interventions from research to real-world settings. In: Evaluation and Health Professions, 29(3), S. 302-333.

Rossi, P.H./Lipsey, M./Freeman, H.E. (2004): Evaluation: A Systematic Approach, 7th edition. Beverly Hills: Sage.

Sanders, M.R. (1992): Every Parent: A Positive Guide to Children's Behavior. Sydney: Addison-Wesley.

Sanders, M.R. (1999): Triple P-Positive Parenting Program: Towards an empirically validated multilevel parenting and family support strategy for the prevention of behaviour and emotional problems in children. In: Clinical Child and Family Psychology Review, 2, Heft 2, S. 71-89.

Schoenwald, S.K. und Hoagwood, K. (2001): Effectiveness, transportability, and dissemination of interventions: What matters when? In: Psychiatric Services, 52, Heft 9, S. 1190-1197.

Shadish, W.R./Cook, T.D./Campbell, D.T. (2002): Experimental and Quasi-Experimental Designs for Generalized Causal Inference. Boston: Houghton-Mifflin.

Sherman, L.W./Farrington, D.P./Welsh, B.C./MacKenzie, D.L. (2002): Evidence-Based Crime Prevention. London: Routledge.

Sherman, L.W./Strang, H. (2009): Testing for analysts' bias in crime prevention experiments: Can we accept Eisner's one-tailed test? In: Journal of Experimental Criminology, 5, Heft 2, S. 185-200.

Sherman, L.W./Strang, H./Angel, C./Woods, D./Barnes, G.C./Bennett, S. et al. (2005): Effects of face-to-face restorative justice on victims of crime in four randomized, controlled trials. In: Journal of Experimental Criminology, 1, Heft 3, S. 367-395.

Stouthamer-Loeber, M./ van Kammen, W.B. (1995): Data Collection and Management: A Practical Guide. Thousand Oaks: Sage.

Timmons-Mitchell, J./Bender, M.B./Kishna, M.A./Mitchell, C.C. (2006): An independent effectiveness trial of multisystemic therapy with juvenile justice youth. In: Journal of Clinical Child and Adolescent Psychology, 35, Heft 2, S. 227-236.

Weisburd, D. (2000): Randomized experiments in criminal justice policy: Prospects and problems. Crime and Delinquency, 46, Heft 2, S.181-193.

Weisburd, D. (2003): Ethical practice and evaluation of interventions in crime and justice: The moral imperative for randomized trials. In: Evaluation Review, 27, Heft 3, S. 336-354.

Weisburd, D. (2005): Hot spots policing experiments and criminal justice research: Lessons from the field. In: The ANNALS of the American Academy of Political and Social Science, 599, Heft 1, S. 220-245.

Weisburd, D./Taxman, F.S. (2000): Developing a multicenter randomized trial in criminology: The case of HIDTA. In: Journal of Quantitative Criminology, 16, Heft 3, S. 315-340.

Welsh, B.C./Sullivan, C.J./Olds, D.L. (2010): When early crime prevention goes to scale: A new look at the evidence. In: Prevention Science, 11, Heft 2, 115-125.

Wilson, S.J./Lipsey, M.W./Derzon, J.H. (2003a): The effects of school-based intervention programs on aggressive behavior: A meta-analysis. In: Journal of Consulting and Clinical Psychology, 71, Heft 1, S. 136-149.

Wilson, S.J./Lipsey, M.W./Soydan, H. (2003b): Are mainstream programs for juvenile delinquency less effective with minority youth than majority youth? A meta-analysis of outcomes research. Research on Social Work Practice, 13, Heft 1, S. 2-26.

Yancey, A.K./Ortega, A.N./Kumanyika, S.K. (2006): Effective recruitment and retention of minority research participants. In: Annual Review of Public Health, 27, Heft 1, S. 1-28.

II. Nutzungsorientierte Evaluationsstrategien im Bereich der Förderung demokratischer Kultur

Nutzungsfokussierte Evaluation am Beispiel eines multizentrischen Programms

Wolfgang Beywl, Susanne Giel

Der folgende Beitrag erläutert die Grundzüge des nutzungsfokussierten Modells der Evaluation und illustriert es am Beispiel der Evaluation eines Programms zur Prävention von Rechtsextremismus, Antisemitismus und Fremdenfeindlichkeit. Zentral für diesen Evaluationsansatz ist es, Nutzenerwartungen und Nutzungsabsichten der Beteiligten und Betroffenen zu identifizieren. Diese Erwartungen leiten alle Schritte der Evaluation an, von der Formulierung der Fragestellungen bis hin zur Vermittlung der Ergebnisse. Diese Bestimmung der vorgesehenen Nutzungen der vorgesehenen Nutzerinnen und Nutzer ist für die Evaluationsplanung multizentrischer Programme besonders anspruchsvoll: Es gibt viele autonom handelnde Programmverantwortliche und -beteiligte, die zum Programmstart eventuell noch in keiner Arbeitsbeziehung stehen, und zwischen denen mitunter große räumliche Distanzen liegen. Anhand der Evaluation des Themenclusters „Früh ansetzende Prävention" im Programm „Vielfalt tut gut" werden Methoden zur Identifizierung von Nutzenerwartungen vorgestellt und es wird erläutert, wie diese in der Umsetzung der Evaluation berücksichtigt wurden. Abschließend wird ein kritischer Blick auf das gewählte Vorgehen geworfen und es werden Potentiale und Entwicklungsperspektiven der nutzungsfokussierten Evaluation multizentrischer Programme angesprochen.

1 Grundzüge der Nutzungsfokussierung

In den 1960er Jahren erlebte die Evaluation in den USA mit der Expansion bundesweiter Sozial- und Bildungsprogramme einen Boom. In diesem Zusammenhang wurde die Frage nach den Erträgen der vielen Millionen Dollar Evaluationsinvestitionen dringlich. Vorstellungen einer rationalen Entscheidungsfindung, basierend auf einer instrumentellen Nutzung von Evaluationsergebnissen, erwiesen sich vielfach als unangemessen (Stockbauer 2000). Hatte man angenommen, dass Evaluationsergebnisse ausschlaggebend für Entscheidungen, z. B. über die Fortführung oder Einstellung von Programmen sind, so zeigte sich, dass diese oft schwerpunktmäßig nach anderen (z. B. politischen) Erwägungen erfolgen. In dieser „Nutzenkrise der Evaluation" stellten sich somit Fragen danach, ob es gerechtfertigt ist, weiterhin in großem Umfang finanzielle (meist Steuer-) Mittel für Evaluationen aufzuwenden (vgl. zum aktuellen Stand der Verwendungsforschung Balthasar 2007: 23-41; Beywl 1988: 32-39).

In der Folge dieser kritischen Selbstreflexion kommt es in der Evaluationstheorie zu einem Perspektivenwechsel. Bis dato war der Großteil der Evaluationen in ein *Forschungs*paradigma eingebettet, in dem (auf einen grob gestellten Auftrag hin) die Planung der Evaluationen gemäß der akademischen Sozialisation der Evaluatorinnen und Evaluatoren distanziert vom Feld erfolgte. Es galt als legitim und funktional, die Wahl von Fragestellungen und Methoden wie auch die Interpretationen und Schlussfolgerungen exklusiv den mit der Evaluation beauftragten Forschenden und deren Referenzsystem zu überlassen.

Die auf die Nutzungskrise antwortenden Evaluationsansätze, z. B. von Stufflebeam (1972) oder von Cronbach (1980), stellen die Informationsinteressen der Auftraggebenden und der Entscheidungsberechtigten, teilweise auch weiterer wichtiger Beteiligter und Betroffener (z. B. der Programmleitenden und Programmmitarbeitenden oder von Vertreterinnen und Vertretern der Zielgruppen), an den Anfangs- und in den Mittelpunkt der Evaluationsplanung.

Die von Michael Quinn Patton entwickelte nutzungsfokussierte Evaluation (1. Auflage 1978) radikalisiert den Ansatz, Evaluationen von den jeweils konkreten Nutzungsbedingungen der von ihr zu generierenden Ergebnisse zu planen und umzusetzen. In Pattons Evaluationsmodell sind die vorgesehenen Nutzungen die zentralen Steuerungsfaktoren (*advance organizers*) für die Evaluation: *Alle* strategischen Entscheidungen bezüglich Zweck, Fragestellungen und Methoden sind daraufhin auszurichten, dass die Evaluation und deren Ergebnisse tatsächlich genutzt werden. Nutzungen werden hinsichtlich der nutzenden Personen und Gremien, der Zeitpunkte und ihrer Zuordnung zu Organisationen, Programmen usw. antizipiert. Auf diese vorausschauend identifizierten Nutzungen hin wird die Evaluation, insbesondere die Berichterstattung bzw. Dissemination der Ergebnisse, geplant. Zentral für alle Evaluationsschritte ist es, sie am beabsichtigten Gebrauch durch die vorgesehenen Nutzenden (*intended use by intended users*) als konkrete Personen in ihren jeweiligen Rollen, z. B. als Mitglieder von Entscheidungsgremien, auszurichten (zur Maxime der „Personalisierung" vgl. Kushner 2000).

> *„Utilization-focused evaluation* is evaluation done for and with specific intended primary users for specific, intended uses. *Utilization-focused evaluation* begins with the premise that evaluations should be judged by their utility and actual use; therefore, evaluators should facilitate the evaluation process and design any evaluation with careful consideration for how everything that is done, from beginning to end, will affect use. Use concerns how real people in the real world apply evaluation

findings, and experience the evaluation process. Therefore, the focus in utilization-focused evaluation is on *intended use by intended users" (Patton 2008: 177).*

Folgende gemäßigt nutzungsfokussierte Definition von Evaluation in Anlehnung an Beywl/Widmer (2009: 16) nimmt diese Impulse auf:
Evaluation ist demnach eine transdisziplinäre wissenschaftliche Dienstleistung, die insbesondere öffentlich verantwortete und/oder finanzierte immaterielle 'Gegenstände' – oft wieder Dienstleistungen *(wie Bildung, Soziale Arbeit, Beratung, Therapie, Pflege, Rehabilitation...)* systematisch, transparent und datengestützt beschreibt und ausgewogen bewertet, so dass Beteiligte & Betroffene *(Auftraggebende, Programmzuständige und andere Stakeholder)* die erzeugten Evaluationsergebnisse für vorgesehene Zwecke *(Entwicklung, Verbesserung, Rechenschaftslegung, Entscheidungsfindung)* nutzen.

Die Begriffe „Nutzung", „Nutzen" und „Nützlichkeit" werden in der Literatur uneinheitlich definiert (z. B. Nutzen und Nutzung als Synonyme bei Alkin/ Taut 2002). Für den Zweck dieses Beitrags werden sie wie folgt eingesetzt:

- Nutzung oder Gebrauch *(utilization)* als empirisch beobachtbarer Vorgang, in dem die Evaluation und ihre Ergebnisse mehr oder weniger angemessen und mehr oder weniger stark herangezogen werden;
- Nutzen *(use)* als von den jeweiligen Stakeholdern positiv bewerteter Einfluss einer Evaluation, der sich in ihrem Beitrag zur Rechenschaftslegung oder Weiterentwicklung des Programms oder in anderen Vorteilen zeigt;
- Nützlichkeit *(utility)* als eine Eigenschaft, welche der Evaluation zugeschrieben wird, oft einhergehend mit angemessener Nutzung und ausgeprägtem Nutzen.

Nützlichkeit erreicht eine Evaluation nicht ausschließlich - oft sogar zu einem kleineren Anteil - durch die angemessene Nutzung der Evaluations*ergebnisse*, die in Präsentationen, verschiedenen Berichtsformaten oder mit Hilfe anderer Medien kommuniziert werden (vgl. dazu ausführlich Torres/Preskill/Piontek 2005). Vielfach ist der *Prozess*nutzen ausschlaggebend, was besonders für innovative oder Modellprogramme gilt, bei denen die formative Evaluationsrolle oft im Vordergrund steht (vgl. Cousins 2007). Abbildung 1 stellt beide Nutzenarten gegenüber.

Abbildung 1: Prozessnutzen und Ergebnisnutzen der Evaluation

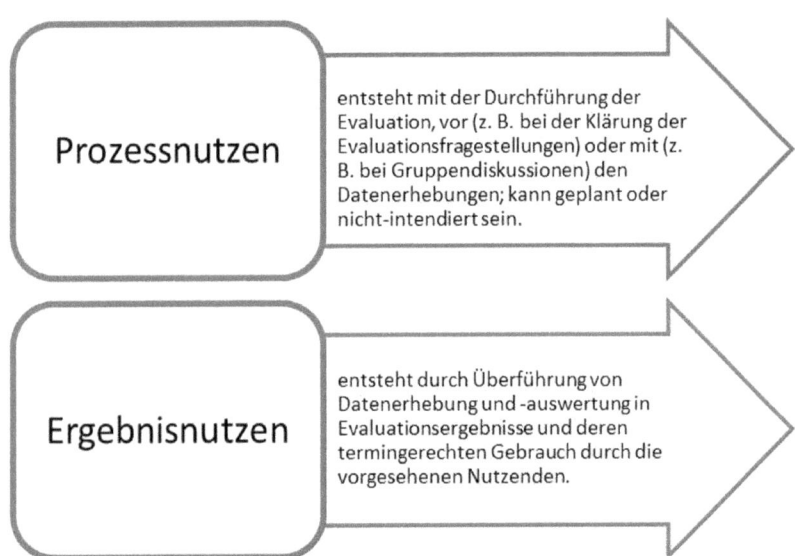

Auch die Standards für Evaluation betonen, dass die Ausrichtung auf die Nützlichkeit von Evaluationen ein herausragendes Qualitätsmerkmal ist. Eine der vier Standard-Hauptgruppen ist die der Nützlichkeit mit u. a. folgenden drei Einzelstandards: (DeGEval 2008)

- N1 Identifizierung der Beteiligten und Betroffenen: Die am Evaluationsgegenstand beteiligten oder von ihm betroffenen Personen bzw. Personengruppen sollen identifiziert werden, damit deren Interessen geklärt und so weit wie möglich bei der Anlage der Evaluation berücksichtigt werden können.
- N4 Auswahl und Umfang der Informationen: Auswahl und Umfang der erfassten Informationen sollen die Behandlung der zu untersuchenden Fragestellungen zum Evaluationsgegenstand ermöglichen und gleichzeitig den Informationsbedarf des Auftraggebers und anderer Adressaten und Adressatinnen berücksichtigen.
- N8 Nutzung und Nutzen der Evaluation: Planung, Durchführung und Berichterstattung einer Evaluation sollen die Beteiligten und Betroffenen dazu

ermuntern, die Evaluation aufmerksam zur Kenntnis zu nehmen und ihre Ergebnisse zu nutzen.

Um die Unparteiischkeit der Evaluation zu gewährleisten sollen Nutzungserwartungen eines breiten Spektrums von Stakeholdern einbezogen werden, was einer der Fairnessstandards anspricht:

- F4: „Die Evaluation soll unterschiedliche Sichtweisen von Beteiligten und Betroffenen auf Gegenstand und Ergebnisse der Evaluation in Rechnung stellen."

Lehrbücher und Evaluationsleitfäden unterstreichen, dass die vorausschauende partizipative Nutzenklärung zentral ist für das Gelingen und den Wert einer Evaluation (vgl. Rossi/Lipsey/Freeman 2004: 414-418; Hoggarth/Comfort 2010: 65-66; Stockmann/Meyer 2010: 161). Der Leitfaden „Evaluation Schritt für Schritt" (Beywl/Kehr/Mäder/Niestroj 2007) gliedert den Evaluationsprozess in sechs Phasen. Die erste davon dient der Aushandlung von Zwecken und vorgesehenen Nutzungen der Evaluation (vgl. Abbildung 2).

Abbildung 2: Die sechs Hauptschritte einer Evaluation (Beywl u. a. 2007, S. 5)

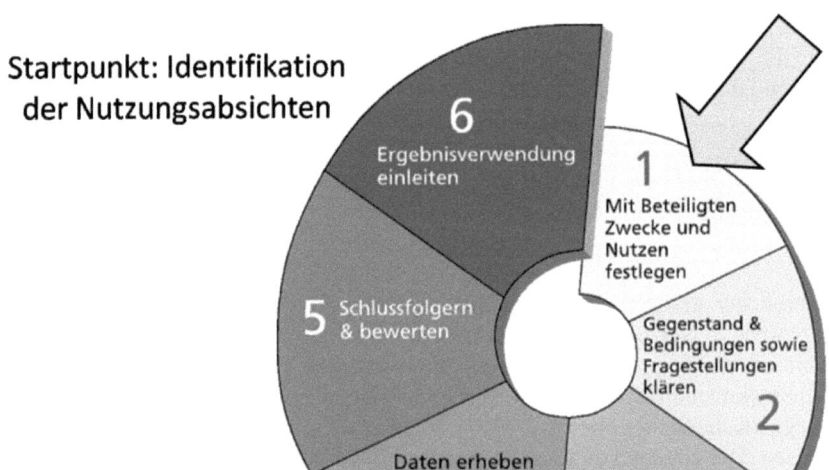

Der erste Schritt enthält folgende Teilschritte:

- Wichtige Beteiligte und Betroffene einbeziehen,
- Werte, Erwartungen und Befürchtungen von Beteiligten und Betroffenen transparent machen,
- den Evaluationszweck klären,
- potenzielle Nutzen einer Evaluation identifizieren.

Der Dreh- und Angelpunkt einer nutzungsfokussierten Evaluation besteht demzufolge darin, die Evaluationsbeteiligten (z. B. Auffraggebende) und die Programmbeteiligten (z. B. die Programmleitung) in die Planung aller Evaluationsschritte einzubeziehen. Am Programm beteiligt sind Personen, Gruppen oder Organisationen, die eine aktive Rolle in Bezug auf den Evaluationsgegenstand haben, z. B. Geldgebende, Trägervertretende, Projektleitende und -mitarbeitende oder auch strategisch/politisch Beteiligte. Dieser Einbezug geschieht auch in der

Absicht, die Beteiligten & Betroffenen für eine Selbstverpflichtung auf die Evaluationsteilnahme (und schließlich -nutzung) zu gewinnen. Ob dies gelingt entscheidet sich im ersten Planungsschritt einer Evaluation. Die Identifikation der einzubeziehenden Stakeholder beginnt mit der Auswertung schriftlicher Materialien sowie telefonischen und persönlichen offenen Gesprächen mit Schlüsselpersonen. Anliegen und Befürchtungen der – oder auch Spannungen zwischen den – Beteiligten werden in Interviews und evtl. durch Beobachtungen von Gremien bzw. Projektgruppen oder im Rahmen eigens veranstalteter moderierter Sitzungen (z. B. kick-off der Evaluation) erhoben, durch die Evaluierenden verdichtet und evtl. in einer zweiten Runde kommunikativ validiert und/oder ranggeordnet.

Erst auf dieser Grundlage können – wiederum unter Einbeziehung wichtiger Stakeholder – der Evaluationsgegenstand abgegrenzt und die den Nutzungsabsichten entsprechenden evaluationsleitenden Fragestellungen formuliert werden. Auch bei der Festlegung des Untersuchungsplans muss die intendierte Nutzung berücksichtigt werden, indem beispielsweise Untersuchungen auf Nutzungszeitpunkte hin geplant und dann auch termintreu umgesetzt werden. Die Datenanalyse und die Auswertung müssen stets die zuvor formulierten Nutzenerwartungen einbeziehen und auf die Ergebnisverwendung hin ausgerichtet sein.

Nutzungsfokussierung der Evaluation ist oft mit Partizipation an der Evaluation, also der Teilnahme eines weiten Kreises von Stakeholdern verbunden. Dazu können auch Mitglieder der Programm-Zielgruppen oder auch benachteiligte bzw. ausgeschlossene Gruppen gehören, je nach Evaluationsgegenstand und seinem Kontext. Cousins und Whitmore (1998) lokalisieren verschiedene Ansätze der partizipativen bzw. kollaborativen Evaluation in einem durch drei Dimensionen aufgespannten Raum:

- Grad der Kontrolle des operativen Evaluationsvorgehens, zwischen den Polen 'evaluatorgesteuert' und 'praktikergesteuert'.
- Breite des Stakeholder-Einbezugs, zwischen den Polen 'ausschliesslich privilegierte Nutzende' (insbesondere Auftraggebende) und 'Inklusion aller Gruppen mit legitimen Interessen'.
- Intensität der Partizipation, zwischen den Polen 'Anhörung/Konsultation' bis 'volle Mitentscheidung bei allen Fragen der Evaluationsplanung und -umsetzung'.

Partizipation ist oft ein funktionales Erfordernis für aktive und konstruktive Teilnahme an Evaluationen (Cousins 2003). So sind Evaluatorinnen und Evaluatoren auf die Selbstverpflichtung (*commitment*) der Beteiligten angewiesen, sowohl an der Datenerhebung mitzuwirken als auch die Ergebnisse nutzen zu wollen. Die Akteure der Praxis verfügen über – vielfach implizites – Wissen sowie umfangreiche Erfahrungen in ihren jeweiligen Handlungsfeldern. Ihre Bereitschaft dies mit den Evaluierenden zu teilen, ist entscheidend für die Qualität der zu schaffenden Informationsbasis. Für das Gelingen der Evaluation ist es notwendig, dass Programm- und Projektmitarbeitende Zeit für die Datenerhebung investieren, dass sie offen und motiviert über ihre Arbeit, ihre Erfolge und auch Probleme berichteten und dass sie den Zugang zu ihren Zielgruppen ermöglichen und aktiv unterstützen.

Ein umfangreiches Partizipationsangebot, z. B. Einräumung starker Mitwirkungsrechte, kann auch nachteilig für die Nützlichkeit von Evaluationen sein. Umfassende Partizipation kann hohe Ausgaben für zusätzliche Veranstaltungen und Datenerhebungen verursachen. Nicht zuletzt kann eine breite Mitentscheidung vieler Stakeholdergruppen mit divergierenden Interessen den Zeitrahmen von Evaluationen sprengen.

Es gibt also keine allgemeingültige optimale Kombination von Nutzungsfokussierung und Partizipation: „Rather, the depth and nature of participation depend on the situation, the purpose of the evaluation, the skills of those involved, and the degree to which participant learning is a major intended outcome of the evaluation" (Patton 2008: 177). Dabei verpflichten die Evaluationsstandards darauf, den Spielraum für demokratische Teilhabe an Evaluationen auszuloten und – soweit mit den Nutzungsabsichten der Evaluation vereinbar – auch auszugestalten. „Soweit dies die finanziellen und zeitlichen Bedingungen zulassen, sollen die identifizierten Beteiligten und Betroffenen den Evaluationszwecken entsprechend in die Planung und Durchführung der Evaluation einbezogen werden" (DeGEval 2008: 21).

Wie dies auszugestalten ist, muss für jeden Einzelfall geklärt werden. Das nachfolgende Beispiel gibt dafür Anregungen, kann jedoch nicht ohne Prüfung des jeweils anstehenden Falles übertragen werden.

2 Nutzungsfokussierung am Beispiel

Am Beispiel der Evaluation des Themenclusters „Früh ansetzende Prävention" im Programm „Vielfalt tut gut" sollen Herausforderungen und Stärken eines nutzungsfokussierten Vorgehens illustriert werden. Nach der Vorstellung des Programms und seiner wichtigsten Akteure wird der Auftrag an die Evaluation vorgestellt. Danach wird berichtet, wie die Nutzungserwartungen der beteiligten Modellprojekte erfasst wurden. Anschließend werden verschiedene Vorgehensweisen der Evaluation präsentiert, die aufzeigen, wie die Nutzung von Prozessen und Ergebnissen durch die Evaluation vorbereitet und unterstützt wurden.

2.1 Der Evaluationsgegenstand und die Beteiligten

Das Programm „Vielfalt tut gut" wurde vom 1.1.2007 bis zum 31.12.2010 vom Bundesministerium für Familien, Senioren, Frauen und Jugend (BMFSFJ) gefördert. Es verfolgt das Ziel, „Verständnis für die gemeinsamen Grundwerte und kulturelle Vielfalt zu entwickeln, die Achtung der Menschenwürde zu fördern, jede Form von Extremismus, insbesondere von Rechtsextremismus zu bekämpfen". Eine Säule des Programms fördert Modellprojekte zu vier Themenschwerpunkten. Einer dieser Themenschwerpunkte, die „Früh ansetzende Prävention", ist Gegenstand der nachfolgend vorgestellten Evaluation.

Das Themencluster „Früh ansetzende Prävention" soll Präventionsansätze bereits für jüngere Kinder (im Kita- und Grundschulalter) in drei Themenschwerpunkten erproben:

- Historisches Lernen: Zugang zu historischem Lernen für Kindergarten und Grundschulkinder.
- Partizipation: Kinder befähigen, eigene Interessen und Bedürfnisse zu kennen und auszudrücken und sich an Entscheidungen zu beteiligen.
- Aus- und Weiterbildungskonzepte für Erzieherinnen und Erzieher, Grundschullehrerinnen und -lehrer.

Unabhängig von diesen thematischen Schwerpunkten haben alle Projekte die Aufgabe, Eltern und Familien der Kinder mit einzubeziehen.

Insgesamt 22 Modellprojekte erproben in neun Bundesländern in Nord-, West, Süd- und Ostdeutschland innovative Konzepte und Methoden zur Prävention von rechtsextremem rassistischem Verhalten. Nicht nur die räumliche Verteilung und inhaltliche Breite der Modellprojekte sind Hinweise für ein multizentrisches Programm (Haubrich 2009: 62 ff.). Auch richten die Modellprojekte ihre Angebote an eine Vielzahl verschiedener Zielgruppen: angefangen von Kindern im Kindergarten- und Grundschulalter, über Studierende in pädagogischen Berufen, pädagogische Fachkräfte in Kitas und Schulen, Lehrerinnen und Lehrer in Grundschulen, Entscheidungsträgerinnen und -träger in Kommunen und nicht zuletzt an Eltern und Familienangehörige von Kindern. Dem Charakter als Modellvorhaben entsprechend sollen die Konzepte der einzelnen Projekte und die daraus resultierenden Aktivitäten erfahrungs- und evaluationsbasiert angepasst werden.

Es handelt sich bei dem Evaluationsgegenstand um ein innovatives heterogenes Programm. Es besteht aus zahlreichen weitgehend autonomen Modellprojekten in sehr unterschiedlichen lokalen sozialen Kontexten. Förderbedingung ist, dass *innovative* Handlungskonzepte vorgelegt werden, welche schrittweise und oft in nicht vorhersehbare Richtungen weiterentwickelt werden. Im Falle derart „emergenter" Evaluationsgegenstände mit jeweils vielen Beteiligten ist zu erwarten, dass die Nutzungserwartungen vielfältig, veränderlich und nicht nur zu Beginn identifiziert werden müssen.

In nutzungsfokussierten Evaluationen ist der erste Teilschritt, die wichtigen Beteiligten zu identifizieren. Ein nützliches Instrument hierfür ist die „Strukturlandkarte", ein maßgeblich von Melanie Niestroj (-Borgmann) entwickeltes Visualisierungstool (Beywl/Borgmann/Schobert 2004). Strukturlandkarten vermitteln nicht nur einen komprimierten, visuell erfassbaren Überblick darüber, welche Organisationen, Gremien, Leitungspersonen usw. beteiligt sind, sondern sie veranschaulichen auch, in welcher Beziehung die verschiedenen Akteure zum Programm und zueinander stehen (siehe Abbildung 3). Für das Programm „Vielfalt tut gut" lassen sich folgende Hauptnutzende benennen: Vertragspartner ist die Regiestelle des Programms, die auch die Interessen und Nutzungsabsichten des BMFSFJ vertritt. Darüber hinaus sind weitere wissenschaftliche Begleitungen (für die „Lokalen Aktionspläne" und die drei weiteren Themencluster) durch das Ministerium beauftragt. Die Gesamtevaluation und damit die Schnittstelle zwischen den wissenschaftlichen Begleitungen und dem BMFSFJ übernimmt das Deutsche Jugendinstitut (DJI).

Abbildung 3: Strukturlandkarte „Vielfalt tut gut"

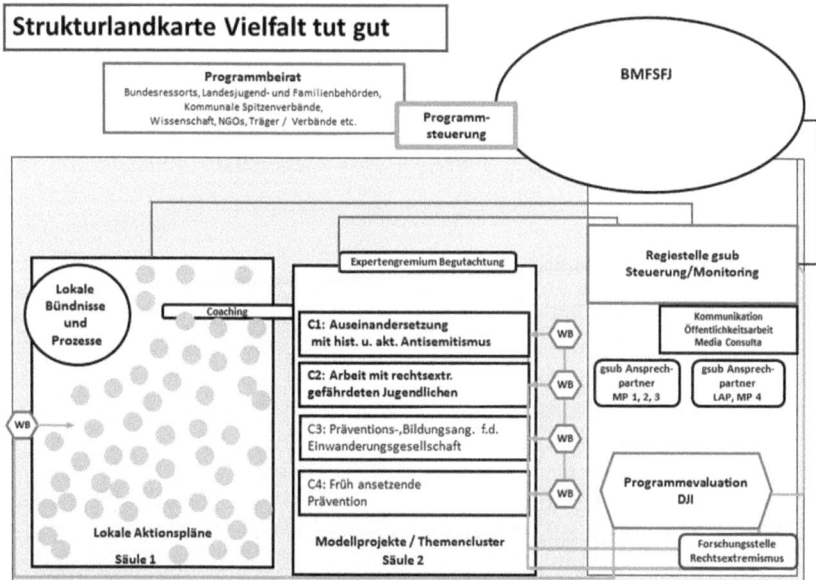

2.2 Methoden zur Identifizierung der Nutzungsabsichten

Die Nutzungsabsichten der Auftraggeberin, der Regiestelle, sowie des DJI als wichtigem Kooperationspartner sind im Ausschreibungstext, dem Vertrag sowie in den Kooperationsvereinbarungen genannt. Die begleitende Evaluation soll u. a. Fragestellungen bearbeiten dazu, wie die verschiedenen Programmteile miteinander kooperieren oder in Konkurrenz zueinander stehen, welche Bedingungen die Umsetzung der Modellprojekte befördern oder behindern und welche Wirkungen die Modellprojekte bei den Kindern, deren Eltern und den pädagogischen Fachkräften in Kindergarten und Grundschule auslösen. Als Nutzungserwartungen sind formuliert, dass vergleichbare Daten aus allen Themenclustern Ergebnisse für die inhaltlichen und organisatorischen Schwerpunktsetzungen im Nachfolgeprogramm zu „Vielfalt tut gut" – dem 2011 gestarteten Programm „Toleranz fördern – Kompetenz stärken" – herangezogen werden und dass die Fachöffentlichkeit die von der Evaluation formulierten Handlungsempfehlungen für konzeptionelle Weiterentwicklungen ihrer Präventionsarbeit aufnimmt.

Darüber hinaus haben wir uns als Evaluierende bemüht, die Nutzungserwartungen der beteiligten Modellprojekte zu klären und im Evaluationsplan zu berücksichtigen. Da es sich um ein innovatives multizentrisches Programm mit 22 Modellprojekten handelt stellt dies eine besondere Herausforderung dar. Es gilt der Heterogenität der Modellprojekte, die über das gesamte Bundesgebiet verstreut sind, gerecht zu werden, ihre vielfältigen pädagogischen Ansätze und unterschiedlichen Zielgruppen als auch ihre organisationskulturellen Besonderheiten zu berücksichtigen. Hierzu werden im Projektverlauf folgende drei Methoden angewandt:

a. Kartenabfrage von Erwartungen und Befürchtungen (Auftaktworkshop April 2008)
b. Leitfadeninterviews zu spezifischen Informationsbedarfen (Projektbesuche Frühsommer 2008)
c. Schriftliche und mündliche Befragungen von Projektmitarbeitenden (fortlaufend, ca. in halbjährlichem Rhythmus)

Zu a) Kartenabfrage von Erwartungen und Befürchtungen
Als Gelegenheit, mit wichtigen Beteiligten erstmals in Kontakt zu kommen, organisiert die wissenschaftliche Begleitung des Themenclusters „Früh ansetzende Prävention" im April 2008 einen Auftaktworkshop. Der Workshop dient neben dem Kennenlernen dazu, die Zwecksetzung und den weitgehend festgelegten Plan der Evaluation sowie die Spielräume für Partizipation vorzustellen. Darüber hinaus werden die Nutzungserwartungen der Vertreterinnen und Vertreter der Modellprojekte sowie deren Befürchtungen aufgenommen. Als Methode wird hierfür die Kartenabfrage aus der Moderationstechnik genutzt (Klebert/Schrader/Straub 2006; Lipp/Will 2008). Die Ergebnisse (siehe Abbildung 4) verdeutlichen, dass die Modellprojekte Vorstellungen zu Zwecksetzung der Evaluation und ihrer möglichen Rolle darin mitbringen. Als wichtige Erwartungen an die Evaluation formuliert ein Großteil der Modellprojekte: Beratung und Strukturierung für die eigenen Vorhaben. Andere Erwartungen sind solche nach Anregungen für eine fachliche Weiterentwicklung. Für Modellprojekte, die intensiver begleitet werden, kann diese Erwartung z. B. dadurch eingelöst werden, dass die ihren Präventionskonzepten zugrunde liegenden Wirkannahmen systematisch rekonstruiert und überprüft werden. Diese können die Projekte nutzen, um die Wirkfähigkeit ihrer Vorhaben zu überprüfen und ggfs. Anpassungen vorzunehmen.

Der Start-Workshop legt außerdem Sorgen der Praxisakteure offen. So befürchten die Verantwortlichen der Modellprojekte einen hohen Aufwand für die Evaluation, dem kein entsprechender Ertrag für ihre Projekte gegenüber steht.

Als Konfliktlinie zeichnet sich folgende ab: Die Evaluation erzeugt für die Auftraggeberin Daten, welche einen Vergleich zwischen den Projekten ermöglichen; dies erfordert standardisierte Erhebungsinstrumente und in aggregierter Form aufbereitete Ergebnisse. Hingegen wünschen die Modellprojekte eine spezifisch auf ihre Situation (und auch ihre laufende projekteigenen Evaluationen) ausgerichtete individualisierte wissenschaftliche Begleitung, welche flexible und für jeden Fall angepasste Instrumente nötig macht (zum Umgang mit diesem Spannungsfeld vgl. Abschnitt 2.3).

Nicht jede Befürchtung kann ausgeräumt, nicht jedes Anliegen der Projekte kann aufgenommen werden. Zumindest kann Transparenz über gemeinsame und differierende Interessen hergestellt werden und es sind sensible Punkte identifiziert, denen die Evaluierenden besondere Aufmerksamkeit widmen müssen und zu denen sie besonders klar kommunizieren müssen.

Abbildung 4: Ergebnisse der Kartenabfrage im Rahmen des Auftaktworkshops

Erwartungen und Befürchtungen/Auftaktworkshop

Erwartungen*	Anzahl der Nennungen	Befürchtungen**	Anzahl der Nennungen
Beratende/unterstützende/strukturierende Funktion der wissenschaftlichen Begleitung	10	Mehraufwand (Zeit, Personal, eigene Evaluation läuft bereits etc.)	7
Transparenz schaffen	5	Nutzloser Aufwand	2
Berücksichtigung, Integration, Ergänzung bereits laufender Evaluationsvorhaben	4	Interessen der Modellprojekte werden nicht ausreichend berücksichtigt	2
Anregungen für Weiterentwicklung (Nachhaltigkeit, Potenziale etc.)	4	Sonstige	1
Sonstiges	2		
	25		12

*Welche Erwartungen/Hoffnungen verbinden Sie mit der anstehenden wissenschaftlichen Begleitung?

**Welche Befürchtungen verbinden Sie mit der anstehenden wissenschaftlichen Begleitung?

Zu b) Leitfadeninterviews zu spezifischem Informationsbedarf
In der ersten Phase der Evaluation (Frühjahr 2008) besuchen Mitglieder des Evaluationsteams alle Projekte. Im Rahmen dieser Projektbesuche werden Projektaktivitäten mit den jeweiligen Zielgruppen beobachtet und Leitfadeninterviews mit den Projektleitungen geführt. Die Nutzungserwartungen der Projektverantwortlichen an die Evaluation werden durch folgende Fragen erschlossen: „Zu welchem Aspekt erhoffen Sie sich Informationen von der wissenschaftlichen Begleitung? Wozu könnten Sie diese Informationen nutzen?"

Die Auswertung der Interviews führt zu einer breiten Palette von Informationsinteressen. Darunter finden sich Themen wie Öffentlichkeitsarbeit und die Frage danach, wie die Kooperation mit Schulleitungen gelingen kann. Es kristallisiert sich ein Themenkomplex heraus, der für viele Modellprojekte herausfordernd ist: Zur Einbeziehung von Eltern in die Projektaktivitäten besteht der Wunsch, Anregungen aus anderen Vorhaben zu erhalten. Aus diesem Grund werden in den späteren Datenerhebungen spezifisch zur Elternarbeit ergänzende Informationen (über Fragen im Monitoring) beschafft und zusätzliche Erhebungen (Gruppenerhebungen mit Eltern, Beobachtungen von Projektaktivitäten mit Eltern) durchgeführt.

Zu c) Schriftliche und mündliche Befragungen von Projektmitarbeitenden
Jeweils im Vorfeld von Workshops werden schriftliche Befragungen (z. B. im Rahmen des Monitoring) oder Telefoninterviews durchgeführt. Neben Fragen zur Vernetzung und zu förderlichen und hinderlichen Bedingungen der Nachhaltigkeitsbemühungen erfassen die Interviews jeweils Wünsche an die Organisation sowie auch die thematische Schwerpunktsetzung der geplanten Workshops (insgesamt finden zu drei Zeitpunkten Workshops mit allen Modellprojekten statt). Dies führt unter anderem dazu, dass im zweiten Workshop die Modellprojekte zusätzliche Gelegenheiten für den informellen Austausch miteinander erhalten und dass Vertreterinnen von Regiestelle sowie DJI für den Abschlussworkshop eingeladen werden. Die thematischen und methodischen Wünsche werden jeweils in der Feinplanung der Workshops berücksichtigt.

2.3 Vom Evaluationsauftrag zur Einbeziehung der Nutzungsabsichten der Modellprojekte in den fortgeschriebenen Evaluationsplan

Die Auftraggebenden erwarten Aussagen zur Wirkung der Modellprojekte sowie zu den hinderlichen und förderlichen Bedingungen, um

- inhaltliche Schwerpunkte für die nächste Förderphase zu setzen,
- zu belegen, dass durch das Programm etwas bewirkt werden kann,
- die Anregungsfunktion gegenüber der Fachöffentlichkeit wahrnehmen zu können.

Die Verantwortlichen für die Praxis wünschen ebenfalls eine Vergewisserung über Erfolge und Wirkungen der eigenen Arbeit sowie Hinweise zur Verbesserung der eigenen Projektarbeit.

Bei gegebener Spannung zwischen den Wünschen nach Vergleichbarkeit sowie Orientierung für das nächste mehrjährige Programm einerseits, dem individuellen Leistungsausweis und die Nutzbarkeit für jeweilige Projektanpassungen andererseits, ergeben sich folgende Ansätze für einen auch die Informationsinteressen der Praxisseite berücksichtigenden Evaluationsplan:

- Verdeutlichen des gemeinsamen Interesses – sowohl auf der Programm-, wie auf der Projektebene – an Leistungs- und Wirkungsbelegen unter den gegebenen Handlungsbedingungen; zu diesem Zweck werden die Fallstudien auf die Rekonstruktion und Überprüfung der Wirkfähigkeit der Modellprojekte zugeschnitten;
- Aufgreifen von Fragestellungen/Nutzungsabsichten, die von mehreren Projekten geteilt werden (z. B. durch die zusätzlichen Erhebungen zu Strategien der Einbeziehung von Eltern) oder durch den vereinbarten Themenschwerpunkt Nachhaltigkeitsstrategien beim Abschlussworkshop;
- Einbeziehen von Informations- und Diskussionsbedürfnissen aller Beteiligten in die Workshops. So ergibt sich, dass an den Workshops zu spezifischen Themen auch Vertretende der Regiestelle teilnehmen. Damit erhalten alle Beteiligten die Chance, sich unkompliziert auszutauschen und gegenseitig zu informieren.

Vor allem für die Wirkungsanalysen nutzt die Evaluation zwei zentrale Elemente, welche die Nützlichkeit für die Beteiligten erhöhen und auch Nutzung befördern sollen: den Programmbaum von Univation und das Design der Fallstudien. Beide werden nachfolgend ausführlicher geschildert.

2.3.1 Der Programmbaum

Eine Ausrichtung der wissenschaftlichen Begleitung auf Wirkungen der pädagogischen Arbeit liegt im Interesse der Auftraggeberin wie auch der Modellprojekte. Aus deren Sicht ist die Fragestellung zentral, unter welchen gegebenen Rahmenbedingungen welche Wirkungen erzielt bzw. nicht erzielt werden. Diese Perspektive greift der von Univation entwickelte Programmbaum (Beywl/Niestroj 2009) auf, der als „logisches Modell" (Frechtling 2007; Wyatt Knowlton/Phillips 2009) die gedachte (Ablauf-)Logik eines Programms textlich und visuell zusammenfassend darstellt. Er dient damit als Planungshilfe für Programme und Projekte, und ermöglicht auch Nachsteuerung oder Feinjustierung in der laufenden Umsetzung. Schließlich macht er anschaulich, zu welchen Elementen des Programms Daten erhoben werden können, und wie diese miteinander in Beziehung gebracht werden können.

Abbildung 5: Der Programmbaum

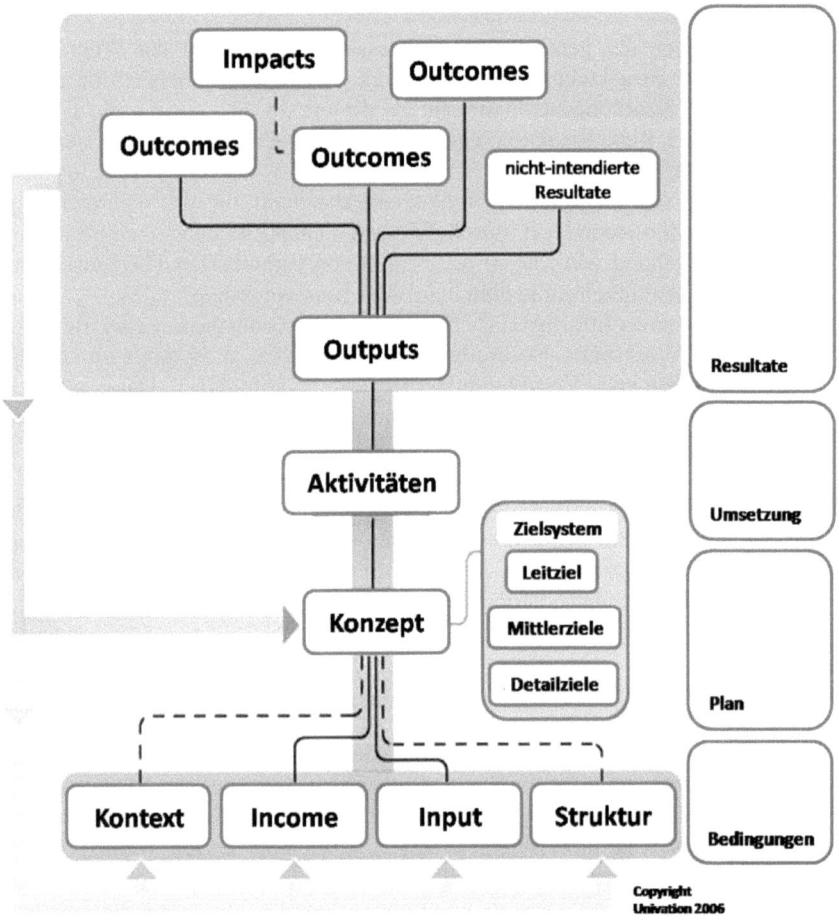

Der Programmbaum fungiert auch als Planungsinstrument für Evaluationen und dient als Bezugspunkt für die Kommunikation mit Stakeholdern. Er wird als heuristischer Rahmen für die Evaluation des Themenclusters „Früh ansetzende Prävention" genutzt. Der Programmbaum verkettet die *Bedingungen* des Programms mit seinem konkreten *Konzept*, das als wesentliches Element die Programmziele enthält, dessen Umsetzung mittels Programm-/Projekt*aktivitäten* und mit den durch das Programm hervorgebrachten *Resultaten* (Beywl 2006). Er ermöglicht eine gedanklich vorweg genommene Darstellung dessen, was die Modellprojekte des Themenclusters mit den jeweiligen Aktivitäten unter den ausgewiesenen Bedingungen erreichen wollen.

Der Programmbaum wird im Rahmen der hier dargestellten Evaluation mehrfach zur Strukturierung genutzt. Dies betrifft sowohl die Umsetzung von Datenerhebungen wie auch die Berichtstätigkeiten der Evaluation.

Als Beispiel für eine Datenerhebung lässt sich das jährlich durchgeführte (Online-) Bedingungsmonitoring anführen. Dieses erfasst Daten insbesondere zu den Bedingungs-Elementen des Programms und hält Veränderungen in den Bedingungen sowie daraus resultierende Konzeptanpassungen fest. Die auf diesem Weg erzeugten Daten können die Projekte nutzen, um sich der eingetretenen Veränderungen zu vergewissern und die darauf abgestimmten Strategieanpassungen zu reflektieren. Außerdem erhielten sie durch regelmäßige Vorstellung der Erhebungsergebnisse die Möglichkeit – gerade durch die Vergleichbarkeit der gewonnen Daten – aus dem Vorgehen der anderen Projekte zu lernen.

Bei der Berichterstattung dient der Programmbaum als Gliederungsschema für die vier bis sechs Seiten langen Projektkurzbeschreibungen, welche in den ersten Monaten der Evaluation auf der Grundlage der Antragsunterlagen und weiterer schriftlicher Projektdokumente erstellt werden. Die Modellprojekte erhalten damit eine erste externe strukturierte Sicht auf ihr Projekt (die u. a. die Grundlage des ersten Leitfadeninterviews vor Ort bildet). Die Zusammenhänge zwischen Ausgangsbedingungen, dem daraus abgeleiteten Konzept, dessen Umsetzung und den angestrebten Resultaten werden durch die visuelle Darstellung und die ergänzenden Kommentare strukturiert und expliziert, was die Projekte vielfach als hilfreich bezeichnen.

2.3.2 Das Design der Fallstudien

Das Design der Fallstudien, umgesetzt in acht der 22 Modellprojekte, berücksichtigt ebenfalls die Nutzungswünsche dieser Projekte. Grundsätzlich sind die Fallstudien darauf ausgerichtet, Wirkzusammenhänge in der „Früh ansetzenden Prävention" zu identifizieren. Dazu geht die Evaluation in vier Schritten vor: die Wirkannahmen werden

- aus Sicht der Teams der Modellprojekte rekonstruiert;
- durch die Zielgruppen überprüft;

- mit den jeweiligen Teams sowie mit allen Modellprojekten validiert;
- in einer vergleichenden Analyse aller identifizierten Wirkzusammenhänge typisiert (siehe Abbildung 6).

Abbildung 6: Das Design der Fallstudien

	Informationsbasis	Methode	Produkte für Modellprojekte
Wirkannahmen rekonstruieren	Teams der Modellprojekte	Fokusgruppe	Protokoll, erstes Wirkmodell
Wirkannahmen überprüfen	Zielgruppen der Modellprojekte	Gruppendiskussion	Fallstudie und mündliches Feedback
Wirkannahmen validieren	Teams der Modellprojekte	Multimethodische Gruppenerhebung	Überarbeitetes u. abgestimmtes Wirkmodell
Wirkannahmen vergleichen	Wirkmodelle und Bedingungen aus allen MP	Vergleichende Analyse	Wirkstrang

Der erste Schritt, die Rekonstruktion der Wirkannahmen durch eine Fokusgruppe (Mäder 2005) mit den jeweiligen Projektteams, bietet in der Durchführung für die Beteiligten die Möglichkeit, sich im Team strukturiert über Highlights ihrer Arbeit, über verfolgte Ziele, erfolgreiche Interventionen und Handlungsansätze sowie über spezifische Herausforderungen auszutauschen. Die Teams erleben diese Erhebung als bereichernd und inspirierend für ihre präventionsfachliche Arbeit. Durch die auf die Wirkannahmen fokussierten Fragestellungen werden wichtige implizite Wissensbestände expliziert und damit für die gemeinsame Wissensbasis verfügbar. Die Ergebnisse werden in ein erstes überblicksartiges Wirkmodell übersetzt, das die Projekte zur internen wie auch externen Kommunikation nutzen können.

Die aus der Sicht der Projektteams rekonstruierten Wirkannahmen werden in einem nächsten Schritt aus Sicht der jeweiligen Zielgruppen (Kinder, pädagogische Fachkräfte) überprüft. Als Erhebungsmethode wird die Gruppendiskussion gewählt, eine Methode, die im Unterschied zu den zuvor beschriebenen Fokusgruppen weniger strukturiert, auf Selbstläufigkeit und erzählgenerierend ausgerichtet ist (Bohnsack/Aglaja/Schäffer 2006; Nentwig-Gesemann 2006). Die Zielgruppen-Mitglieder werden im Rahmen dieser Gruppendiskussionen aufgefordert zu erzählen, wie sie die Angebote der Projekte erlebt hatten, was sie daraus mitnehmen, was sich durch die Teilnahme verändert hat usw. (Die Fragestellungen resp. die Erzählaufforderungen sind jeweils zielgruppenadäquat formuliert). Die Gruppendiskussionen werden transkribiert und mithilfe der Dokumentarischen Methode analysiert (Bohnsack 1999). Auf dieser Grundlage werden die Wirkannahmen angepasst und erweitert. Die Modellprojekte erhalten – im Rahmen von Workshops mit den einzelnen Teams – eine Rückmeldung aus Zielgruppensicht, die sie nutzen, um ihre Aktivitäten und Ansätze kritisch zu hinterfragen sowie auch, um die geleistete Arbeit zu würdigen.

Die auf der Grundlage von Fokusgruppen und Gruppendiskussionen erstellten Wirkmodelle durchlaufen weitere Validierungsschritte. Im Rahmen der Workshops mit allen Modellprojekten des Themenclusters prüfen projektübergreifend zusammengesetzte Arbeitsgruppen die Wirkmodelle auf ihre Konsistenz und Plausibilität. Neben der Validierungsfunktion für die Evaluation erhalten alle Modellprojektvertretenden in dieser Sequenz vielfältige Anregungen durch den Erfahrungsaustausch entlang der Wirkannahmen und ihrer Verknüpfungen. Abschließend werden die Wirkmodelle mit den jeweiligen Projektteams überprüft und auf der Grundlage der, durch die Evaluation datenbasiert gespiegelten, Projektpraxis angereichert bzw. präzisiert. Die Beteiligten können nochmals ihre Erfahrungen und Perspektiven einbringen, um die pädagogische Praxis unter Einbeziehung externer Perspektiven zu überprüfen. Im Ergebnis erhalten sie eine, durch die Evaluation unterstützte, anschauliche und detaillierte Übersicht ihres Präventionsansatzes.

Der letzte Schritt – die vergleichende Analyse der verschiedenen Wirkmodelle – ist weniger auf die Nutzung durch die Projekte ausgerichtet, als auf die durch Auftraggebende und die Fachöffentlichkeit. Der Vergleich aller identifizierten Wirkzusammenhänge erbringt sogenannte Wirkstränge in vereinfachenden Abbildungen und dazugehörige Illustrationen mit umfangreichem empirischem Material. Ein Beispiel für einen Wirkstrang ist in Abbildung 7 dargestellt. Wirkstränge umfassen konkrete Aktivitäten und Handlungsansätze, die Dritte zur Nachahmung anregen können. Im Text wird darüber hinaus – u. a. auf Basis von Ergebnissen des Bedingungsmonitorings – auf wichtige Faktoren hingewiesen, die im Fall der Nachahmung zu berücksichtigen sind. Die Modellprojekte, aus deren Praxis diese exemplarischen Wirkstränge generiert wurden, erhalten nochmals eine gebündelte Darstellung ihrer Praxis, die sie für eine Außendarstellung sowie die Weiterentwicklung ihrer Arbeit nutzen können.

Abbildung 7: Wirkstrang „Vielfältige Perspektiven kennen und eigene Position vertreten"

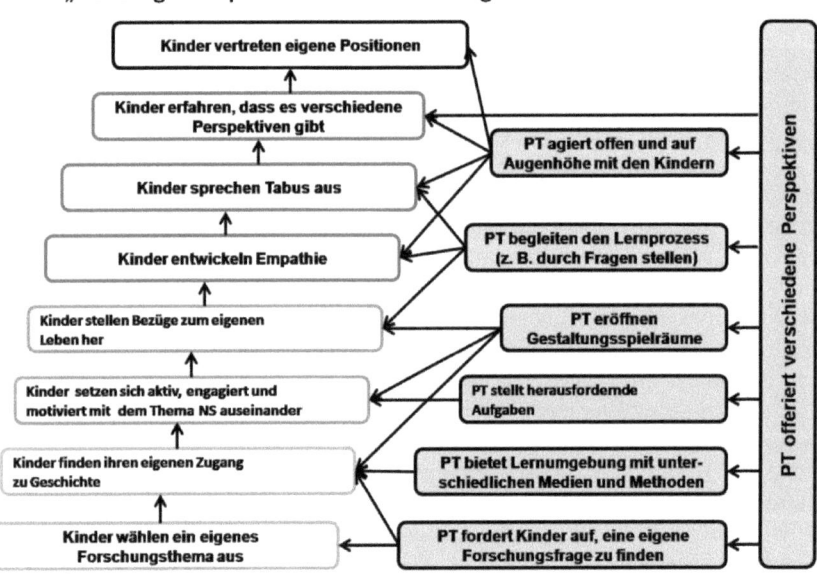

2.4 Das Vorgehen der Evaluation kritisch überprüft

Im Abschlussworkshop werden die teilnehmenden Projektvertretungen unter anderem danach gefragt, was ihr persönliches Highlight in der Zusammenarbeit mit der Evaluation war und woran sie merken, dass sie deren Ergebnisse nutzen. Die Rückmeldungen belegen, dass besonders die Erhebungen in den Teams von den Beteiligten als nützlich erlebt werden. Zusammengefasst ergibt sich folgendes Spektrum an Ergebnis- und Prozessnutzen:

- Der durch die Evaluation moderierte Austausch im Team (v. a. im Rahmen von Fokusgruppen) und im Themencluster (im Rahmen der Workshops) führt zu mehr Transparenz zwischen den Modellprojektakteuren in Bezug auf ihre pädagogischen Handlungsansätze und die Organisation ihrer Arbeit.

- Die Explikation der Wirkannahmen im Rahmen der Fokusgruppe trägt zu einer Qualifizierung der eigenen Arbeit bei und regt dazu an, bereits in künftigen Förderanträgen die eigenen Wirkannahmen darzulegen.
- Der durch die Evaluation moderierte Austausch im Team (Fokusgruppe zur Rekonstruktion der Wirkannahmen) sowie das übermittelte Feedback aus Sicht der Zielgruppen (Grundlage: Gruppendiskussionen) fördern Handlungssicherheit und regen dazu an, die Projektaktivitäten anzupassen.
- Die Präsentation von Ergebnissen aus dem gesamten Themencluster eröffnet den Beteiligten die Chance, sich mit anderen zu vergleichen und dementsprechend den eigenen Entwicklungsstand einzuordnen.

Einige berichten davon, die Wirkmodelle für die interne wie die externe Kommunikation zu nutzen. Der Programmbaum unterstütze sie darin, in Zusammenhängen zu argumentieren. So antwortet eine Person, dass sie „den neuen Antrag in Teilschritten organisieren (werde), die auch evaluierbar sind, intern wie extern".

Daneben forderte die Evaluation kritische Rückmeldungen zu ihrem Vorgehen ein. Hierbei zeigt sich erneut die bereits in der Anfangsphase der Evaluation virulente Spannung zwischen auf einzelne Projekte zugeschnittenen flexiblen Vorgehensweisen und einem übergreifend standardisierten und vergleichenden Ansatz. Die auf Themencluster-Ebene aggregierten Ergebnisse abstrahieren für einige der Befragten zu sehr von den konkreten Erfordernissen und Bedingungen des eigenen Projekts. Manche hätten sich mehr projektspezifische Ergebnisse gewünscht (vor allem diejenigen, die nicht für die Fallstudien ausgewählt wurden), die sie dann auch gegenüber Kooperationspartnern und potentiellen Mittelgebenden hätten nutzen können.

Daneben erweist sich das Strukturierungsinstrument „Programmbaum" für einige Beteiligte als zwiespältig: So sehr Strukturierung gewünscht sei, so herausfordernd sei das Instrument mit seinem „komplexen Vokabular". Auch die grafischen Abbildungen zu den Wirksträngen und Wirkmodellen bewegen sich in der Wahrnehmung von Beteiligten – typisch für jede Form von Modellen – in einem Spannungsfeld zwischen zu starker Vereinfachung und zu hoher Komplexität. So wünschen sich einige „übersichtlichere Wirkstränge" und deren Weiterentwicklung.

3 Diskussion

Das Beispiel macht deutlich, dass Nutzungsfokussierung und Partizipation zwei lediglich lose gekoppelte Handlungsprinzipien der Evaluation sind. Ein Mindestmaß an Partizipation ist in der Regel notwendig, um nützliche Evaluationen durchführen zu können. Wie viel genau und welcher Typus von Partizipation unter gegebenen Bedingungen möglich und optimal nutzungsförderlich ist, entscheidet sich hingegen in jedem Einzelfall der Evaluation.

Beurteilt an den drei Kriterien von Cousins und Whitmore (1998; s. o. Abschnitt 1) handelt es sich beim vorliegenden Beispiel um eine evaluatorgesteuerte Evaluation mit Einbezug breiter Stakeholder-Gruppen, wobei die meisten von ihnen ausschließlich konsultiert wurden und ihre Mitentscheidungsrechte zum Evaluationsplan beschränkt waren. Dabei wurde der durch Programmtypik und -thema von vornherein eingeschränkte Raum für Partizipation an der Evaluation genutzt, um relevante und realistisch bearbeitbare Nutzererwartungen möglichst vieler – besonders auch der dezentralen Beteiligten – in die Evaluationsplanung aufzunehmen.

Das Beispiel verdeutlicht Potentiale nutzungsfokussierter Evaluationen im Kontext multizentrischer emergenter Programme:

- Eine frühzeitige Verständigung über Nutzererwartungen (und -befürchtungen) kann dazu beitragen, Missverständnisse zwischen Beteiligten zu beseitigen.
- Evaluatorinnen und Evaluatoren strukturieren und unterstützen den Austausch der Projektverantwortlichen über Rahmenbedingungen, Projektkonzeptionen sowie Resultate. Bei großer Vielfalt (und berechtigten eigenen projektspezifischen Interessen, Nutzungsabsichten usw.) bilden sich in multizentrischen Programmen thematische Schwerpunkte heraus und damit wird der Austausch zwischen den Projekten attraktiver.

Für die Akteure aus der Praxis ermöglicht ein nutzungsfokussiertes Vorgehen, die Evaluation mitzugestalten und zumindest punktuell eigene Informationsinteressen zu befriedigen. Dadurch können die Projekte bereits parallel zum Evaluationsprozess von den Ergebnissen der Evaluation lernen und die eigene Arbeit weiterentwickeln. (Da es sich um in der Regel zeitlich terminierte Modellprojekte handelt, kann hingegen die Motivation zum 'nachträglichen' Lernen aus den Schlussergebnissen der Evaluation geringer ausfallen).

Die Evaluation kann Interesse und Kooperationsbereitschaft der Stakeholder, insbesondere der Projektverantwortlichen, wecken und damit einen leichteren Zugang zu relevanten Informationen erhalten. Projekte sind eher bereit, den für Datenerhebungen nicht unerheblichen zeitlichen und logistischen Aufwand zu treiben. Wird ein Klima offener Kommunikation erreicht, dürften die projektseitig zur Verfügung gestellten Informationen auch valider sein, insbesondere auch was Schwachpunkte und Herausforderungen der Projektarbeit betrifft.

Schließlich sind die Evaluatorinnen und Evaluatoren motiviert, auch aufwändige und methodisch herausfordernde Erhebungen durchzuführen, wenn sie vor Augen haben wozu ihre Arbeit genutzt werden kann.

Ein nutzungsfokussiertes Vorgehen, gerade in multizentrischen Programmen, birgt auch Konfliktpotential. Dieses sei abseits des dargestellten Fallbeispiels angesprochen, in dem diese Spannungen sehr gering ausgeprägt waren: Bei einer Vielzahl beteiligter unabhängiger Akteure sind widerstreitende Interessen zu erwarten. Ein grundsätzliches Problem besteht im schmalen Grat zwischen dem Auftrag, die Vielfalt und Spezifik der *Gesamtheit* von Projekten adäquat abzubilden sowie gleichzeitig jedes einzelne systematisch zu beschreiben und zu bewerten.

Zentrale Stellen sind oft in hohem Maße an einer Bewertung interessiert, die auf Vergleichen zwischen den lokalen Projekten basiert. Daher drängen sie selbige z. B. auf 'harte Kennzahlen', auch wenn diese aus dezentraler Sicht nicht auf deren Ziele oder Bedingungen passen. Derart von lokalen Kontexten entkoppelte operationalisierte Schwellenwerte für Erfolg/Misserfolg können die Programmstrategie in dem Sinne korrumpieren, dass ihr Erreichen entweder nur vorgetäuscht wird oder unter Hinnahme erheblicher negativer, nicht-intendierter Resultate quasi erzwungen wird: „the more any social indicator is used for social decision making, the greater the corruption pressure on it" („Campbells Law", vgl. Campbell 1988: 306). Dezentrale, in Entwicklung befindliche Projekte hingegen sind an möglichst unmittelbar für ihre Konzept- und Umsetzungsarbeit nützlichen Informationen interessiert, was einen hinreichend situativ angepassten Zuschnitt der Erhebungen und Auswertungen erfordert.

Für die Evaluation besteht die Herausforderung, die Nutzungsangebote, welche sie den verschiedenen Stakeholdern macht, so auszubalancieren, dass sowohl unabweisbare Erwartungen der verschiedenen Beteiligten erfüllt werden, als auch die Evaluation ihren zeitlichen, personellen und finanziellen Rahmen einhalten kann. Evaluationsverträge sollten daher Klauseln für die Aushandlung von Abweichungen vom ursprünglichen Evaluationsplan enthalten – insbesondere bei multizentrischen Programmen mit vielen verschiedenen Projekten – und eine evtl. unter Bewilligungsvorbehalt stehende Reserve zur Bearbeitung unerwarteter Fragestellungen, oder Maßnahmen zur Vorbereitung und Einleitung von Nutzungen.

Entgegen der professionellen Erwartungen der Evaluation an sich selbst, wie sie z. B. in den „Standards für Evaluation" (DeGEval 2008) für die Meta-Evaluation formuliert sind, erfolgt eine systematische Bewertung von Evaluationen gerade im deutschsprachigen Raum sehr selten. Gerade für die Herausforderungen der Evaluation multizentrischer Programme, einem relevanten Programmtypus aktueller Politik, erscheinen systematische Meta-Evaluationen sowie Forschung zu den tatsächlichen Nutzungen von Evaluationen auf den verschiedenen Systemebenen als besonders wünschenswert.

Literatur

Alkin, M. C./Taut, S. M. (2002): Unbundling evaluation use. In: Studies In Educational Evaluation, 29, 1, S. 1-12.
Balthasar, A. (2007): Institutionelle Verankerung und Verwendung von Evaluationen. Praxis und Verwendung von Evaluationen in der schweizerischen Bundesverwaltung. Zürich: Rüegger.
Beywl, W. (1988): Zur Weiterentwicklung der Evaluationsmethodologie. Grundlegung, Konzeption und Anwendung eines Modells der responsiven Evaluation. Frankfurt am Main: Lang.
Beywl, W. (2006): Demokratie braucht wirkungsorientierte Evaluation. Entwicklungspfade im Kontext der Kinder- und Jugendhilfe. In: Deutsches Jugendinstitut (DJI) (Hrsg.): Wirkungsevaluation in der Kinder- und Jugendhilfe. Einblicke in die Evaluationspraxis. München: DJI, S. 25-46.
Beywl, W./Borgmann, M./Schobert, B. (2004): Evaluation „Jahr der Chemie 2003". Bestandesaufnahme und Perspektiven der Weiterentwicklung des Konzepts „Wissenschaftsjahr". Köln: Univation.
Beywl, W./Kehr, J./Mäder, S./Niestroj, M. (2007): Evaluation Schritt für Schritt. Planung von Evaluationen. Münster: HIBA.
Beywl, W./Niestroj, M. (2009): Der Programmbaum - Landmarke wirkungsorientierter Evaluation. In: Beywl, W./Niestroj, M. (Hrsg.): Das A-B-C der wirkungsorientierten Evaluation. Glossar - Deutsch Englisch - der wirkungsorientierten Evaluation. Köln: Univation, S. 137-149.
Beywl, W./Widmer, T. (2009): Evaluation in Expansion: Ausgangslage für den intersektoralen Dreiländer-Vergleich. In: Widmer, T./Beywl, W./Fabian, C. (Hrsg.): Evaluation. Ein systematisches Handbuch. Wiesbaden: VS Verlag, S. 13-23.
Bohnsack, R. (1999): Rekonstruktive Sozialforschung. Einführung in Methodologie und Praxis qualitativer Forschung. 3., überarb. und erw. Aufl. Opladen: Leske + Budrich.
Bohnsack, R./Aglaja, P./Schäffer, B. (Hrsg.) (2006): Das Gruppendiskussionsverfahren in der Forschungspraxis. Opladen: Verlag Barbara Budrich.
Campbell, D. T. (1988): Methodology and epistemology for social science. Selected papers. Chicago: University of Chicago Press.
Cousins, B. J. (2003): Utilization effects of participatory evaluation. In: Kellaghan, T./Stufflebeam, D. L. (Hrsg.): International handbook of educational evaluation. Dordrecht: Kluwer, S. 245-266.
Cousins, B. J. (Hrsg.) (2007): Process use in theory, research, and practice. New Directions for Evaluation. San Francisco: Jossey-Bass and American Evalution Association.
Cousins, B. J./Whitmore, E. (1998): Framing Participatory Evaluation. In: New Directions for Evaluation, 80, S. 87-105.

Cronbach, L. J. and Associates (1980): Toward reform of program evaluation: aims, methods, and institutional arrangements. San Francisco: Jossey-Bass.
DeGEval, Gesellschaft für Evaluation (2008): Standards für Evaluation. Mainz: DeGEval.
Frechtling, J. L. (2007): Logic modelling methods in program evaluation. San Francisco: Jossey-Bass.
Haubrich, K. (2009): Sozialpolitische Innovation ermöglichen. Die Entwicklung der rekonstruktiven Programmtheorie-Evaluation am Beispiel der Modellförderung in der Kinder- und Jugendhilfe. Münster: Waxmann.
Hoggarth, L./Comfort, H. (2010): A practical guide to outcome evaluation. London: Jessica Kingsley.
Klebert, K./Schrader, E./Straub, W. G. (2006): Moderations-Methode: Das Standardwerk. Vollkommen überarbeitete Neuauflage. Hamburg: Windmühle.
Kushner, S. (2000): Personalizing evaluation. London: Sage.
Lipp, U./Will, H. (2008): Das grosse Workshop-Buch. Konzeption, Inszenierung und Moderation von Klausuren, Besprechungen und Seminaren. 8., überarbeitete und erweiterte Auflage. Weinheim: Beltz.
Mäder, S. (2005): Fokusgruppe - ein Instrument zur Planung und Evaluation von Stiftungsprojekten. In: Stiftung & Sponsoring, 3, S. 6-9.
Nentwig-Gesemann, I. (2006): Dokumentarische Evaluationsforschung. In: Flick, U. (Hrsg.): Qualitative Evaluationsforschung. Reinbek: Rowohlt, S. 159-182.
Patton, M. Q. (1978): Utilization-focused evaluation. Beverly Hills/London: Sage Publications.
Patton, M. Q. (2008): Utilization-focused evaluation. 4th edition. Thousand Oaks: Sage.
Rossi, P. H./Lipsey, M. W./Freeman, H. E. (2004): Evaluation. A systematic approach. 7th edition. Thousand Oaks: Sage.
Stockbauer, U. (2000): Was macht Evaluation nützlich? Überblick zum Forschungsstand - Ergebnisse von Fallstudien. In: Müller-Kohlenberg, H./Münstermann, K. (Hrsg.): Qualität von Humandienstleistungen. Evaluation und Qualitätsmanagement in Sozialer Arbeit und Gesundheitswesen. Opladen: Leske+Budrich, S. 121-128.
Stockmann, R./Meyer, W. (2010): Evaluation eine Einführung. Opladen: Barbara Budrich.
Stufflebeam, D. L. (1972): Evaluation als Entscheidungshilfe. In: Wulf, C. (Hrsg.): Evaluation. München: Pieper, S. 113-145.
Torres, R. T./Preskill, H. S./Piontek, M. E. (2005): Evaluation strategies for communicating and reporting. Enhancing learning in organizations. 2nd edition. Thousand Oaks: Sage.
Wyatt Knowlton, L. W./Phillips, C. C. (2009): The logic model guidebook. Better strategies for great results. Los Angeles: Sage.

Zum Nutzen eines konfliktsensiblen Ansatzes in der wissenschaftlichen Projektbegleitung

Kerstin Sischka

1 Einleitung

Sonderprogramme mit denen Maßnahmen gegen Rechtsextremismus und Fremdenfeindlichkeit für Demokratie und Vielfalt gefördert werden, sind seit nunmehr 20 Jahren zu einem zentralen Bestandteil politischer Interventionsstrategien geworden. Viele dieser Programme werden mittlerweile evaluiert, wobei häufig keine systematische Verbindung mit der Grundlagenforschung hergestellt wird. Gerade deshalb ist die Frage aufzuwerfen, ob nicht eine stärkere Verknüpfung der methodischen Evaluationsexpertise mit der wissenschaftlichen Forschung über das Themenfeld Rechtsextremismus, Jugend und Prävention sowohl für die geförderten Projekte wie auch für die Auftraggeber und die Fachöffentlichkeit gewinnbringend sein könnte.

Mit der Initiierung des Bundesprogramms „Vielfalt tut gut. Jugend für Vielfalt, Toleranz und Demokratie" ergab sich eine einmalige Gelegenheit auszuprobieren, wie eine wissenschaftliche Begleitung mit empirischen Erkenntnissen und Theorien der Konflikt- und Gewaltforschung sowie Erfahrungen aus der Organisationsentwicklung und Projektberatung verknüpft werden könnte.

Das Bundesprogramm „Vielfalt tut gut" förderte in seinem Themencluster „Arbeit mit rechtsextremistisch gefährdeten Jugendlichen" von 2007 bis 2010 insgesamt 18 Modellprojekte.[1] Diesen wurde eine wissenschaftliche Begleitung an die Seite gestellt, die die Möglichkeit hatte, formativ mit den Modellprojekten

---

1 Vgl. auch http://www.vielfalt-tut-gut.de. Ebenso wie sein Vorgängerprogramm „Entimon – gemeinsam gegen Gewalt und Rechtsextremismus" hatte „Vielfalt tut gut" den Anspruch, eine Art „Feldexperiment" zur Anregung der Fachpraxis zu sein. So hieß es in den Leitlinien für die Modellprojekte, dass die Arbeit mit rechtsextremistisch gefährdeten Jugendlichen „nach wie vor zu den dringlichen Herausforderungen im Bereich der Prävention/Intervention gegen Rechtsextremismus" gehöre. Die bisher in der Praxis angewandten Arbeitsansätze seien „regelmäßig auf erhebliche Schwierigkeiten" gestoßen, weshalb es „notwendig" sei, die bereits existierenden Ansätze „weiter zu entwickeln" (vgl. BMFSFJ 2006, Leitlinien Modellprojekte). Die Modellprojekte wurden von einem wissenschaftlichen Team aus Sozialwissenschaftler/innen und Psycholog/innen an der Internationalen Akademie für innovative Pädagogik, Psychologie und Ökonomie (INA) an der Freien Universität begleitet.

zusammenzuarbeiten und sich intensiv mit den von ihnen entwickelten und erprobten Strategien der Rechtsextremismus-Prävention auseinanderzusetzen.

Der vorliegende Fachartikel möchte die Arbeit der Wissenschaftlichen Begleitung (im Folgenden: WB) darstellen und dabei gleichzeitig die Herausbildung eines konfliktsensiblen und psychosozial begründeten Evaluationsansatzes nachzeichnen. Der Schwerpunkt wird auf der unmittelbaren Zusammenarbeit mit den Modellprojekten in Form der Gesamtworkshops und der Projektbesuche vor Ort liegen. Es wird der unmittelbare Nutzen des WB-Ansatzes herausgearbeitet, sein Entwicklungsstand kommentiert und ein Ausblick auf die Zukunft gegeben.

2 Auftrag und Fragestellungen sowie das Design der WB

Die WB hatte den Auftrag, die methodischen Ansätze der Modellprojekte zu rekonstruieren und ihre in der Umsetzung auftauchenden förderlichen und hinderlichen Bedingungen zu erforschen. Auf diese Weise sollte Orientierungswissen für die Fachdiskussion zusammengetragen werden. Aufgrund der Heterogenität des Themenclusters und der Komplexität der Modellprojekte sollte sich die WB primär eines qualitativen Zugangs bedienen.

Neben Verfahren der Dokumentenanalyse stützte sich die WB im Wesentlichen auf regelmäßige und aufeinander aufbauende Projektbesuche bei allen 18 Modellprojekten. Insgesamt 5 Projekte wurden für eine intensivere Begleitung ausgewählt, was z. B. Treffen mit Kooperationspartner/innen, Sozialraumbegehungen, Institutionenanalysen und Adressatengespräche (z. B. mit Jugendlichen) beinhaltete. Außerdem führte die WB während ihrer dreijährigen Laufzeit 5 Gesamtworkshops mit Vertreter/innen aller Modellprojekte durch, bei denen zentrale Aspekte des Themenclusters „Arbeit mit rechtsextremistisch gefährdeten Jugendlichen" gemeinsam exploriert, Einschätzungen über die Modellhaftigkeit im Themencluster erarbeitet und Wertungen diskutiert wurden.

Die WB startete im Januar 2008 und ihre Laufzeit erstreckte sich bis Juni 2011. Einmal pro Jahr war die WB verpflichtet Jahresberichte zu schreiben sowie zwei zusätzliche Kurzberichte im Frühjahr und im Herbst über ihren Arbeitsfortschritt zu verfassen. Im Rahmen der Zusammenarbeit mit der Programmevaluation beim Deutschen Jugendinstitut (DJI) wurde vereinbart, dass die WB eine Reihe spezifischer Evaluationsfragen nach der Qualität des Themenclusters sowie nach der Modellhaftigkeit, Übertragbarkeit, Wirkfähigkeit und Nachhaltigkeitsperspektive der Modellprojekte und ihrer Verknüpfung mit Regelstrukturen der Kinder- und Jugendhilfe mit an Bord nahm.

Der genuin eigene Grundgedanke der WB bestand aber darin, mit den Modellprojekten vor allem nutzenorientiert zusammenzuarbeiten und ihnen ein

Angebot einer systematischen Praxisreflexion zu unterbreiten. So nahm sich die WB vor, für die Projekte Gelegenheiten zur Beschreibung und Analyse der eigenen Praxis aus ihrer Innenperspektive zu schaffen und ihnen zu ermöglichen, das was sie tun aus einer theoretisch-konzeptionellen Perspektive zu betrachten, um sich so über ihre eigenen Ansätze sowie Entwicklungsmöglichkeiten klarer zu werden. Dabei sollte sowohl die innere Projektlogik als auch das Zusammenspiel von Kontext und Projekt Berücksichtigung finden. Als ein Element der systematischen Praxisreflexion betrachtete die WB die Beschäftigung mit den impliziten „Projekttheorien", bei denen sie davon ausging, dass jene die Annahmen der am Projekt Beteiligten (z. B. der Mitarbeiter/innen) über ihr eigenes Handeln enthalten und in vielfacher Weise Entscheidungen im Projekt beeinflussen. Ihre Explikation wurde als notwendig erachtet, um Ergebnisse analysieren und Wirkungseinschätzungen treffen zu können.

In der systematischen Praxisreflexion stützte sich die wissenschaftliche Begleitung auf Erfahrungen aus der Organisationsberatung, dem Coaching, der Supervision von Praxisgruppen und der Projektbegleitung in der internationalen Zusammenarbeit. In den Mittelpunkt des Reflexionsprozesses stellte sie die Verknüpfung der individuellen Arbeitserfahrung mit dem institutionellen Rahmen und dem sozialen Kontext. Die WB zielte auf eine Begleitung der Modellprojekte bei der „Reifung" ihrer Ansätze in der Praxis ab. Die entstehenden Arbeitsergebnisse und Empfehlungen sollten die Modellprojekte für Entwicklung nutzen können.

3 Zur konzeptuellen Rahmung des Themenclusters „Arbeit mit rechtsextremistisch gefährdeten Jugendlichen"

Die WB hat das Clusterthema „Arbeit mit rechtsextremistisch gefährdeten Jugendlichen" in der Zusammenarbeit mit den Modellprojekten „geöffnet", indem sie es als ein „Konfliktfeld" konzeptualisierte, welches sich zwischen dem modernen Rechtsextremismus, der Demokratie, den Familien und den Jugendlichen aufspannt und in welchem verschiedene Interaktionsdynamiken stattfinden. Auf diese Weise konnte ein wissenschaftliches Erkenntnisreservoir mobilisiert werden, in welchem Befunde und Theorien aus der Rechtsextremismus- und Demokratieforschung ebenso Berücksichtigung finden konnten, wie aus der Jugend-, Familien- und Generationenforschung.

Als besonders anregend für ihre Perspektive auf das „Konfliktfeld" empfand die WB die im Rahmen des Modells zur Reproduktion Gruppenbezogener Menschenfeindlichkeit benannten zentralen Konfliktthemen (vgl. Heitmeyer

2007). Des Weiteren wurden wissenschaftliche Überlegungen aus der Forschung über Zivilgesellschaft, Prävention und Intervention einbezogen.

Außerdem intensivierten sich im Laufe der Zeit in der WB Überlegungen zu den psychosozialen Grundlagen der Projektarbeit, zu organisationalem Lernen, Teamarbeit und Gruppenprozessen und zu der individuellen beruflichen Entwicklung. Dabei versuchte sich die WB durch ihren psychosozialen Ansatz von einem weit verbreiteten sozialtechnologischen Zugang zur Projektentwicklung abzugrenzen. Bei diesem Zugang erscheinen die Projektmitarbeiter/innen vor allem als „Anwender" von „Strategien" oder „Methoden", um einen Projektauftrag „umzusetzen" oder ein Ziel zu erreichen, z. B. ein Problem zu lösen.

Häufig wird dabei von einer idealtypischen Abfolge von Zielen, Aktivitäten, Outputs und Outcomes ausgegangen. Solche Wirkungsketten können zwar hilfreich sein, um Klarheit in die Elemente eines Projektes zu bringen, sie stellen aber kein konzeptuelles Instrumentarium zur Verfügung, um die Entwicklung eines Modellprojektes zu *verstehen*. Als sozialtechnische Rahmungen stehen sie in einer pragmatischen Tradition und lassen keinen Raum für hermeneutische Zugänge zu der von Subjektivität und gesellschaftlichen Konfliktkonstellationen dynamisch beeinflussten Projektarbeit. Als „Subjekte" mit eigenen Gefühlen, Biographien und Überzeugungen bleiben die Fachkräfte unsichtbar.

Dies ist auch insofern kontraproduktiv als aus der Transferforschung bekannt ist, dass die Qualität und Wirksamkeit von psychosozialen Interventionen (und darunter sollen hier im weitesten Sinne auch Beratung, Bildung und Kulturarbeit gezählt werden) ganz wesentlich durch die Identifikation der Fachkräfte mit ihren „Methoden" sowie der Interaktions- und Beziehungsqualität zwischen Adressat/innen bzw. Klient/innen und Fachkräften und den persönlichen Merkmalen der Fachkräfte vermittelt ist.

4 Essentials der WB

Folgende Essentials der WB haben sich im Laufe der Zeit herausgebildet:

- Die Arbeit mit rechtsextremistisch gefährdeten Jugendlichen findet innerhalb eines Konfliktfeldes statt, das sich zwischen dem modernen Rechtsextremismus, der Demokratie und ihren Defiziten, den Jugendlichen und dem familiären Kontext mit seinen Einflüssen aufspannt. Zentrale Konfliktthemen zentrieren sich um Fragen von Integration/Desintegration, Empowerment/Disempowerment, Anerkennung, Teilhabe und Zugehörigkeiten.
- Die Modellprojekte des Themenclusters „Arbeit mit rechtsextremistisch gefährdeten Jugendlichen" können die Konflikte in diesem Spannungsfeld

nicht lösen, aber einen Beitrag zur Bearbeitung von Konstellationen der Rechtsextremismus-Gefährdung im Sinne der Konflikttransformation leisten, wie sie u. a. von Lederach definiert wurde: „Conflict transformation is to envision and to respond to the ebb and flow of social conflict as lifegiving opportunities for creating constructive change processes that reduce violence, increase justice in direct interaction and social structures and respond to real-life problems in human relationships" (Lederach 2003: 14).
- Die WB sah daher das Prinzip der „Konfliktsensibilität" als ein notwendiges Merkmal in den Interventionen der Modellprojekte an. In Anlehnung an internationale evaluationsmethodische Fachdiskurse (vgl. OECD-DAC 2008) verstand die WB unter „Konfliktsensibilität", dass Projekte oder Programme dann „konfliktsensibel" sind, wenn sie nicht nur den Kontext gut verstehen in welchem sie handeln, sondern auch ihre eigene Interaktion mit diesem Kontext reflektieren und die gewonnenen Erkenntnisse zu Rate ziehen, um ihre positive Wirkfähigkeit zu optimieren oder auch unerwünschte Nebeneffekte zu vermeiden (vgl. Abschlussbericht WB TC2 2011: 65).
- Ausgehend von einem psychosozialen Ansatz (vgl. Becker/Weyermann 2006) sensibilisierte sich die WB für Überlegungen zur Verknüpfung von gesellschaftlichen Prozessen und Subjektivierungsprozessen, die beinhalten, dass Konflikte nicht nur individuell oder sozial, in der inneren oder der äußeren Realität, stattfinden, sondern beides vielfältig vermittelt ist.

Eine wissenschaftliche Begleitung, die von diesen konzeptuellen Grundlagen ausgeht, ist als ein Angebot an die Projekte zu verstehen, einen sinnvollen Beitrag zur Rechtsextremismus-Prävention und Demokratieförderung im Sinne der Konflikttransformation zu entwickeln. Die genannten Grundlagen haben sich von 2008 bis 2011 herauskristallisiert, so dass in gewisser Weise auch die WB „modellhafte" Aspekte hatte. Im Folgenden soll vorgestellt werden, inwieweit mit diesen Essentials in der unmittelbaren Begleitung der Modellprojekte im Themencluster 2 gearbeitet wurde, so dass der Entwicklungsstand des konfliktsensiblen, psychosozial begründeten Ansatzes der WB deutlich wird und ein Ausblick für die Zukunft gegeben werden kann.

5 Die Zusammenarbeit mit den Modellprojekten

Im Folgenden wird zunächst ein Einblick in die Gestaltung der Zusammenarbeit zwischen Modellprojekten und WB gegeben. Die Darstellung konzentriert sich auf die Entwicklung der Arbeitsbeziehungen, die fünf Gesamtworkshops und die zwischenzeitlich stattfindenden Projektbesuche vor Ort. Arbeitsformen und Methoden der WB, deren Bewährung und Entwicklungspotentiale werden genauer beschrieben, unter besonderer Berücksichtigung der Resonanz der Modellprojekte bzw. des für sie entstehenden Nutzens.[2]

5.1 Überblick über die Modellprojekte

Die Tätigkeitsschwerpunkte der 18 Modellprojekte lagen in den Bundesländern Brandenburg, Berlin, Mecklenburg-Vorpommern, Sachsen-Anhalt, Sachsen, Niedersachsen, Rheinland-Pfalz, Hessen, Thüringen und Bayern. Bundesweit tätig war ein Modellprojekt als Onlineberatung gegen Rechtsextremismus.

Die Zielgruppen waren Jugendliche und junge Erwachsene sowie Lehrkräfte und Sozialpädagogen, Eltern und Multiplikator/innen. Die Modellprojekte arbeiteten an Schulen (Förder- und Regelschulen), in Stadtteilen und Stadtteilzentren, in Jugendeinrichtungen und ländlich-kleinstädtisch geprägten Regionen, im Justizvollzug und an berufsbildenden oder berufsvorbereitenden Einrichtungen. Viele von ihnen arbeiteten vernetzt mit zahlreichen Kooperationspartnern.

Ihre Ansätze stammten vor allem aus den Bereichen Bildung, Beratung oder Kultur- und Medienarbeit und ihre methodischen Schwerpunkte waren interkulturell, antirassistisch und partizipativ, gemeinwesen- und sozialraumorientiert sowie theater-, kultur- und medienpädagogisch ausgerichtet.

In ihrer Gesamteinschätzung 2011 führte die WB aus, dass das Themencluster 2 bezüglich der methodischen Ansätze und Präventionsstrategien durchaus als innovativ bezeichnet werden konnte und dass es innerhalb des Themenclusters 2 trotz diverser Schwierigkeiten in den Rahmenbedingungen gelungen ist, methodische Ansätze der Bildungs-, Kultur- und Beratungsarbeit zu erproben, die in Hinblick auf die präventive Arbeit an den Konstellationen der Rechtsextremismus-Gefährdung vielversprechend sind (vgl. Abschlussbericht 2011: 4 f.). Die Modellprojekte umfassten zwischen 1 und 5 Personalstellen, wobei mehrheitlich in Teilzeit gearbeitet wurde und häufig Honorarkräfte einbezogen wurden.

---

2 Auf Ergebnisse über das Themencluster „Arbeit mit rechtsextremistisch gefährdeten Jugendlichen" wird nur exemplarisch eingegangen, soweit es der Beschreibung der methodischen Vorgehensweise dient. Dafür muss auf die Evaluationsberichte verwiesen werden (http://www.vielfalt-tut-gut.de/ content/e4548/e4550/e4552/index_ger.html).

5.2 Die Herstellung der Arbeitsbeziehungen mit den Modellprojekten

Als die WB ihre Arbeit im Januar 2008 aufnahm, hatten die Modellprojekte des Themenclusters 2 bereits seit ca. einem halben Jahr begonnen. Ein solch verzögerter Beginn bedeutet immer, dass die Konzeptionen der Projekte ohne ein Feedback der wissenschaftlichen Begleitung entstehen und dass keine Analyse der Ausgangssituation in Hinblick auf die zu erreichenden Zielgruppen und Merkmale des Kontextes vorgenommen werden kann, was später den Vergleich des Erreichten mit der Ausgangssituation erschwert. Aufgrund dieser ungünstigen Situation nahm die WB im Februar 2008 zügig Kontakt mit den Modellprojekten auf und es fanden bald darauf die ersten Besuche vor Ort statt. Im April fand dann der erste Gesamtworkshop der WB mit Vertreter/innen aus allen Modellprojekten statt.

Einige Erfahrungen aus dieser Anfangszeit sollen dargestellt werden, weil sie dabei helfen, das Nachfolgende besser zu verstehen: Die WB legte Wert darauf, bei diesen ersten Begegnungen zu erfassen, wie Evaluation und wissenschaftliche Begleitung mental bei den Modellprojektteams repräsentiert sind, und zwar vor dem Hintergrund der bereits vorhandenen Erfahrungen oder der vorhandenen Vorstellungen und Überzeugungen. Zudem fragte die WB danach, welche Erwartungen oder Wünsche die Modellprojekte im Hinblick auf die Zusammenarbeit in den nächsten drei Jahren haben.

Dabei zeigte sich, dass viele Modellprojektträger die Überzeugung hegten, dass Evaluation ganz bedeutsam für die Sicherung der eigenen Finanzierungsquellen sei. Es war aber kaum die Erfahrung bei ihnen repräsentiert, dass Evaluationen bzw. wissenschaftliche Begleitungen auch unmittelbar der Entwicklung ihrer Arbeit und deren Qualität dienen könnten. Diese Überzeugungen schienen ihre Wirkung dann auch in der ersten Interaktion zwischen einigen der Modellprojekte und der WB zu entfalten.

5.2.1 Zur psychosozialen Ausgangssituation

Manche Modellprojekte preschten vor und meinten, dass sie sich ganz selbstverständlich „auf den Prüfstand" stellen lassen wollten. Der Tenor war: „Schaut uns an", aber es schien auch der unbewusste Appell mitzuschwingen: „Aber bitte schaut nicht auf unsere Schwächen". Andere wiederum stellten in den Vordergrund, dass sie ja selbst eine interne Evaluation oder Selbstevaluation besäßen, so dass man bei diesem Streben nach gleicher Augenhöhe fragen könnte, ob hier nicht auch die Befürchtung eine Rolle spielte, zum Objekt externer Bewertung degradiert zu werden.

Manche Modellprojekte präsentierten sich auch selbst als wissenschaftlich so versiert, dass es schwer war, etwas über ihre ganz unmittelbare konkrete Projektarbeit zu erfahren. Bisweilen war bei den Modellprojekten zu Beginn auch eine hyperkritische Haltung zu spüren, die sich an einem geradezu stechenden Nachfragen nach unseren Bewertungsmaßstäben und Kriterien widerspiegelte, so dass das WB-Team unter Leistungsdruck geriet, sich selbst „wie auf dem Prüfstand" fühlte und sich beweisen musste. Mitunter löste dies auch ein schlechtes Gewissen aus, weil wir uns doch vorgenommen hatten, vieles davon in einem gemeinsamen Arbeitsprozess zu entwickeln.

Einzelne Modellprojekte wirkten bisweilen sogar etwas „paranoid" und schienen sich bereits einer existenziell bedrohlichen Kritik von Ministerium und der Regiestelle „ausgeliefert" zu sehen. Sie signalisierten ein besonders hohes Bedürfnis nach Parteilichkeit. Ein Modellprojekt empfand sich geradezu als Opfer wissenschaftlicher Begleitung, denn jeder Kofinancier führte seine eigene Evaluation durch, so dass das Projekt sich nicht nur „ausgeweidet" fühlte, sondern auch klagte, es bleibe überhaupt keine Zeit für die eigene Arbeit. Andere Modellprojekte wiederum klagten, dass sie in der Vergangenheit zwar evaluiert worden wären, sich aber mit ihren Besonderheiten in den Fragebögen nicht gesehen fühlten. Ein Projektteam hob hervor, dass es sich hintergangen gefühlt habe, weil die Evaluation erst sehr positiv gestimmt gewesen sei, dann aber sehr negative Urteile gefällt habe.

Generell wurde aber auch eine große Bedürftigkeit und ein hohes Interesse bei den Projekten deutlich: Bei einigen von ihnen fühlte sich die WB bei ihren ersten Besuchen geradezu dazu verführt, sich als Kolleg/innen in das eigene Team aufnehmen zu lassen. Diese Modellprojekte boten an, dass die WB überall Einsicht bekommen dürfe und überall mitarbeiten könne (z. B. Seminare mitgestalten). Das Gefühl, uns als „ihre WB" betrachten zu können, schien ihnen ein Stück weit Sicherheit und Kontrolle zu verleihen, stellte die WB aber vor die Herausforderung Nähe und Distanz immer wieder neu zu justieren.

Manche wünschten sich von uns, wir sollten doch für sie und mit ihnen ihre methodischen Ansätze am besten tagtäglich mitentwickeln, Adressatengespräche führen und Wirkungsanalysen machen. Sie hatten schon vielfältige Aufgaben für uns parat, an denen neben ihrem Bedarf auch ihre eigenen hohen Selbstansprüche und die Tendenz, sich selbst und andere zu überfordern, deutlich wurden. Die Gefahr, dass die WB zur Enttäuschung geriete, lag nahe und verlangte gute Absprachen. Manches Mal wurde auch ein Bedarf an Supervision an die WB herangetragen, so dass es auch hier nötig war, unsere Aufgaben bzw. Chancen und Risiken deutlicher zu markieren.

Auf diese Weise zeigte sich, dass es bei vielen Modellprojekten zunächst nicht die Überzeugung gab, dass eine wissenschaftliche Begleitung für sie gewinnbringend wäre. Sie stellten sich die Zusammenarbeit als mühselig vor und bekundeten ihre Unsicherheit darüber, welcher Art der Nutzen für sie sein könnte. Zudem gab es nicht wenige Ängste, und es war das Bestreben zu vermuten, insbesondere dort, wo es vermeintliche Defizite im Projektdesign gab, der WB nicht allzu viel Einblick zu gewähren. Bei vielen Modellprojekten existierten aber auch ein hohes Interesse und das Wissen um den eigenen Bedarf nach Reflexion und Feedback. Zumeist eröffnete sich ein gemischtes Bild, Ängste und Wünsche, Skepsis und Neugier in Bezug auf die Zusammenarbeit mit der wissenschaftlichen Begleitung existierten parallel zueinander.

Die Sensibilität gegenüber dieser Ausgangssituation und die Aufmerksamkeit dafür, mit welchen Erfahrungen und Vorstellungen, Überzeugungen und Erwartungen die Modellprojekte in das Angebot der Zusammenarbeit eintraten, half der WB ihre Vorgehensweise zu schärfen, indem sie auf Transparenz, klare Absprachen und realistische Vereinbarungen Wert legte. Insgesamt erwies sich diese Vorgehensweise als ein guter Einstieg. Wir erfuhren nicht nur viel über die objektiven Strukturen der Projekte, sondern auch über ihre Vorerfahrungen und wie diese möglicherweise auch die Kooperation mit der WB beeinflussen könnten. Sofern Modellprojekte besonders skeptisch erschienen, versuchten wir vorsichtig damit umzugehen, nahmen uns Zeit, um Bedenken auszuräumen und die Grundlagen der Zusammenarbeit gemeinsam zu festigen.

5.3 Die Gesamtworkshops

Die insgesamt fünf Gesamtworkshops, die im Laufe der wissenschaftlichen Begleitung mit Vertreter/innen der Modellprojekte stattfanden, waren neben den Projektbesuchen die wichtigsten Orte, an denen die Zusammenarbeit sich entwickelte. Die dort praktizierten Arbeitsformen waren themenzentrierte Fachdiskussionen (z. B. zu „Rechtsextremismus-Gefährdungen"), Arbeitsgruppen zu Projektentwicklung, Modellhaftigkeit und Wirkungsanalysen, Falldarstellungen mit anschließender Diskussion, Feedbackrunden zu den Berichten und Empfehlungen der WB, eine Dialogrunde mit der Regiestelle und verschiedene Diskussionen zur Auseinandersetzung mit dem Bundesprogramm „Vielfalt tut gut".

Der WB war es wichtig, dass auf den Gesamtworkshops nicht nur die fachlichen Fragen zu den methodischen Ansätzen der Modellprojekte, ihren Zielen und ihrem Erfolg bearbeitet werden können, sondern dass in der Reflexion der inhaltlichen Arbeit eine Verknüpfung mit psychosozialen Aspekten der individuellen beruflichen Entwicklung und der Teamarbeit stattfinden kann. Auf diese Weise konnte sich ein 3 Jahre andauernder Arbeitsprozess entwickeln, an dem die Fachkräfte mit einer immer größeren Motivation teilnahmen. Sie begegneten einander mit großem Interesse und konstruktiver Kritik und wagten sich mit einem hohen Reflexionsniveau auch an kontroverse fachliche Fragestellungen heran (z. B. im Rahmen einer „Extremismus-Diskussion").

Einige Sequenzen aus dieser Arbeit sollen im Folgenden dargestellt werden, um Rückschlüsse auf den Nutzen des Evaluationsdesigns und dessen Möglichkeiten und Grenzen zu ziehen.

5.3.1 Der erste Gesamtworkshop (April 2008)

Auf dem ersten Workshop lernten die Vertreter der Modellprojekte sich untereinander und die WB besser kennen. Es gab einen *kollegialen Austausch in Kleingruppen* und eine *Fachdiskussion zu der Frage „Was sind rechtsextrem gefährdete Jugendliche?"*. Dieser Zugang ermöglichte einen ersten Eindruck von der Dynamik des Themenclusters.

Dabei zeigte sich, dass die Modellprojekte sehr motiviert und engagiert unter schwierigen Kontextbedingungen und in häufig konflikthaften Konstellationen arbeiten, die sich auf ihre Arbeit auswirken. Einige von ihnen waren mit der Schaffung von Kontinuität und Verlässlichkeit in Umfeldern befasst, in denen es viele Diskontinuitäten, Brüche und Ungleichzeitigkeiten gibt. Andere arbeiteten in Institutionen, deren Eigenlogik dem Modellcharakter der Projekte eher widersprach. Und wieder andere stießen auf die Deutungsdifferenzen im Hinblick darauf, was für die Einhegung und Prävention des Rechtsextremismus eigentlich zu tun oder zu lassen sei.

Viele der Modellprojekte merkten bereits, dass zwar hohe politische Erwartungen und viele pädagogische Wünsche an sie herangetragen wurden, dass ihr gesellschaftliches Umfeld ihnen aber nicht selten mit Widerständen begegnete. Insofern waren die Mitarbeiter/innen mit hohen Anforderungen an ihre fachlichen Kompetenzen und vor allem auch an ihre Fähigkeiten zur Regulation von Spannungen und zum Umgang mit Widersprüchen konfrontiert. Es zeigte sich, dass sie in ihrer Arbeit notwendigerweise auch emotional gefordert wurden (z. B. durch Ängste im Umgang mit schwierigen Zielgruppen oder Machtlosigkeit durch widrige lokale oder institutionelle Umstände).

Deutlich wurde außerdem, dass die Projektvertreter/innen teilweise sehr unterschiedliche, ihr aktuelles Selbstverständnis prägende Hintergründe in die Auseinandersetzung mit Rechtsextremismus einbrachten. Erahnen ließ sich beispielsweise, dass es unter den Projekten ein kontroverses, Polarisierungen ermöglichendes Potential im Hinblick auf Methoden der pädagogischen Arbeit mit rechtsextrem orientierten Jugendlichen geben könnte.

Die WB bekräftigte vor diesem Hintergrund, dass die Modellprojekte durch die WB „die Möglichkeit [erhalten sollen], ihre Ansätze unter Einbeziehung ihrer subjektiven Erfahrungen in Zusammenarbeit mit der wissenschaftlichen Begleitforschung weiter zu entwickeln." (Jahresbericht 2008: 5). Als besonders bedeutsam wurde herausgestellt, dass die „Erfahrungen und Bedingungen, die als förderlich oder auch als entwicklungshemmend erkannt werden, im Verlauf der Evaluation identifiziert und gemeinsam mit den Modellprojekten reflektiert werden" (Jahresbericht 2008: 5).

5.3.2 Der zweite Gesamtworkshop (Dezember 2008)

Auf dem zweiten Gesamtworkshop gaben die Modellprojekte zunächst ihr *Feedback* auf den ihnen zur Verfügung gestellten Jahresbericht der WB. Es bildeten sich dann *Arbeitsgruppen* zu 3 zentralen Themenbereichen (1. konzeptuelle Fragen im Zusammenhang mit Rechtsextremismus und Prävention, 2. förderliche und hinderliche Bedingungen der Projektarbeit, 3. Relevanz individueller Dimensionen und Biographien für die Rechtsextremismus-Prävention).

Auf diese Weise beschäftigten sich die Modellprojekte weiter mit dem Begriff der Rechtsextremismus-Gefährdung, den sie für ihre verschiedenen Arbeitskontexte adaptierten. Sie einigten sich darauf, dass zwischen unterschiedlichen Bezugsebenen unterschieden werden sollte, die immer gleichzeitig relevant sind: die individuelle, diejenige der Peer-Group und diejenige der Kommune beziehungsweise der Gesellschaft. Außerdem begann ein reflektierter Umgang mit dem sich bereits beim ersten Gesamtworkshop zeigenden „Konfliktfeld". Die Teilnehmer/innen waren sich darin einig, dass zum Konfliktfeld unterschiedliche Erwartungen an die Erfolge der Modellprojekte gehören, derer sie sich bewusst sein sollten und dass es sinnvoll ist, proaktiv eigene Erfolgsindikatoren für sich zu entwickeln. Hinsichtlich der „Relevanz individueller Dimensionen und Biographien" für die Rechtsextremismus-Prävention, wurde ein hohes Interesse der Fachkräfte aber auch eine große Unsicherheit deutlich, wie damit in der Praxis umgegangen werden könne. Positiv war, dass Modellprojekte mit kreativen oder Peer-to-Peer-Ansätzen einen Einblick in ihren Zugang zu diesem Thema gaben.

Es gelang auf diesem zweiten Gesamtworkshop, eine stärkere Verknüpfung zwischen der fachlichen Arbeit und den persönlichen Hintergründen herzustellen. So bot die WB den Teilnehmer/innen am Abend einen *narrativen Rahmen zum Geschichtenerzählen über die eigenen familienbiographischen Hintergründe* an. Das Stichwort dafür war: „Was dachten unsere Großeltern über Rechtsextremismus", was allerdings eher als ein Erzählimpuls dafür zu verstehen war, was die Teilnehmer/innen sich dazu vorstellten, und wie sie dies in ihre eigene Biographie einordnen. Die spannenden und inhaltsreichen Stellungnahmen der Teilnehmer/innen belegten eindrücklich, wie relevant und vielschichtig die biographischen Bezüge sind.

In den parallelen *Arbeitsgruppen zur Thematik der „Projektentwicklung und Modellhaftigkeit"* kamen dann mit einer großen Offenheit diverse Veränderungen in den Modellprojekten zur Sprache, mit denen diese auf kontextuelle Anforderungen reagierten, die aber keineswegs den ursprünglichen Planungen entsprachen. Es wurden auch schwierige Passagen bei der Gestaltung der Interaktion mit Zielgruppen oder Kooperationspartnern erzählt und ein hoher eigener Supervisionsbedarf benannt, in dessen Zusammenhang die Problematik des eigenen Selbstwirksamkeitserlebens und schwieriger emotionaler, teilweise durch Überforderung bedingter Reaktionen in der eigenen Arbeit Anerkennung fanden.

Eine *Fachdiskussion zu „Gender und Rechtsextremismus-Prävention"* bildete den Abschluss und setzte den roten Faden fort, denn die Fachkräfte diskutierten ihre Arbeit auch im Zusammenhang mit Subjektivierungsprozessen. So ergab sich ein Reflexionsbogen hin zu einem Blick auf sich selbst und die eigenen Vorstellungen über Weiblichkeit und Männlichkeit in der Auseinandersetzung mit Rechtsextremismus.

In der *Auswertung* wurde eine Weiterarbeit an der Frage vereinbart, was kontextbezogenes Arbeiten bedeutet und wie die dabei auftauchenden Konfliktverhältnisse, samt ihrer gesellschaftlichen wie auch individuellen Aspekte, in der Projektarbeit berücksichtigt werden.

5.3.3 Der dritte Gesamtworkshop (Juni 2009)

Im Zentrum des dritten Gesamtworkshops standen *Fallvorstellungen von 3 Modellprojekten*, mit denen die zentralen Fragestellungen der „Arbeit mit rechtsextremistisch gefährdeten Jugendlichen" weiter bearbeitet wurden. Diese Methode lag nahe, weil die Diskussion über die Projektbeispiele sowohl für die Vortragenden wie auch für die Teilnehmergruppe nützlich war und die WB so weitere qualitative Evaluationsdaten zusammentragen konnte.

Alle drei Präsentationen setzen ihren Fokus auf die Arbeit mit den Hauptzielgruppen in ihrem jeweiligen Kontext und die dabei stattfindende Konzeptualisierung der „Rechtsextremismus-Gefährdungen" als Grundlage zur Weiterentwicklung der methodischen Ansätze. Eine Gemeinsamkeit aller drei Präsentationen war ihr Gemeinwesen-Bezug, denn die Modellprojekte arbeiteten schwerpunktmäßig in strukturschwachen, ländlich-kleinstädtisch geprägten Regionen. Zwei von ihnen arbeiteten primär mit jungen Menschen und strebten außerdem eine Aktivierung von Bürger/innen, lokalen Entscheidungsträgern und Jugendsozialarbeit an. Das Dritte betätigte sich vor allem in der Beratung und Qualifizierung von Jugendsozialarbeiter/innen.

Der gewählte Zugang über die Fallvorstellungen bewährte sich: Die ihre Arbeit vorstellenden Modellprojekte brachten nach einem kurzen Überblick über ihr Konzept sehr offen und ernsthaft einige Schwierigkeiten aus der Arbeit mit den Zielgruppen und im lokalen Kontext zur Sprache. Sie gaben gemäß dem psychosozialen Ansatz einen Einblick in die Implikationen ihrer Arbeit für sich selbst bzw. für die einzelnen Mitarbeiter/innen und das Projektteam. Auf Nachfragen aus der Teilnehmer/innen-Gruppe schilderten die vorstellenden Modellprojekte Strategieveränderungen und Lernprozesse. Die Rückmeldungen aus der Teilnehmer/innen-Gruppe zeigten, dass alle Beteiligten darin auch eigene Probleme wiederfanden und diese zur Sprache bringen konnten. So konnten auch weitere zentrale Themen mit hoher Relevanz für die Modellentwicklung gemeinsam definiert werden, insbesondere im Bereich der lokalen Konfliktbearbeitung, der Klärung des eigenen Projektauftrages und des Selbstschutzes.

Ein besonderer Erfolg bestand darin, dass die kontroverse Frage nach den geeigneten Ansätzen der Arbeit mit stärker rechtsextrem gefährdeten Jugendlichen auf eine konstruktive Weise angesprochen werden konnte. Hierbei handelt es sich um ein seit langer Zeit in der Fachdebatte polarisiert ausgetragenes Spannungsthema entlang der Konfliktlinien „akzeptierend" versus „konfrontierend", „Jugendsozialarbeit mit rechtsextrem orientierten Jugendlichen" versus „zivilgesellschaftliche Stärkung nicht-rechter Jugendlicher". Alle drei ihre Projekte vorstellenden Träger waren historisch an unterschiedlichen Stellen dieses Spannungsbogens zu verorten und näherten sich erst jüngst differenzierteren Positionen an. So zeigten sich in der Diskussion auch die Grenzen und Möglichkeiten, Chancen und Risiken des jeweils eigenen Ansatzes, sei es in der Bildung, Beratung oder Kulturarbeit. Es ergab sich daraus ein gemeinsamer Diskurs über Mindeststandards für die Projekt- und Jugendsozialarbeit.

Die *Auswertungsrunde* zeigte, dass die WB zunehmend als ein kritischer Begleiter anerkannt wurde. Einige Modellprojekte formulierten den Wunsch durch spezifische Rückmeldungen noch intensiver begleitet zu werden.

5.3.4 Der vierte Gesamtworkshop (Januar 2010)

Neben weiteren exemplarischen *Falldarstellungen* beschäftigten sich die Modellprojekte auf diesem Gesamtworkshop in drei *Arbeitsgruppen* mit verschiedenen Facetten von „Wirkungen", so z. B. mit den Nebenwirkungen ihrer Arbeit. Es zeigte sich, dass die Modellprojekte nunmehr gut in der Lage waren, den ihnen von der WB angebotenen Reflexionsraum für sich zu nutzen. Einige Modellprojekte meldeten zurück, dass sie aus dieser Arbeitsgruppe Anregungen für das eigene Wirkungsmonitoring mitgenommen haben. Eine Arbeitsgruppe zu „Nachhaltigkeit" nutzte die Gelegenheit, um darüber zu diskutieren, wie die Modellprojekte für sich selbst eine stärkere Lobby im Umgang mit Politik und Verwaltung schaffen können und wie man sich stärker austauschen kann.

Höhepunkt des Workshops war auch aus Sicht der Modellprojekte eine *Fachdebatte mit dem Titel „Extremismus und Extremismus-Prävention",* die an die Anfang 2010 geführte politische Debatte um eine Neukonzeption und Erweiterung eines zukünftigen Bundesprogramms um die Felder Linksextremismus- und Islamismusprävention anknüpfte. Die Fachdebatte gewährte einen Einblick in die demokratische Kultur des Themenclusters. Das Bemerkenswerte daran war, dass von den Modellprojekten die möglichen Konsequenzen einer solchen Neukonzeption für die konkrete Demokratieentwicklung vor Ort in das Zentrum gerückt wurden. Die Modellprojekte bekräftigten ihr Primat präventivpädagogischer Arbeit gegenüber sicherheitspolitischen Interventionen und verliehen mit gehaltvollen Argumenten ihrer Befürchtung Ausdruck, dass die Umdefinierung der Rechtsextremismus-Prävention als Arbeit gegen Extremismus eine hohe Gefahr für unproduktive Konfliktverschärfungen in sich birgt. Gleichzeitig zeigten sie eine hohe Sensibilität für zentrale Elemente des Extremismus-Begriffs, insbesondere die Problematik des Antipluralismus oder eines identitären Gesellschaftsverständnisses, stellten sich aber gegen die allgemeine Verwendung des Extremismus-Begriffs. Dessen analytische Unschärfe verhindere es, dass Konfliktlagen vor Ort angemessen verstanden würden. Auch im Hinblick auf die Zielgruppe äußerten die Modellprojekte den Verdacht, dass „rechtsextrem gefährdete Jugendliche" doppelt stigmatisiert würden, denn wenn diese für ihr Gefühl „politischer Entfremdung", von Nichtteilhabe und Ausschließung auch noch als extremistisch kategorisiert würden, verschärfe dies nur die gesellschaftliche Exklusion.

Aus Sicht der WB übertraf diese Fachdiskussion mit ihrem demokratietheoretischen Reflexionsniveau weite Teile der medial geführten Debatte. Sie gab Einblick in die demokratische Kultur und die Konfliktfähigkeit innerhalb des Themenclusters. Breite Zustimmung fand unter den Modellprojekten der Gedanke, dass die Arbeit gegen Rechtsextremismus vor allem eine ständig weiter zu entwickelnde Arbeit für Demokratie sei. Es sei notwendig, das eigene Demokratieverständnis zu schärfen, um ideologische Debatten und Pauschalisierungen abzuwehren und auch weiterhin Demokratiedefizite vor Ort zu problematisieren.

Als Resümee konnte bei diesem Workshop eine höhere Kooperationsbereitschaft und Vernetzung festgestellt werden. Immer stärker verknüpften die Modellprojekte zudem eigenes Erfahrungswissen mit ihrer akademischen Grundausbildung, was auch zu dem hohen Reflexionsniveau beitrug.

5.3.5 Der fünfte Gesamtworkshop (Juni 2010)

Im Zentrum des letzten Workshops standen das Feedback der Modellprojekte auf ein Empfehlungspapier der WB zur zukünftigen Projektförderung sowie eine Fachdiskussion und Arbeitsgruppen zu zeitgemäßen Bildungsansätzen. Zum Ende hin fand ein Treffen mit der Regiestelle gsub statt, um gemeinsam Bilanz zu ziehen.

In ihren *Rückmeldungen auf ein Empfehlungspapier der WB* sprachen sich die Modellprojekte methodisch für eine stärkere Förderung von Gender- und identitätsreflexiven Ansätzen sowie von kreativen Zugängen der Arbeit mit rechtsextrem gefährdeten Jugendlichen aus. Innerhalb dieser Ansätze solle noch stärker subjektorientiert und mit Blick auf die Beziehungsnetzwerke der Jugendlichen gearbeitet werden, so z. B. durch eine Aktivierung von bedeutsamen Erwachsenen im Kontext von Familie, Schule und Gemeinwesen. Außerdem artikulierten die Modellprojekte ihre Forderung nach mehr Fachaustausch, Supervisionsmöglichkeiten und begleitender Weiterbildung in zukünftigen Förderprogrammen und votierten dafür, dass die Kofinanzierungsanforderungen für kleine Träger gelockert werden sollten.

Des Weiteren wendeten sich die Modellprojekte den *internen Wirkungen der Projektarbeit* zu und stellten 1. auf der persönlich-biographischen Ebene, 2. in fachlich-inhaltlicher Hinsicht, 3. auf der Ebene des Projektmanagements und 4. auf der Ebene der Trägerstrukturen eine Reihe von Veränderungen fest, die durch die Arbeit im Modellprojekt bewirkt worden waren. So haben einige Modellprojekte für ihre Träger neue Themen und Arbeitsfelder erschlossen; die Träger konnten ihr Profil und ihr Angebot erweitern und haben vielfach neue Kooperationspartner gewonnen.

In der sich anschließenden *Fachdiskussion* mit dem Thema „*Wie weiter? Rechtsextremismus-Prävention in Zeiten der Krise*" und in drei anschließend stattfindenden *Arbeitsgruppen* konzentrierten sich die Modellprojekte inhaltlich auf den pädagogischen Umgang mit rechtsextremen Ideologien und Gruppenangeboten. Sie sprachen sich weitgehend für eine subjektorientierte Bildungsarbeit aus, die mit rechtsextrem affinen Jugendlichen an den für sie selbst relevanten Lebensthemen arbeitet und berücksichtigt, dass die extreme Rechte die sich in der äußeren Realität abspielenden gesellschaftlichen Konflikte geschickt für sich nutzt, so dass eine „Immunisierung" gegenüber rechtsextremen Vorstellungen die Belastungen der äußeren Realität wahrnehmen muss. Ein Empowerment auch im Sinne einer Stärkung der Konfliktfähigkeit der Jugendlichen erschien den Modellprojekten sehr angebracht, damit diese als Subjekte mit den erlebten Widersprüchen besser umgehen können. Außerdem war viel davon die Rede, die im Diversity-Ansatz enthaltenen „Resistenzfaktoren" gegenüber dem Rechtsextremismus durch die Arbeit mit heterogenen Gruppen stärker zu nutzen. Man müsse als Pädagog/in auch über gruppendynamisches Wissen verfügen und den Jugendlichen auch in konflikthaften, verunsichernden oder irritierenden „Grenzsituationen" zur Verfügung stehen, um „Erfahrungsräume" für ein subjektorientiertes Arbeiten zu schaffen, die Prozesse einer Identitätsentwicklung begünstigen, welche nicht monolithisch sind, sondern Vielfalts- und Zugehörigkeitserfahrungen gleichermaßen zulassen.

5.3.6 Zwischenfazit

Es spricht vieles dafür, dass es der WB gelungen ist, mit ihren Gesamtworkshops ein reflexives Element in die Arbeit mit den Modellprojekten einzuführen und dabei Ergebnisse zu erzielen, die von den Modellprojekten als nützlich gewertet wurden. Die überwiegenden Rückmeldungen der Projekte zeigten, dass die gemeinsame Arbeit für sie gewinnbringend war, weil sie beispielsweise ihr Zielgruppenverständnis schärfen, die Interaktion mit dem Projektumfeld reflektieren, ihre eigenen Wirkannahmen hinterfragen und neue Aspekte ihrer Tätigkeit entdecken konnten.

Der entwicklungsorientierte Zugang war der Zusammenarbeit zwischen WB und Modellprojekten förderlich. Dabei wurde von einem „emergenten" Charakter der Interventionsstrategien ausgegangen, zumal viele der Modellprojekte auf Problemlagen reagierten, die auf diese Weise noch nicht Gegenstand der Bearbeitung waren. Oder anders formuliert: Die WB verstand die „Modellhaftigkeit" nicht als etwas von Beginn an Vorhandenes und Statisches, sondern als etwas sich Entwickelndes und Dynamisches, wobei es durchaus auch Rückschläge, Neuausrichtungen und Entwicklungssprünge geben konnte. Diese Perspektive war für die Vertreter/innen der Modellprojekte sehr entlastend und trug dazu bei, dass der auf den Gesamtworkshops angebotene Reflexionsraum vertrauensvoller genutzt werden konnte. Auch ein Scheitern von Aspekten der Projektarbeit bzw. ein Lernen aus diesem Scheitern war nichts „Verbotenes".

Zudem bewährte sich auf den Gesamtworkshops der konfliktsensible Zugang, welcher der systematischen Praxisreflexion zugrunde lag. Er trug dazu bei, dass die Besonderheiten der einzelnen Modellprojekte in ihrem jeweiligen Kontext wahrgenommen und anerkannt wurden. So konnte zwischen den Modellprojekten und der WB ein Diskurs entstehen, der Gemeinsamkeiten in der Vielfalt der Modellprojekte herausfilterte, aber auch sehr projektspezifische Herausforderungen beleuchtete und aufzeigte, dass trotz des Strebens nach der Verallgemeinerbarkeit methodischer Zugänge auch immer wieder kontextspezifische Strategien für die Arbeit mit rechtsextrem gefährdeten Jugendlichen „erfunden" werden müssen.

Die WB bemühte sich in diesen Arbeitsprozessen im Sinne eines roten Fadens um eine Verknüpfung der individuellen Arbeitserfahrungen mit dem institutionellen Rahmen (z. B. des Bundesprogramms, der Trägerebene oder der institutionellen Orte Schule, JVA) der Modellprojekte und den gesellschaftlichen Realitäten an den Orten der Projektdurchführung. Im Rahmen der ihr zur Verfügung stehenden Möglichkeiten versuchte die WB ein „Empowerment" der Projektmitarbeiter/innen zu fördern, auch in dem sie den Modellprojekten auf den Gesamtworkshops einen selbstorganisierten Raum für den fachlichen Austausch und die Vernetzung ließ.

Außerdem wies die WB in ihren Empfehlungen auf der Ebene des Bundesprogramms auch immer wieder auf die häufig schwierigen Kontextbedingungen der Projektarbeit hin, die einer „linearen Umsetzung" entgegenwirken und einen verlässlichen, durch Fachaustausch und Supervision abgesicherten Experimentierraum erfordern. Die Gesamtworkshops waren bewusst diskursiv angelegt, weil auf diese Weise zentrale Aspekte des Themenclusters gemeinsam exploriert sowie Einschätzungen und Wertungen diskutiert werden konnten. Die WB brachte in die Gesamtworkshops ihre Berichte und Empfehlungen ein, so dass die Modellprojekte Feedback geben konnten, um dieses in den Evaluationsprozess zurück zu koppeln.

Mit diesem interaktiven und diskursiven Ansatz unterschied sich die WB von der Vorgehensweise einer Begleitforschung, die die Entwicklung der Modellprojekte lediglich „von außen" beobachtet, beschrieben und erklärt hätte. Vielmehr stand immer das Bestreben im Zentrum, einen für die Modellprojekte entwicklungsförderlichen Rahmen zur Verfügung zu stellen, bei dem alle Beteiligten nah an Fallbeispielen der Projektarbeit blieben und relevante psychosoziale Aspekte zur Sprache kommen konnten, wie z. B. emotionale Prozesse im Umgang mit Konflikten und schwierigen Passagen mit Zielgruppen, die Notwendigkeit von Selbstschutz und die Balance von einem „Sich-Einlassen" und „Grenzen-Setzen" in Bezug auf die Arbeit, oder auch die Frage der Anerkennungskultur im Zusammenhang mit dem Bundesprogramm.

Die genaue Betrachtung des Arbeitsprozesses zwischen WB und Modellprojekten lässt meines Erachtens die Einschätzung zu, dass die zu Anfang wahrgenommenen potentiellen Entwicklungshemmnisse (Skepsis, Misstrauen, Konkurrenz, Ängste) in etwas Konstruktives transformiert werden konnten. Die Modellprojekte nutzten den „Möglichkeitsraum" der Gesamtworkshops zunehmend auf eine fachlich-kontroverse, aber immer auch respektvolle Weise. Es spricht einiges dafür, dass sich die Modellprojekte den Ansatz der WB im Laufe der Zeit ein Stück weit aneignen konnten, denn die Inhalte ihrer Beiträge zeigten, dass sie in der Lage waren, konfliktbezogene und psychosoziale Facetten ihrer Arbeit wie durch ein Prisma wahrzunehmen und anzusprechen. Für die WB wiederum spiegelte sich die im Wesentlichen positive Resonanz der Modellprojekte in der Reichhaltigkeit und Qualität der erhobenen Daten wieder, mittels derer die WB ihre Evaluationsfragestellungen ausführlich und fundiert beantworten konnte.

5.4 Die Projektbesuche vor Ort

Die Projektbesuche vor Ort waren das zweite wichtige Element der wissenschaftlichen Begleitung. Sie fanden bei jedem Projekt ca. zweimal pro Jahr statt. An den 4- bis 6-stündigen Workshops nahmen zumeist Projektteam und -leitung und manchmal Honorarkräfte, Ehrenamtliche oder Kooperationspartner teil.

Gemäß dem in der WB praktizierten psychosozialen und konfliktsensiblen Ansatz wurden im Laufe der Projektbesuche die „innere Projektlogik" und die methodischen Ansätze und emergenten Interventionsstrategien untersucht. Dabei fand die Vorgeschichte des Modellprojektes ebenso Berücksichtigung wie die Teamstrukturen, das Verhältnis zum Projektträger und zum Projektumfeld.

Inhaltlich ging es bei den Besuchen der WB beispielsweise um die „Schlüsselsituationen" der unmittelbaren Projektarbeit, die sich in der Interaktion mit Zielgruppen oder in der Zusammenarbeit mit Institutionen und im Gemeinwesen herauskristallisierten. Zum Ende des Begleitprozesses standen dann immer mehr die partizipative Einschätzung der Zielerreichung und ein *Outcome Mapping* zu relevanten Projektwirkungen im Zentrum. Dabei fand eine Matrix Anwendung, welche der internationalen Konflikttransformation entlehnt und auf das Spannungsfeld von Rechtsextremismus-Prävention, Demokratiearbeit und Jugendförderung übertragen wurde.

Im Folgenden werden exemplarisch einige der Vorgehensweisen und Methoden bei der wissenschaftlichen Projektbegleitung beschrieben, wobei wiederum der Nutzen für die Projektteams im Mittelpunkt steht.[3] Dem schließen sich dann einige bilanzierende Bemerkungen zum Stand und zu Perspektiven des WB-Ansatzes an.

---

3   Ergebnisse über das Themencluster können den Berichten der Evaluation entnommen werden (Abschlussbericht der WB für das TC2 ist unter www.vielfalt-tut-gut.de abrufbar).

5.4.1 2008 – Das erste Jahr der Projektbegleitung

Bei den ersten 2 Projektbesuchen ging es um das Kennenlernen zwischen Projektteams und WB, die Erarbeitung eines Organigramms der Projektstruktur sowie um die Rekonstruktion der Vorgeschichte des Modellprojektes sowie der fachlichen Hintergründe von Mitarbeiter/innen und Trägerverein. Genauer untersucht wurden auch die einzelnen Elemente eines jeden Projektes, insbesondere die geplanten Aktivitäten, die Zielstellungen, methodische Ansätze und Vorgehensweisen und die dafür vorhandenen Ressourcen. Die Analyse der „inneren Logik" der Modellprojekte wurde aber nicht schematisch erarbeitet, sondern es wurden zunächst herausfordernde und schwierige „Schlüsselsituationen" der Projektarbeit herauskristallisiert, wodurch sich dann leicht zu den Projektelementen überleiten ließ. Im Folgenden wird auf die Organigramm-Methode und die „Schlüsselsituationen" genauer eingegangen.

Die Arbeit an *„Organigrammen" der Projektstruktur* war ein wichtiges Element der Projektbesuche im Jahr 2008. Die Projektmitarbeiter wurden von der WB gebeten, ein solches „Organigramm" ihres Modellprojekts zu zeichnen und darzustellen, wie sie sich selbst in ihrem Modellprojekt sehen und wie sich das Projekt innerhalb der Trägerstruktur aus ihrer Sicht darstellt. Dabei konnte visualisiert werden, wer an welcher Stelle zu dem Modellprojekt gehört, wer welche Aufgaben hat und wie sich die Kommunikation und Interaktion im Modellprojekt gestaltet. Die WB nahm dabei an, dass auf diese Weise sichtbar wird, ob die Struktur des Modellprojekts für dessen Zweck passt und ob es im Hinblick auf die Zielsetzungen des Modellprojekts funktionale oder eher dysfunktionale Strukturen gibt und an welchen Stellen eine Nachsteuerung notwendig sein könnte.

Weil jede/r am Workshop teilnehmende Mitarbeiter/in ein solches Organigramm zeichnete, konnte des Projektteam nach dessen Fertigstellung über Unterschiede oder Gemeinsamkeiten in ein Gespräch kommen. Jede/r stellte sein Arbeitsergebnis vor und es zeigte sich, dass die „Organigramme" z. B. durch die entsprechende Aufgabenstellung geprägt waren. Interessant dabei war beispielsweise, dass manche Mitarbeiter/innen sich selbst eher „im Zentrum", andere sich eher am „Rand" sahen, manchmal wurden am Projekt Mitwirkende schlichtweg „vergessen" oder es wurde darüber gesprochen, welche Kooperationspartner – oder ob auch Zielgruppen – im Organigramm Erwähnung finden sollten. Manche Darstellungen wirkten unverständlich und diffus, andere sehr klar und überschaubar, so dass Risiken aber auch Qualitätsmerkmale der Projektentwicklung einsichtig wurden. Zumeist erkannten die Kolleg/innen einander in den Organigrammen wieder, es gab aber auch Fälle, in denen man den Eindruck gewinnen konnte, es handele sich um ganz verschiedene Projekte.

Insofern lag der Nutzen dieses Prozesses auch in einer Verständigung über die eigene Projektstruktur: soll diese so sein oder soll sie verändert werden, welche Implikationen hat die aktuelle Struktur für die Mitarbeiter/innen, wie wirkt sich die Struktur auf das Denken, Fühlen und Handeln aus bzw. in welcher Weise wirken die Mitarbeiter/innen auf die Struktur des Projektes ein?

Bei jedem ihrer Projektbesuche fragte die WB zudem nach „herausfordernden" und „schwierigen Situationen", sogenannten „*Schlüsselsituationen*" *der Projektarbeit*. Dabei ließ sich die WB von dem Konzept der „key issues" nach Robert Stake (1991) inspirieren. Stake nimmt an, dass alle Institutionen ihre „key issues" haben, also zentrale Konfliktthemen oder Problemstellungen, die von den Projektakteuren bewusst wahrgenommen werden und deren genaue Analyse dazu beitragen kann, die eigene Arbeit besser zu verstehen und weiterzuentwickeln. Die WB ging speziell davon aus, dass die zentralen Themen von den Individuen in einer Gruppe in einem bestimmten institutionellen Rahmen und in einem spezifischen gesellschaftlichen Kontext benannt werden und dass die Benennung des Themas dabei zunächst partiell und subjektiv sein kann, also auf eine spezifische Wahrnehmung eines Individuums bezogen und außerdem geprägt ist durch bewusste und unbewusste, durch kognitive und emotionale Prozesse. Erst im Gruppenprozess und der gemeinsamen Analyse werde ein zentrales Thema schließlich gemeinsam ge- und erfunden und in all seinen Dimensionen fassbar. Das „generative Thema" war nach Ansicht der WB also nicht von Anfang an sichtbar, sondern kristallisiert sich erst nach und nach heraus.

Dies bestätigte sich auch in den Gruppendiskussionen: Für die JVA-Projekte war es z. B. ein „key issue", ob und wie die Beamt/innen des Allgemeinen Vollzugsdienstes (AvD) in die Projektarbeit einbezogen werden können bzw. wie man sie positiv dafür gewinnen kann. Für die in strukturschwachen Regionen intervenierenden Projekte war es ein „key issue", wie sich die Jugendlichen aus der Zielgruppe in den komplizierten politischen Interessengeflechten vor Ort Gehör verschaffen können bzw. wie sie darin unterstützt werden können. Für die Schulprojekte stellte es sich als ein „key issue" dar, wie die häufig vorhandenen „engagierten Lehrer/innen" an den Schulen noch stärker durch ihre Kollegien unterstützt werden können und wie durch ein Modellprojekt auch institutionelle Veränderungen hin zu mehr Demokratie an Schulen angestoßen werden können. Die „key issues" tauchten zumeist über die Projektbesuche hinweg immer wieder auf, und es wurde deutlich, welchen Umgang das Projekt mit ihnen fand. Die dabei gewonnenen Erkenntnisse konnten für den Feedbackzyklus und zur Beantwortung von Evaluationsfragen nach der Qualität sowie Modellhaftigkeit der Projekte genutzt werden.

5.4.2 2009 – Das zweite Jahr der Projektbegleitung

Im Jahr 2009 ging es bei den Besuchen der WB vor Ort um die Fortsetzung der Projektanalyse und insbesondere um die genaue Rekonstruktion ihrer methodischen Ansätze. Dies fand in einer engen Verbindung mit der Kontextualisierung der Projektarbeit statt, die auch eine Untersuchung von förderlichen und hinderlichen Rahmenbedingungen enthielt. Ein zweiter wichtiger Schwerpunkt lag 2009 auf der exemplarischen Erkundung von Interaktionen der Projekte mit ihren Zielgruppen, einschließlich der damit verbundenen Veränderungstheorien und Wirkannahmen, zumal die WB auch Aussagen zur „Prozessqualität" der Modellprojekte treffen sollte.

Ein strukturierendes Element in der Arbeit mit den Modellprojekten stellte zunächst die *Analyse der Handlungsfelder unter Berücksichtigung des Prinzips der Konfliktsensibilität* dar. Im Rahmen eines Feedback-Zyklus mit den Modellprojekten nahm die WB eine deskriptive Typisierung in sieben Handlungsfelder vor, die im Wesentlichen die sozialen Kontexte markierten, in denen die Modellprojekte tätig waren. Es handelte sich um die Handlungsfelder (a) Schule (fünf Modellprojekte), (b) Berufliche Bildung (zwei Modellprojekte), (c) Gemeinwesen (zwei Modellprojekte), (d) Justizvollzug (zwei Modellprojekte), (e) Präventive Arbeit und Beratungsarbeit im Kontext von Familien (zwei Modellprojekte), (f) Qualifizierung und Coaching von Jugendsozialarbeit und anderen Professionellen (drei Modellprojekte) und (g) Internet (zwei Modellprojekte). Diese Herangehensweise erleichterte auch die *Analyse der förderlichen und hinderlichen Bedingungen*, denn es wurde deutlich, dass die Modellprojekte in den Handlungsfeldern auf spezifische Rahmenbedingungen trafen, die förderlich oder hinderlich auf sie einwirkten (z. B. hinderliche Demokratiedefizite in der Schule, förderliche Unterstützung durch lokale Entscheidungsträger, Bedrohung durch rechtsextreme Kampagnen oder Angriffe).

Bei der Rekonstruktion der methodischen Ansätze richtete die WB immer auch den Blick auf die spezifischen Arbeitserfahrungen der Modellprojekte in den Handlungsfeldern. Dies zielte auf ein besseres Verständnis des Kontextes sowie der Interaktion zwischen Projekt und Kontext ab. Viele dabei gewonnene Erkenntnisse konnten 2010 dann für die partizipative Wirkungseinschätzung genutzt werden.

Inhaltlich zeigte sich aufgrund dieser Herangehensweise sehr plastisch, wie unterschiedlich sich die *Interaktionsverhältnisse zwischen Rechtsextremismus, Demokratie, Jugend und Familie* in den für die Modellprojekte relevanten Handlungsfeldern manifestieren können. Ein Beispiel aus dem Handlungsfeld Schule: Bei einigen im Schulkontext tätigen Modellprojekten zeigte sich, dass rechtsextrem orientierte Schüler/innen sich im Unterricht sehr zurückhaltend bewegten und eher in den informellen Räumen des außerschulischen Lebens sichtbar wurden. Gleichsam empfanden auch nicht-rechte Schüler/innen die Schule nur wenig als „Lebenswelt", in der sie gern waren und mit der sie sich identifizieren konnten. Die schulischen Strukturen ermöglichten nach Einschätzung der Modellprojekte häufig nur wenige Demokratieerfahrungen und auch zwischen Familien und Schulen lagen „Welten", wobei beide „Welten" selbst auch keineswegs frei von Abwertungen, Ressentiments bzw. Gruppenbezogener Menschenfeindlichkeit waren. In ihren Familien konnten viele Jugendliche eher nicht mit einer Auseinandersetzung über rechtsextreme Orientierungen rechnen, sondern waren gerade auch in marginalisierten Regionen oft mit multiplen Familienproblemen konfrontiert.

Für die Modellprojekte bedeutete dies, dass sie eigentlich an verschiedenen „Fronten" gleichzeitig hätten kämpfen müssen und dies teilweise auch versuchten: dazu gehörte die Förderung demokratischer Erfahrungsräume in den Schulen, die Verknüpfung von Schule und Gemeinwesen in der Rechtsextremismus-Prävention, die Suche nach Zugängen zu Eltern, die Erprobung auch für rechtsextrem orientierte Jugendliche annehmbarer Formen der Auseinandersetzung. Außerdem konnte die Frage nach der jeweiligen *Rechtsextremismus-Gefährdung* der Zielgruppen auf diese Weise kontextualisiert werden. Es konnte genauer nach den Prozessen gefragt werden, die eine Hinwendung zu rechtsextremen Orientierungen und Gruppenzugehörigkeiten begünstigen oder dieser entgegenwirken und demokratische Wertvorstellungen stärken. Ein Stück weit ließ sich im Zusammenhang mit den „Konstellationen der Rechtsextremismus-Gefährdung" auch ein besseres Verständnis der jeweiligen Zielgruppen in ihrem lebensweltlichen Kontext gewinnen, sei es in der Schule, in der JVA, in der beruflichen Bildung, oder im Gemeinwesen, wobei die WB hierbei immer auch Wert auf Hypothesen zu den subjektiven Beweggründen, Motiven oder Interessen der Jugendlichen legte.

Ab 2009 ging es in der Projektbegleitung schließlich stärker um die *Episoden der Interaktion mit den Zielgruppen* und die dabei auftauchenden Erfahrungen und Veränderungen. Manche Modellprojekte erzählten über schwierige Passagen mit ihren Hauptzielgruppen und wie sie damit umgegangen sind. So beschrieb ein Modellprojekt aus dem JVA-Kontext einmal, dass es die Entscheidung treffen musste ein Theater-Ensemble aufzulösen, aufgrund persistierender Ausschlussbestrebungen der dominanten Mehrheit einem schwächeren Teilnehmer gegenüber. Ein Projekt aus der Jugendberufshilfe beschrieb seine Entscheidung über eine veränderte Teilnehmerzusammensetzung; Projekte aus dem Community-Kontext stellten ihre Schwierigkeiten der Beziehungsarbeit mit Jugendlichen aus problematischen sozialen Milieus dar. Einige dieser Episoden wurden dann bei den Projektbesuchen gemeinsam reflektiert und es zeigte sich daran viel von der Interaktionsqualität der Projekte. Vielmals konnte auch eine genauere Analyse der „Wirkannahmen" und „Veränderungstheorien" der Modellprojekte vorgenommen werden.[4]

5.4.3 2010 – Das dritte Jahr der Projektbegleitung

Im Jahr 2010 standen dann die *Identifizierung von Ergebnissen der Projektarbeit* und eine *partizipative Wirkungseinschätzung* im Vordergrund. Angeknüpft werden konnte dabei an die Vorarbeiten aus dem Jahr 2009, bei denen die Projektteams gemeinsam mit der WB bereits wichtige Projektfortschritte festgehalten hatten. Dabei hatte sich auch gezeigt, dass es vielfältige, auch unerwartete Zwischenresultate gegeben hatte, die in den unmittelbaren Arbeitsprozessen der Projekte auftauchten und nur durch ein nah an der Projektrealität stattfindendes Monitoring sichtbar werden konnten. Eine partizipative Wirkungseinschätzung war insofern auch sehr von der Fähigkeit der „Wirkungsbeobachtung" bei den Projektmitarbeiter/innen abhängig sowie von der Fähigkeit der WB, Hypothesen über den Beitrag des Projektes zu Veränderungen bei Zielgruppen und im Projektumfeld auf eine Weise zu formulieren, dass diese bei den Projektbesuchen besprochen werden konnten. Eines der zahlreichen Beispiele aus der Beobachtung von unerwarteten Projektwirkungen sei im Folgenden dargestellt:

> Ein Modellprojekt hatte ein sozialkognitives Bildungscurriculum mit straffälligen Jugendlichen erprobt. Es ging dabei um Themen, wie „Gruppe(n) und Gruppenverhalten", „Leben in Vielfalt", „Emotionen verstehen und damit umgehen", „den eigenen Lebensweg gestalten". Einschätzungen von Projektleitung, Trainer/innen aber auch teilnehmender Jugendlicher ergaben, dass die Wirkungen durch die Teilnahme am Training über Veränderungen auf einer individuellen Ebene (Wissen, Kompetenz) hinausgingen und sich auch in der Justizvollzugsanstalt z. B. in veränderten Beziehungen zwischen den Gefangenen sowie zwischen Gefangenen und JVA-Personal zeigten. Einige Gefangene teilten mit, dass sie besser miteinander reden, einander besser verstehen und einander besser akzeptieren können. In den (männlichen und weiblichen, älteren und jüngeren) Trainer/innen fanden einige der Gefangenen „Rollen- und Beziehungsmodelle" vor und konnten für sich entdecken, dass es eine Vielfalt von Lebensmodellen und Entscheidungsalternativen gibt. So fand in einigen Trainingssequenzen eine Erkundung von (scheinbar) kulturellen Differenzen und Wertkonflikten statt, die sich – sobald ihr emotionaler Inhalt besser verstanden wurde – stärker als Bedürfniskonflikte darstellten. Des Weiteren wurde aus ver-

---

4 Dabei lehnte sich die WB an den Konfliktforscher Lederach an: „Stories from the field often encapsulate a program's theory of change in a concise narrative format. The process of listening to stories from project participants and reflecting on what they say about how the program has impact can be helpful in articulating a theory of change" (Lederach et al. 2007: 28).

schiedenen Perspektiven berichtet, dass sich durch die Trainingsteilnahme die Beziehungen zwischen einigen Gefangenen und Vollzugsbeamten merklich ausgeglichen haben und bei einigen Gefangenen die Strafrapporte in der JVA zurückgegangen waren. Die Kapazität einiger Gefangener scheint gestärkt worden zu sein, sich in den hierarchischen, geregelten Strukturen innerhalb der JVA besser artikulieren zu können. Zu einem JVA-internen Trainer haben einige Gefangene eine so gute Beziehung entwickelt, dass sie jenen im Konfliktfall als Vermittler einbezogen haben, was zu Deeskalationen beitrug.

5.4.4 Die Herausforderung einer summativen Wirkungseinschätzung

Im Jahr 2010, zum Ende der Projektlaufzeit, stand die WB dann aber vor allem vor der Herausforderung, sich einer *abschließenden Wirkungseinschätzung* anzunähern, obwohl die 18 Modellprojekte eine große Komplexität auszeichnete und sie in einem Projektumfeld realisiert wurden, das häufig nicht stabil war. Außerdem war 2009 bereits deutlich geworden, dass die Modellprojekte sehr unterschiedliche „Wirkungsfelder" aufwiesen, in denen auch unerwartete Resultate auftreten konnten.

Die WB suchte daher nach einer möglichst effizienten Methode, diese Wirkungsfelder und die darin enthaltenen Veränderungen zu explorieren, ohne sich auf eine alleinige „Zielerreichungsprüfung" beschränken zu müssen. Vielmehr sollte der Blick – wenigstens exemplarisch – auf unerwartete Wirkungen gerichtet werden und ermöglichen, jene als erwünscht oder unerwünscht zu werten. Die WB entschied sich daher für ein Verfahren des *Outcome Mapping,* um mit den Modellprojekt-Teams zu einer partizipativen Wirkungseinschätzung zu gelangen. Ein solches Verfahren schien geeignet, um die je spezifischen Wirkungseinschätzungen eines jeden Projektes in Erfahrung zu bringen und diese vor dem Hintergrund des vorhandenen Wissens über die bisherige Projektentwicklung und eines zu moderierenden, reflexiven Teamdiskurses auf ihre Plausibilität hin zu prüfen.

Es stellte sich aber auch die Frage, wie ein Erhebungsinstrument strukturiert sein sollte, damit sich die Modellprojekte mit dessen Hilfe sowohl zu ihrer Zielerreichung äußern, wie auch unerwartete Wirkungen (seien es positive oder negative) benennen konnten. Zudem musste das Instrument kompatibel mit den Grundüberlegungen zur Rechtsextremismus-Prävention, Jugendförderung und Demokratieentwicklung in unterschiedlichen Settings und Institutionen sein. Aus diesem Grund ließ sich die WB von einem bereits existierenden *Outcome Mapping*-Instrument aus dem Feld der Konflikttransformation inspirieren (vgl. Lederach/Neufeldt/Culbertson 2007).

Es handelte sich dabei um eine zunächst sehr allgemein anmutende „Wirkungsmatrix", welche die Modellprojekte dazu aufforderte, in den ihnen relevant erscheinenden Wirkungsfeldern in den Dimensionen „kulturell", „strukturell", „personal" und „relational" diejenigen Veränderungen zu beschreiben, die ohne einen Beitrag ihres Modellprojektes nicht hätten entstehen können. Wichtig war der WB dabei, immer nach dem „Beitrag" des Modellprojektes zu fragen und kontrafaktisch auf das Ausschlussprinzip zu verweisen. In ihre Moderation der Teamworkshops ließ die WB Hypothesen aus den im Laufe von 2 Jahren gewonnenen Einblick in die Projektentwicklung und dabei potentiell entstandene Veränderungen einfließen.

Tabelle 1: Outcome Mapping

	Wirkungsdimensionen			
	Individuell	Strukturell	Kulturell	Relational
Wirkungsfeld 1	….			
Wirkungsfeld 2	….			
Wirkungsfeld 3				

Die Vorgehensweise bewährte sich sowohl für die einzelnen Projekte, die die gewonnenen Ergebnisse für ihre Berichterstattung oder die Lobbyarbeit innerhalb ihres Trägers nutzen konnten, als auch für die projektübergreifende Analyse des Themenclusters. So zeigte die Synopse der Modellprojekte, dass ein Beitrag in relevanten Feldern der Rechtsextremismus-Prävention geleistet wurde. In ihrem Abschlussbericht schrieb die WB:

„Was die Wirkfähigkeit der Präventionsstrategien der Modellprojekte in diesem Unterthema anbelangt, so wurde eine Vielfalt von kulturellen, personalen, strukturellen und relationalen Veränderungen erreicht, teilweise bei den direkten Zielgruppen, teilweise aber auch bei Kooperationspartner/innen und in Institutionen und sozialen Räumen" (Abschlussbericht 2011: 5).

Speziell erreichten die Modellprojekte relevante Ergebnisse in der direkten Arbeit mit jugendlichen Zielgruppen wie auch in den Feldern Beratung und Coaching, Aus-, Fort- und Weiterbildung, und teilweise konnten auch auf der Ebene von Institutionen (Schule, JVA, Kinder- und Jugendhilfe) oder in einigen Sozialräumen fachlich relevante Veränderungen erreicht werden. Hinzu kamen Beiträge, die einige der Modellprojekte zur zivilgesellschaftlichen Selbstorganisierung, zur Methodenerprobung und Materialentwicklung, zur Vernetzung und Kooperation auf regionaler Ebene oder in der Öffentlichkeitsarbeit und in der Kooperation mit politischen und administrativen Entscheidungs- und Verantwortungsträgern geleistet haben (vgl. Abschlussbericht 2011: 38).

Wollte man die Arbeit mit der Wirkungsmatrix systematisch weiterentwickeln, so müsste es beispielsweise um eine stärkere Perspektiven-Triangulation durch Interviews mit Adressaten und Kooperationspartnern gehen und um eine Einordnung der Wirkungen in einen abgestuften Relevanzrahmen für die Rechtsextremismus-Prävention. Ein solcher müsste markieren, in welchen für die Prävention zentralen Interaktionsverhältnissen oder Konfliktkonstellationen die Modellprojekte Wirkungen erzielten, und an welchen relevanten Stellen noch keine Wirkungen erzielt werden, es also neuer Ansätze oder einer Optimierung der bestehenden Ansätze bedarf.

5.5 Abschließende Bemerkungen

Wenn nun abschließend noch einmal der Kernauftrag der WB rekapituliert wird, der darin bestand, die methodischen Vorgehensweisen der Modellprojekte und ihre förderlichen und hinderlichen Bedingungen zu rekonstruieren sowie Aussagen über die Qualität, Modellhaftigkeit und Übertragbarkeit zu treffen, so wird sichtbar, dass diese Fragen im Prinzip auch durch eine eher distanzierte, die Projektentwicklung extern untersuchende Evaluation hätten beantwortet werden können. Die methodische Herangehensweise der WB, die ihr Angebot einer systematischen Praxisreflexion immer stärker in ein Paradigma von „Konfliktsensitivität", „psychosozialen Grundlagen" und „Wirkungsorientierung" einbettete und dabei auch der Forschung über Rechtsextremismus und Demokratie, Jugend und Familie Beachtung schenkte, wurde von den Modellprojekten jedoch als inhaltlich anregend und nützlich erlebt.

Die unter den WB-Mitarbeiter/innen existierende Kenntnis über die Problematik des Rechtsextremismus und die Funktionsweisen bereits existierender Interventions- und Präventionsstrategien – sei es aus der kommunalen Beratung, der Opferhilfe oder Aussteigerarbeit – trug zu einer fachlichen Anerkennung bei den Modellprojekten bei und erleichterte die Kommunikation und die Bearbeitung zentraler Evaluationsfragen. Auch für die Mitarbeiter/innen der WB selbst war der Ansatz der systematischen Praxisreflexion, bei dem die Grenze zum Projektcoaching, zu kollegialer Fallberatung oder unterstützter Selbstevaluation mitunter schwer zu ziehen war, im Vergleich zu dem ebenfalls zu leistenden, jedoch eher technisch anmutenden Evaluationsauftrag das spannendere Arbeitsfeld.

So wie sie praktiziert wurde, war die wissenschaftliche Begleitung von Beginn an nur schwer in bekannte Raster von existierenden eher qualitativ arbeitenden Evaluationsansätzen einzuordnen. Es handelte sich nicht um eine parallel zu den Projekten verlaufende qualitative Begleitforschung, und es war aufgrund der Interaktionsdichte, der Feedbackzyklen und dem Versuch, Wertungen des Themenclusters mit den Projekten im Diskurs zu erarbeiten, auch keine externe Evaluation. Vielmehr gab es einige Ähnlichkeiten mit einem Ansatz, der neuerdings als „developmental evaluation" (Patton) bezeichnet wird und der mit einer Arbeit in hochkomplexen Gegenstandsbereichen assoziiert wird, zu denen es wenig Konsens im Hinblick auf die Wege der Zielerreichung gibt. Patton schreibt:

„Developmental evaluation supports innovation development to guide adaptation to emergent and dynamic realities in complex environments. [...] Complex environments for social interventions and innovations are those in which what to do to solve problems is uncertain and key stakeholders are in conflict about how to proceed. Informed by systems thinking and sensitive to complex nonlinear dynamics, developmental evaluation supports social innovation and adaptive management. [...] The evaluator is often part of a development team whose members collaborate to conceptualize, design, and test new approaches in a long term, ongoing process of development, adaptation and experimentation, keenly sensitive to unintended results and side effects. The evaluator's primary function in the team is to infuse team discussions with evaluative questions, thinking and data, and to facilitate systematic databased reflection and decision making in the developmental process" (Patton 2011: 1).

Es spricht vieles dafür, dass es sich bei den Modellprojekten des Themenclusters „Arbeit mit rechtsextrem gefährdeten Jugendlichen" um eine Arbeit in einem solchen hochkomplexen Umfeld handelte, in welchem es auch über die Präventionsstrategien noch immer äußerst unterschiedliche Auffassungen in der gesellschaftlichen und der fachlichen Öffentlichkeit gibt. Insofern könnte eine wissenschaftliche Begleitung, die sich auch zukünftig mit solchen oder ähnlichen Problemstellungen beschäftigt und dabei den eigenen psychosozialen und konfliktsensiblen Ansatz weiter konsolidiert, gut in den Rahmen einer „developmental evaluation" eingeordnet werden. Auf diese Weise würde sie wohl auch ihren größten Nutzen entfalten.

Literatur

Becker, David./ Weyermann, Barbara (2006): Arbeitshilfe: Gender, Konflikttransformation & der Psychosoziale Ansatz. Bern: Direktion für Entwicklung und Zusammenarbeit.

BMFSFJ (2006): Leitlinien zum Programmbereich „Jugend, Bildung und Prävention" (http://www.vielfalt-tut-gut.de/content/e4458/e7152/Leitlinien_Modellprojekte.pdf)

Heitmeyer, Wilhelm (2007):Unthematisierte Reproduktionsprozesse. Zur Selbststabilisierung eines feindseligen Klimas. In: ders. (Hg.): Deutsche Zustände, Band 5, Frankfurt am Main: Suhrkamp, S. 281-293

Lederach, Jean Paul /Neufeldt, Reina / Culbertson, Hal (2007): Reflective Peacebuilding. A Planning, Monitoring and Learning Toolkit Published by Catholic Relief Services and the Joan B. Kroc Institute for International Peace Studies, University of Notre Dame. (URL: http://kroc.nd.edu)

Lederach, Jean-Paul (2003): The Little Book of Conflict Transformation. Good Books, Intercourse, PA.

Patton, Michael Quinn (2010): Developmental Evaluation: applying complexity concepts to enhance innovation and use. New York: Guilford Press.

Sischka, Kerstin/ Schwietring, Marc / Beyersmann, Begga (2011): Abschlussbericht der wissenschaftlichen Begleitung in der Programmsäule 2 „Modellprojekte Jugend, Bildung und Prävention" im Programm „VIELFALT TUT GUT.", Themencluster: „Arbeit mit rechtsextremistisch gefährdeten Jugendlichen". Internationale Akademie (INA) an der Freien Universität Berlin

Sischka, Kerstin / Becker, David / Luzar, Claudia / Skoda, Claudia (2008): Erster Jahresbericht der wissenschaftlichen Begleitung in der Programmsäule 2 „Modellprojekte Jugend, Bildung und Prävention" im Programm „VIELFALT TUT GUT.", Themencluster: „Arbeit mit rechtsextremistisch gefährdeten Jugendlichen". Internationale Akademie (INA) an der Freien Universität Berlin

Stake, Robert E. (1991): Excerpts from: „Program Evaluation, Particularly Responsive Evaluation". In: American Journal of Evaluation 1991. Ausgabe 12, S. 63ff.

Aufbau und Evaluation von Netzwerken für eine demokratische Kultur

Rainer Strobl und Olaf Lobermeier

1 Von der Netzwerkmetapher zu geplanten Netzwerken

Es liegt auf der Hand, dass die Gestaltung des lokalen Kontextes im Sinne einer attraktiven demokratischen Kultur nicht von isolierten Akteuren geleistet werden kann. Erfolge sind nur dann wahrscheinlich, wenn es gelingt ein möglichst breites Spektrum an demokratischen Kräften und Institutionen in ein Netzwerk einzubinden, das die Kräfte für so eine weitreichende Aufgabe bündelt (vgl. Strobl/Würtz/Klemm 2003). In diesem Zusammenhang spielt der Begriff des sozialen Kapitals eine zentrale Rolle (vgl. z. B. Putnam 2000; 2002; Bourdieu 1983; Coleman 1988). Wer sich in einem gut vernetzten Gemeinwesen mit großem Sozialkapital engagiert, kann unter sonst gleichen Bedingungen normalerweise wirksamer handeln als jemand, der in einer Gesellschaft mit weniger effektiven sozialen Netzwerken lebt. Deshalb verwundert es nicht, dass die Begriffe „Netzwerk" und „Vernetzung" bei der Planung und Durchführung von Programmen und Projekten zur Förderung einer demokratischen Kultur heute überaus populär sind und oft schon inflationär gebraucht werden.

Trotz der Notwendigkeit zur Vernetzung und der Popularität der Netzwerkbegrifflichkeit finden sich bei Programmen und Projekten zur Förderung einer demokratischen Kultur jedoch nur selten Ansätze einer sorgfältigen Netzwerkplanung und -steuerung. Meist wird der Netzwerkbegriff unscharf und undifferenziert gebraucht und ähnelt eher einer Metapher für Gemeinschaft und Gemeinsinn. Dagegen werden Netzwerke in der globalisierten Wirtschaft heute als eine eigenständige Organisationsform betrachtet, die eine Zusammenarbeit unter Beibehaltung der Autonomie der beteiligten Akteure ermöglicht (vgl. Schubert 2008: 9-11). Diese Form der Handlungskoordination jenseits von Markt und Hierarchie kann für die beteiligten Akteure entscheidende Vorteile haben:

- Die eigenen Ziele lassen sich mit Hilfe strategischer Allianzen eher erreichen,
- erfahrene Partner können bei Innovationsprozessen wertvolle Unterstützung leisten,

- Kompetenzen und Ressourcen können gebündelt werden,
- neue Ideen und Anregungen können in die beteiligten Organisationen einfließen und
- Leistungen können erbracht werden, zu denen kein Partner allein in der Lage wäre (vgl. Becker et. al. 2007: 5)

Der Netzwerkbegriff umfasst also sehr unterschiedliche Bedeutungen, die von relativ vagen Vorstellungen einer harmonischen Zusammenarbeit bis zur rechtlich geregelten Kooperation von Unternehmen reichen. Gemeinsam ist diesen Bedeutungen, dass ein soziales Netzwerk immer aus Akteuren und den Beziehungen zwischen ihnen besteht (vgl. z. B. Jansen 1999: 52). Zur Schärfung des Netzwerkbegriffs schlägt Schubert (2008: 38-40) zunächst eine Unterscheidung zwischen natürlichen und künstlichen Netzwerken vor. Natürliche Netzwerke werden in der Regel nicht planmäßig aufgebaut, sondern entstehen durch Beziehungen und Mitgliedschaften aufgrund persönlicher Einbindungen und Vorlieben. Die natürlichen Netzwerke lassen sich in primäre Netzwerke (Beziehungen zur Familie, zu Verwandten, Freunden, Kollegen usw.) und sekundäre Netzwerke (Selbsthilfekreise, Vereine usw.) unterteilen. Während primäre Netzwerke das individuelle Sozialkapital repräsentieren, stellen sekundäre Netzwerke das Sozialkapital in einem Sozialraum oder in einer Gemeinde dar. Das durch die primären und sekundären Netzwerke repräsentierte Sozialkapital definiert Bourdieu folgendermaßen:

„Das Sozialkapital ist die Gesamtheit der aktuellen und potentiellen Ressourcen, die mit dem Besitz eines dauerhaften Netzes von mehr oder weniger institutionalisierten *Beziehungen* gegenseitigen Kennens oder Anerkennens verbunden sind" (Bourdieu 1983: 190, Hervorhebung im Original).

Der Begriff „Sozialkapital" umfasst durchaus unterschiedliche Arten von Beziehungen und Putnam (2002) hat hierfür die Unterscheidung zwischen einer zusammenschweißenden (bonding) und einer brückenschlagenden (bridging) Form des sozialen Kapitals geprägt. So gibt es zum einen starke und häufige Beziehungen in kohäsiven, abgegrenzten Gruppen. Die dadurch entstehende Form des Sozialkapitals schweißt die Angehörigen einer Organisation oder einer Lebensstilgruppe zusammen, birgt aber die Gefahr der Ausgrenzung der nicht Dazugehörigen. Aber auch durch Kontakte zwischen heterogenen Gruppen entsteht soziales Kapital. Obwohl diese Verbindungen tendenziell fragiler sind, können sie einen wichtigen Beitrag zur Integration unterschiedlicher Akteure und unterschiedlicher Gruppen leisten. Granovetter (1973) hat ferner auf die besondere Bedeutung von solchen schwachen Beziehungen für den Zugang zu neuen Informationen hingewiesen. Schließlich kann Sozialkapital auch damit zusammen-

hängen, dass ein Akteur in der Lage ist, als Makler zwischen voneinander getrennten Gruppen zu agieren (vgl. Jansen 1999: 23-25).
Die beschriebenen Formen des Sozialkapitals entstehen auch in künstlichen oder tertiären Netzwerken. Hier dient die Kooperation aber von vornherein der Erreichung bestimmter Ziele. Eine sorgfältige Planung und Entwicklung dieser Netzwerke sollte daher sicherstellen, dass solche Kooperationsbeziehungen und solche Formen des Sozialkapitals entstehen, die für die Zielerreichung optimal sind. Fälschlicherweise wird aber im Non-Profit-Bereich oft davon ausgegangen, dass künstliche Netzwerke ähnlich wie natürliche Netzwerke aufgebaut werden können und nach denselben Solidaritätsregeln funktionieren. Im Rahmen von Netzwerktreffen und Vernetzungsveranstaltungen werden dann einfach nur Kontaktfelder geschaffen, die wie bei natürlichen Netzwerken das Zusammentreffen von Akteuren mit bestimmten Merkmalen gewährleisten und das Entstehen von Beziehungen aufgrund von Zuneigungen und gemeinsamen Interessen begünstigen. Wer tatsächlich mit wem kooperiert, bleibt dagegen weitgehend dem Zufall überlassen. Hier kann man folglich nicht von einer geplanten Vernetzung sprechen.

Trotzdem haben Vernetzungsveranstaltungen durchaus ihre Berechtigung. Um ihren Stellenwert im Bereich der künstlichen Netzwerke richtig einschätzen zu können, ist die aus dem Prozessmanagement bekannte Unterscheidung zwischen Kernprozessen, Steuerungsprozessen und Unterstützungsprozessen hilfreich (vgl. z. B. Preis 2010; Schneider/Geiger/Scheuring 2008). Kernprozesse umfassen alle Aktivitäten, die unmittelbar der Herstellung eines Produktes oder einer Dienstleistung oder dem Erreichen erwünschter Veränderungen dienen. Bei der auf Kernprozesse bezogenen Vernetzung geht es dementsprechend darum, die mit diesen Prozessen angestrebten Ziele zu erreichen. Bei der Planung und Entwicklung von künstlichen Netzwerken sollte das Kernnetzwerk immer im Vordergrund stehen. Zu den Unterstützungsprozessen gehören solche Aktivitäten, die Kernprozesse effektiver und effizienter gestalten. Wichtige Aspekte sind z. B. die Beschaffung von Informationen und Know-how oder die Bereitstellung von Ressourcen. Das hierauf bezogene Unterstützungsnetzwerk muss in der Regel weniger strikt geplant werden, denn gerade beim Zugang zu neuen Informationen erweisen sich zufällige Bekanntschaften und schwache Beziehungen oft als sehr wichtig (vgl. Granovetter 1973). Hier haben die erwähnten Vernetzungsveranstaltungen also durchaus ihre Berechtigung. Für den Aufbau eines Kernnetzwerkes sind sie dagegen ungeeignet.

2 Die Rolle der Evaluation beim Netzwerkaufbau

Ein strategisch geplantes, professionelles Netzwerk sollte wirkungsvolle Kernprozesse ermöglichen. Um überprüfen zu können, ob ein Kernnetzwerk in dieser Hinsicht erfolgreich ist, muss zunächst geklärt werden, welche Ziele mit der Netzwerkkooperation erreicht werden sollen. Diese Frage ist keineswegs trivial und jedenfalls im Bereich der Programme und Projekte zur Förderung einer demokratischen Kultur oft nicht ausreichend geklärt. Unter diesen Umständen wird die Vernetzung schnell zum Selbstzweck und die Kosten der Netzwerkpflege übersteigen leicht den erzielten Nutzen. Die formative Evaluation hat vor diesem Hintergrund daher zunächst die Aufgabe, zu einer Zielklärung beizutragen. Es ist nach unseren Erfahrungen oft sinnvoll, dass ein oder zwei Mitglieder des Evaluationsteams einen Workshop moderieren, auf dem die Ziele mit den beteiligten Akteuren konkretisiert und ausgehandelt werden. In der Regel kann nur so gewährleistet werden, dass die Ziele tatsächlich zunächst mit Blick auf Wirkungen (Outcomes) formuliert werden. Ohne diese Unterstützung besteht die Gefahr, dass ausschließlich auf Leistungen (Outputs) bezogene Ziele entwickelt werden. Für die Qualitätsentwicklung im Non-Profit-Bereich ist die hier angesprochene Wirkungszentrierung besonders wichtig, da es im Unterschied zum Profit-Bereich keinen alles überlagernden Organisationszweck wie das Erzielen eines Gewinns gibt (vgl. Stockmann 2006). Wenn hinreichend konkrete Wirkungsziele festgelegt wurden, kann auch begründet entschieden werden, welche Personen und Institutionen eingebunden werden müssen, um diese Programm- oder Projektziele zu erreichen.

Als Auswahlmethode bietet sich die Stakeholderanalyse an. Als Stakeholder werden alle Personen bezeichnet, die auf den weiteren Prozess Einfluss nehmen können und deshalb im Hinblick auf die Zielerreichung wichtig sind. Eine Stakeholderanalyse kann man in vier Schritte unterteilen (vgl. Zell 2010: 37-40):

1. Identifikation der Akteure, die ein Interesse am Verlauf oder Ergebnis eines bestimmten Prozesses bzw. eines Projektes haben. Ferner sollten die Stärken und Schwächen der für die Kooperation relevanten Akteure systematisch geklärt und Chancen und Risiken einer möglichen Zusammenarbeit abgewogen werden.
2. Prüfung, wie die Stakeholder von dem Vorhaben betroffen sind. Typischerweise haben die Stakeholder eigene Ziele und Interessen, die von dem Vorhaben entweder gestützt oder beeinträchtigt werden können. Wichtig ist vor allem zu klären, welche Macht die Stakeholder haben und wie sie ihren Einfluss geltend machen können.

3. Analyse des möglichen Verhaltens der verschiedenen Stakeholder. Hier ist z. B. zu überlegen, mit welchen Stakeholdern es Konflikte geben kann und welche Stakeholder das Vorhaben in welcher Weise unterstützen können.
4. Planung von konkreten Maßnahmen, mit denen Befürworter sowie Kritiker so eingebunden werden können, dass das Vorhaben trotz einiger gegensätzlicher Interessen zum Erfolg wird. Eine gute Kommunikationsstrategie kann in diesem Zusammenhang dazu beitragen, eventuelle Widerstände zu mindern und potenzielle Unterstützer zu aktivieren.

Beim letzten Schritt der Stakeholderanalyse sollte insbesondere auch auf folgende Fragen eingegangen werden:

- Wie können mögliche Konflikte reduziert werden?
- An welchen Stellen können Kompromisse gefunden werden?
- Wie können aus Kritikern Unterstützer werden? Können sie so positioniert werden, dass sich ihr Bedrohungspotenzial in ein Unterstützungspotenzial umwandeln lässt?
- Lassen sich noch andere einflussreiche Akteure für eine Unterstützung des Vorhabens gewinnen?
- Welche Maßnahmen sind erforderlich, um die Beziehungen zu den Unterstützern auszubauen, so dass diese im Falle von Schwierigkeiten hilfreich eingreifen?

Im Rahmen der Stakeholderanalyse bietet es sich häufig an, die Akteure entlang der Dimensionen Macht und Widerstand/Unterstützung zu gruppieren. Besondere Beachtung muss dann den Akteuren mit großen Einflussmöglichkeiten gewidmet werden.

Abbildung 1: Zentrale Dimensionen der Stakeholderanalyse

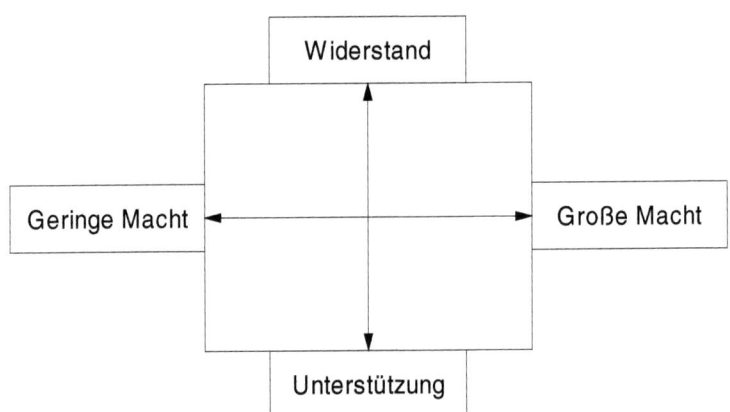

Evaluatoren können wichtige Berater bei einer Stakeholderanalyse sein, weil sie ohnehin die Interessen der verschiedenen Beteiligten und Betroffenen berücksichtigen müssen und daher die Perspektiven der unterschiedlichen Stakeholder kennen sollten. Eine weitere Aufgabe der formativen Evaluation besteht darin, die Vernetzungsstrategie und die dafür erforderlichen Steuerungsprozesse mit den Netzwerkkoordinatoren zu klären und gegebenenfalls zu optimieren.

Bei der Umsetzung der Vernetzungsstrategie sollte insbesondere dem Gründungsakt des Netzwerkes genügend Aufmerksamkeit geschenkt werden, da hiermit das Fundament für den Aufbau einer gemeinsamen Netzwerkidentität gelegt wird. Die Gründung des Netzwerkes kann beispielsweise mit einer offiziellen Absichtserklärung der Partner eingeleitet werden. Für die Weiterentwicklung des Kooperationsleitbildes und die Pflege und Festigung der Netzwerkidentität sind angemessene Kommunikationsstrategien wichtig (vgl. u. a. Becker 2007). Erfolge sollten möglichst mit öffentlichkeitswirksamen Veranstaltungen gewürdigt werden.

3 Netzwerksteuerung und Netzwerkmanagement

Da Netzwerke keine formellen Hierarchien aufweisen, sind Verhandlungsprozesse für die Entscheidungsfindung von großer Bedeutung. Bei der Suche nach tragfähigen Vereinbarungen muss allerdings berücksichtigt werden, dass die Akteure häufig als Vertreter einer bestimmten Institution in ein Netzwerk eingebunden sind. In diesem Fall sind sie sowohl den Interessen ihrer Institution als auch den Interessen der Netzwerkkooperation verpflichtet. Da diese Interessen an manchen Stellen gegenläufig sein können, benötigen die Akteure Spielräume, um sich im Zweifelsfall nicht aus der Kooperation zurückziehen zu müssen. In diesem Zusammenhang hat die Entwicklung eines übergeordneten Leitbildes, das sich nicht bloß aus den Leitbildern der beteiligten Organisationen ableitet, eine erhebliche Bedeutung. Ein Leitbild erleichtert das Entstehen einer Kooperationskultur, die den Wert der Zusammenarbeit betont und so dem Netzwerk ein stärkeres Gewicht bei Abwägungsprozessen verleiht (vgl. Dammer 2004).

Um die angestrebten Ziele zu erreichen, gibt es aber auch in Netzwerken einen Steuerungsbedarf. Da für die Steuerung keine formellen Hierarchien zur Verfügung stehen, müssen zentrale Positionen im Netzwerk gezielt für Steuerungszwecke genutzt werden. Die Netzwerkanalyse hat verschiedene Verfahren und Maßzahlen entwickelt, um solche Machtpositionen in Netzwerken zu identifizieren. Eine Machtposition wird in der Netzwerkanalyse über die Zentralität eines Akteurs operationalisiert. In der einfachsten Form hängt die Zentralität einfach von der Zahl der anderen Akteure ab, die die betreffende Person als wichtigen Kooperationspartner einschätzen. Eine andere Vorstellung verbindet Zentralität mit Autonomie und begreift solche Akteure als besonders zentral, die andere auf kurzem Wege erreichen können und dabei nicht auf die Vermittlung von Dritten angewiesen sind. Eine dritte Position verbindet Zentralität mit dem Grad der Kontrolle, die ein Akteur über andere Akteure ausüben kann (vgl. Jansen 1999: 161-162). So kann ein Akteur, der sich in einer Vermittlerposition befindet, von dieser Position strategischen Gebrauch machen und z. B. bestimmte Informationen zurückhalten. Durch eine entsprechende Netzwerkplanung und die Besetzung von strategischen Positionen mit geeigneten Akteuren kann das Netzwerkmanagement einen Prozess auch dann in seinem Sinne steuern, wenn es formell über keinerlei Weisungsbefugnis verfügt. Dabei genügt es in der Regel schon, aktiv zu sein, einen Prozess voranzutreiben und dabei Beziehungen zu vielen anderen Akteuren aufzubauen, um Machtvorteile und damit auch Steuerungsoptionen zu erlangen.

In Netzwerken können sich auch Teilgruppen bilden, so dass es letztlich mehrere Machtzentren gibt. Diese Teilgruppen können ihrerseits versuchen, auf die Gesamtausrichtung des Netzwerkes Einfluss zu nehmen. Dadurch wird die Steuerung des Gesamtnetzwerkes natürlich erschwert. Wenn ein Netzwerk bestimmte Aufgaben bearbeiten und bestimmte Probleme lösen soll, dann sollte bei der Planung von vornherein eine gewisse Zentralisierung des gesamten Netzwerkes angestrebt werden. In diesem Zusammenhang wird die Netzwerkzentralisierung auch als ein Maß für die Problemlösekapazität einer Gruppe angesehen (vgl. Jansen 1999: 132). Eine zu geringe Zentralisierung birgt die Gefahr der

Ineffizienz, aber auch eine zu starke Zentralisierung sollte vermieden werden, da das Netzwerk in diesem Fall zu sehr von einzelnen Akteuren abhängt. Gerade wenn es um Ziele im Bereich der Förderung einer demokratischen Kultur geht, sind breite Teilhabemöglichkeiten wichtig. Diese dürfen daher nicht durch eine zu starke Netzwerkzentralisierung unterlaufen werden.

Das Netzwerkmanagement, das in Programmen und Projekten zur Stärkung einer demokratischen Kultur häufig nur als Netzwerkkoordination oder als Koordinierungsstelle bezeichnet wird, hat nach unserer bisherigen Analyse also keineswegs nur eine koordinierende Funktion. Vielmehr obliegt dem Netzwerkmanagement die Gestaltung, Lenkung und Entwicklung des Netzwerks. Bei den verschiedenen Managementaufgaben kann man zwischen einer normativen, einer strategischen und einer operativen Ebene unterscheiden. Alle drei Dimensionen stehen in einer engen wechselseitigen Beziehung und müssen vom Netzwerkmanagement bearbeitet werden, um die Ziele der Netzwerkkooperation zu erreichen (vgl. Bleicher 2004: 77-79; Schubert 2008: 50-53):

- Auf der normativen Ebene geht es um die allgemeinen Ziele des Netzwerks sowie um die grundlegenden Prinzipien, Normen und Spielregeln, die darauf ausgerichtet sein müssen, die angestrebten Ziele zu erreichen.
- Das strategische Management zielt auf die optimale Entfaltung und Nutzung der Potenziale, Ressourcen und Leistungen der eingebundenen Akteure ab. An dieser Stelle wird auch die Strukturqualität verantwortet, d. h. es müssen Informationen bereitgestellt, Ergebnisse rückgemeldet und evaluiert sowie Beziehungen zwischen wichtigen Akteuren hergestellt werden.
- Die Aufgabe des operativen Managements besteht darin, die normativen und strategischen Vorgaben zu vollziehen, d. h. in Maßnahmen zu übersetzen, die sich an den Möglichkeiten und an den Ressourcen der beteiligten Akteure orientieren. Auf dieser Ebene liegt auch die Verantwortung für die Ergebnissicherung.

Auf allen drei Ebenen müssen Führungsaufgaben bewältigt werden. So muss das normative Management vor allem eine Gesamtstrategie festlegen. Hierzu gehört auch die Entwicklung einer thematischen Klammer in Form eines Leitbildes. Aufgaben des strategischen Managements sind dann u. a. die Stakeholderanalyse und die konkrete Netzwerkplanung und -entwicklung. Das Netzwerkmanagement ist in diesem Zusammenhang auch dafür zuständig, noch nicht realisierte Vernetzungen zu fördern. Es ist ferner für die Organisation und Entwicklung der Kooperationsbeziehungen verantwortlich und muss auch Serviceleistungen erbringen. Eine weitere wichtige Aufgabe besteht in der Vermittlung zwischen den unterschiedlichen Sichtweisen der Beteiligten. In diesem Zusammenhang muss das Netzwerkmanagement in der Lage sein, Kooperationschancen zu erkennen und mit Konflikten konstruktiv umzugehen. Beim operativen Management geht es um die Erarbeitung konkreter Ergebnisse. Hier kommt es darauf an, den Informationsaustausch und die Kooperationen so anzuleiten, dass die Resultate im Rahmen der normativen und der strategischen Vorgaben liegen. Ein wichtiger Aspekt ist in diesem Zusammenhang die Entwicklungsorientierung der Abläufe und Kooperationsbeziehungen. „Entwicklung" bedeutet, dass Veränderungen in einen Zusammenhang gestellt werden, so dass die einzelnen Schritte als ein Entwicklungsprozess erlebbar werden. Entwicklungsoffenheit bedeutet dann, dass Akteurinnen und Akteure ungewöhnliche Ideen einbringen und neue Wege beschreiten können. Solche Ansätze erweisen sich im Nachhinein oft als entscheidende Schritte auf dem Weg zum angestrebten Ziel (vgl. Dammer 2004).

Für das Management eines Kooperationsnetzwerkes ist ferner der Aufbau eines Informationssystems wichtig, das als ein kontinuierliches Monitoring im Rahmen der Evaluation angelegt werden kann. Im Rahmen dieses Monitorings werden planungs- und steuerungsrelevante Informationen erhoben und ausgewertet und für die weitere Gestaltung des Kooperationsprozesses genutzt. In diesem Zusammenhang sollten auch unterschiedliche Zielvorstellungen der Partner dokumentiert und kooperationsfördernde und -hemmende Einflussfaktoren ermittelt werden. Als methodisches Instrument kann hierfür eine Stärken-Schwächen-Analyse z. B. in Form einer sogenannten SWOT-Analyse eingesetzt werden. Empfehlenswert ist ferner der Aufbau eines Qualitätssicherungssystems, das die Einhaltung vereinbarter Standards gewährleistet.

Die Evaluation hat in der Phase des Netzwerkaufbaus vor allem die Aufgabe, das Netzwerkmanagement beratend zu begleiten und Daten bereitzustellen, die Ansatzpunkte für die Entwicklung und Steuerung des Netzwerks aufzeigen. Oft ist in diesem Zusammenhang die Bestimmung des Ist-Standes der Vernetzung mit Hilfe einer Netzwerkanalyse sinnvoll. Weiterhin müssen die Aspekte in den Blick genommen werden, die für einen erfolgreichen Netzwerkaufbau wichtig sind. Auf der Grundlage von Analysen unterschiedlicher Netzwerke haben verschiedene Autoren solche Erfolgsfaktoren identifiziert. Strobl, Würtz und Klemm (2003: 214-215) (I) sowie Strobl und Lobermeier (2010: 313-315) (II) haben insbesondere Netzwerke im Bereich der Förderung einer demokratischen Kultur und der Auseinandersetzung mit Rechtsextremismus und Fremdenfeindlichkeit untersucht. Schubert (2008: 84-85) (III) hat sich mit Netzwerken in unterschiedlichen sozialen Feldern, u. a. im Bereich der sozialen Arbeit und der Kriminalprävention beschäftigt. Scholta (2005: 25-26) (IV) hat dagegen die unternehmensübergreifende Kooperation von mittelständischen Automobilzulieferern in Sachsen analysiert. Obwohl in diesen Forschungs- und Evaluationsarbeiten ganz unterschiedliche Netzwerke untersucht wurden, gibt es bei den Erfolgsfaktoren eine große Übereinstimmung.

1. Klar definierte Ziele und Erfolgskriterien. Die Ziele der Kooperation müssen eindeutig formuliert sein und von den Partnern geteilt werden. Positive Zielformulierungen eröffnen in diesem Zusammenhang mehr Kooperationsmöglichkeiten und lenken den Blick auf die Lösung eines Problems. Realistische Ziele und Erfolgskriterien sind die Voraussetzung für motivierende Erfolgserlebnisse der engagierten Akteure. (II, III, IV)
2. Kompetentes Management. Das Netzwerkmanagement muss in der Lage sein, auf der normativen, der strategischen und der operativen Ebene überzeugende Lösungen zu finden, die Akteure zur Zusammenarbeit zu motivieren und bei Konflikten schlichtend einzugreifen. Daneben muss das Netzwerkmanagement die formalen Erfordernisse wie Dokumentation, Controlling und Qualitätssicherung gewährleisten. (II, III, IV)
3. Integration der für die Zielerreichung notwendigen Partner. Eine erfolgreiche Kooperation erfordert die Einbindung der für die Zielerreichung wichtigen Partner. Bei heterogenen Partnern ist eine Mindestkompatibilität der unterschiedlichen Kulturen notwendig. (I, II, III, IV)
4. Leitbild. Ein Leitbild ist eine wichtige Voraussetzung für den Aufbau einer Netzwerkidentität. (III)
5. Vertrauen. Zwischen den Akteuren muss ein Grundvertrauen bestehen, so dass sie bereit sind, nach innovativen Lösungen zu suchen und neue Wege zu beschreiten. (I, II, III, IV)
6. Gute Vernetzungsstrategie. Der Aufbau des Netzwerkes bestimmt sein Erfolgspotenzial. Dabei lebt eine erfolgreiche Kooperation von einer soliden, aber nicht zu detaillierten Planung, die noch Spielräume offen lässt. (II, III, IV)
7. Kerngruppe. Für die Kontinuität des Netzwerkes bedarf es einer nicht zu kleinen Kerngruppe, die zu einem dauerhaften Engagement bereit ist. (I, IV)
8. Klar definierte Zuständigkeiten. Die frühzeitige und eindeutige Zuordnung von Zuständigkeiten fördert die Transparenz im Netzwerk und trägt so zum Erfolg des gesamten Vorhabens bei. (I, II, III, IV)
9. Kommunikation und offener Umgang mit Konflikten. Für den internen Informationsaustausch zwischen den Akteuren und für die Auseinandersetzung mit unterschiedlichen Meinungen und Positionen sind geeignete Kommunikationsstrategien erforderlich. Auch die Mobilisierung von externer Unterstützung erfordert entsprechende Kommunikationsstrategien. (I, III, IV)

10. Mehrwert für die Partner. Das Engagement der Akteure für die Kooperation muss sich für sie lohnen. Der Nutzen muss aber auch sichtbar werden und gegebenenfalls über entsprechende Kommunikationsstrategien verdeutlicht werden. (I, II, III, IV)

4 Die Bewertung eines Netzwerkes und seiner Ergebnisse

Eine zentrale Aufgabe der Evaluation ist die Bewertung. Im Falle von Netzwerken gibt es allerdings zwei unterschiedliche Dimensionen der Bewertung. Zum einen kann das Netzwerk selbst bewertet werden und zum anderen können die Ergebnisse der Netzwerkkooperation bewertet werden.

4.1 Die Bewertung der Vernetzung

Bei künstlichen Netzwerken muss zunächst überprüft werden, ob klar definierte Ziele, eine allgemeine strategische Ausrichtung des Netzwerkes und eine darauf aufbauende Vernetzungsstrategie existieren. Wenn Vernetzung kein Selbstzweck ist, dann müssen klare Vorstellungen darüber bestehen, welche Ziele mit der Vernetzung erreicht werden sollen. Daraus sollte sich dann auch die allgemeine strategische Ausrichtung des Netzwerkes ergeben. In der Literatur zur Netzwerkevaluation wird in diesem Zusammenhang zum Teil zu einseitig die Komplementarität der Vernetzung als Qualitätskriterium herangezogen. Sowohl Neugebauer und Beywl (2006: 251) als auch Schubert (2008: 84) halten die Komplementarität der Netzwerkpartner für einen entscheidenden Erfolgsfaktor, da sich die Effekte und Leistungen der Partner in sehr homogenen Netzwerken lediglich addieren würden. Diese Verstärkung der Effekte und Leistungen kann aber unter Umständen gerade das Ziel der Vernetzung sein. So kann es z. B. darum gehen, gemeinsam einen größeren Einfluss oder eine Durchsetzungskraft zu entfalten, um bestimmte Ziele überhaupt erst erreichen zu können. Wir bezeichnen so ein Netzwerk als Verstärkungsnetzwerk. Es ist aber auch möglich, über die Einbindung ungewöhnlicher Akteure die Suche nach ganz neuen Wegen und Lösungen anzuregen. In diesem Fall sprechen wir von einem Innovationsnetzwerk. Natürlich versuchen viele Netzwerke, ihre unterschiedlichen Ressourcen und Leistungen so zu kombinieren, dass gemeinsame Ziele besser oder überhaupt erst erreicht werden können. Wenn diese Art der Komplementarität zwischen den Netzwerkpartnern besteht, sprechen wir von einem Ergänzungsnetzwerk. An dieser Stelle sollte folglich zunächst bewertet werden, ob die strategische Ausrichtung des Netzwerkes den angestrebten Zielen entspricht.

Wie oben dargestellt wurde, erfolgt die Auswahl der für die Zielerreichung wichtigen Akteure in der Regel mit Hilfe einer Stakeholderanalyse. Auswahl und Einbindung dieser Akteure gehören normalerweise zu den Aufgaben des Netzwerkmanagements. Bei der Bewertung des Netzwerkmanagements geht es daher zunächst um die Frage, ob diese Schritte angemessen und nachvollziehbar durchgeführt wurden. Insbesondere die Einbindung wichtiger Akteure ist eine anspruchsvolle Aufgabe, für die geeignete Prozesse entwickelt werden müssen. Zur Beurteilung dieser Prozesse bietet es sich an, auf soziologische Erkenntnisse zur Rahmung (framing) und zur Mobilisierung zurückzureifen. Rahmen sind Goffman (1974) zufolge Organisationsprinzipien, die regeln, welche Bedeutung wir sozialen Phänomenen subjektiv beimessen. Aus der Vielfalt möglicher Sichtweisen wird durch die Rahmung eine ganz bestimmte herausgegriffen. Salopp formuliert sagt uns ein Rahmen, wie wir ein Phänomen begreifen sollen. Man kann die Rahmensetzung daher auch als eine Form des Aufstellens einer Agenda begreifen. Um unterschiedliche Akteure mit spezifischen Sichtweisen einzubinden und ihren Aktivitäten eine gemeinsame Richtung zu geben, ist die Entwicklung so einer gemeinsamen Klammer unerlässlich. Die Bewegungsforschung hat in diesem Zusammenhang drei wesentliche Prozesse zur Entwicklung eines gemeinsamen Rahmens identifiziert: die Ausweitung von Rahmen *(frame extension)*, die Überbrückung von Rahmen *(frame bridging)* und die Verstärkung von Rahmen *(frame amplification)* (vgl. Snow et al. 1986). Um die Anschlussfähigkeit eines Rahmens zu erhöhen, kann unter Umständen seine Ausweitung erforderlich sein. Notwendig ist so eine Ausweitung dann, wenn das Anliegen bei wichtigen Akteuren keine bedeutende Rolle spielt. In diesem Fall kann versucht werden, auch solche Interessen und Gesichtspunkte einzubeziehen, die im Zusammenhang mit den Zielen des Netzwerks an sich keine bedeutende Rolle spielen, für die einzubindenden Akteure aber wichtig sind. Der Aufbau eines effektiven Kooperationsnetzes erfordert darüber hinaus auch eine ständige Überbrückung der verschiedenen individuellen und institutionellen Rahmungen, so dass sich die Akteure einer gemeinsamen Sichtweise bewusst werden. Für diesen Prozess werden in erster Linie funktionierende Informations- und Kommunikationsstrukturen benötigt. Für die Einbindung wichtiger Personen und Institutionen kann es auch notwendig sein, die Bedeutung von bestimmten Werten zu betonen. Hier kann unter Umständen die Berücksichtigung von Hintergrundannahmen aus der institutionellen Kultur oder der Alltagskultur hilfreich sein. Die Vorgehensweise des Netzwerkmanagements kann in diesem Zusammenhang z. B. mit Hilfe von qualitativen Interviews rekonstruiert werden.

Neben den Prozessen zur Herstellung eines gemeinsamen Rahmens ist auch das Ergebnis dieses Prozesses zu bewerten. Hier kann zunächst geprüft werden, wie viele der wichtigen Akteure tatsächlich in das Netzwerk integriert werden konnten. Darüber hinaus ist zu untersuchen, ob ein von allen geteiltes Leitbild und eine gemeinsame Netzwerkvision existieren. Unter einer Netzwerkvision verstehen Neugebauer und Beywl (2006: 252) einen gemeinsamen Rahmen, in dem allgemeine und konkretere Ziele ausgehandelt werden. Die Moderation solcher Aushandlungsprozesse ist ebenfalls eine Aufgabe des Netzwerkmanagements. Weitere Aufgaben des Netzwerkmanagements sind die Pflege von Beziehungen, die Weiterentwicklung des Netzwerkes und die Sicherstellung des Informationsflusses und der Kooperationen. Das Netzwerkmanagement muss in diesem Zusammenhang zum Aufbau und zur Aufrechterhaltung von vertrauensvollen Beziehungen zwischen den verschiedenen Akteuren beitragen, so dass eine Atmosphäre der Offenheit, der Vielfältigkeit und der Kreativität entsteht. Wie erfolgreich das Netzwerkmanagement die Aufgaben gelöst hat, wird eine Evaluation in der Regel durch eine offene oder durch eine standardisierte Befragung der Netzwerkteilnehmer/innen ermitteln.

Da das Netzwerkmanagement den gesamten Prozess zur Erreichung der angestrebten Ziele steuert und dabei vielfältige und anspruchsvolle Aufgaben zu bewältigen hat, müssen hierfür ausreichende Ressourcen bereitstehen. Wir haben oben bereits ausgeführt, dass das Medium „Hierarchie" für die Netzwerksteuerung in der Regel nicht zur Verfügung steht. In Netzwerken zur Förderung einer demokratischen Kultur dürfte dies sogar fast immer zutreffen. Daher ist es eine Aufgabe der Evaluation, die Struktur des Netzwerkes im Hinblick auf Steuerungsmöglichkeiten zu analysieren und gegebenenfalls Optimierungsmöglichkeiten vorzuschlagen. Für die Beratung des Netzwerkmanagements beim Netzwerkaufbau und für die Bewertung der Netzwerkstruktur ist die in den vorangegangenen Abschnitten bereits mehrfach erwähnte Methode der Netzwerkanalyse ein wichtiges Instrument. Zu beachten ist jedoch, dass für jede Art der Beziehung ein eigenes Netzwerk erhoben werden muss. Wir gehen in diesem Zusammenhang ferner davon aus, dass sich die Analyse von Netzwerken für eine demokratische Kultur in der Regel auf Gesamtnetzwerke bezieht. Hierbei stehen nicht das unmittelbare Umfeld und die soziale Einbettung eines Einzelnen im Vordergrund; vielmehr geht es um die Beziehungsstruktur der involvierten Akteure. Für die Bewertung von Gesamtnetzwerken stellt die Netzwerkanalyse verschiedene Maßzahlen zur Verfügung, die jedoch auf das jeweilige Netzwerk bezogen und im Hinblick auf seine Ziele interpretiert werden müssen.

Ein grundlegendes Maß zur Charakterisierung eines Netzwerkes ist die Dichte. Hierunter versteht man das Verhältnis der tatsächlich vorhandenen Beziehungen zur Zahl der möglichen Beziehungen. Allerdings ist die Interpretation dieses Maßes nicht einfach, da die Dichte mit zunehmender Größe des Netzwerks abnimmt. Allgemein kann man aber sagen, dass eine maximale Dichte nicht wünschenswert ist, weil dann zu viele Ressourcen in die Aufrechterhaltung eigentlich überflüssiger Beziehungen fließen würden. Andererseits sollte bei Kernnetzwerken schon eine relativ dichte Vernetzung sichtbar werden. Unter Berücksichtigung von Erfahrungswerten aus vorliegenden Untersuchungen (z. B. Prognos 2007; Strobl 2009) können Werte zwischen 0,2 und 0,5 (d. h., dass 20 % bis 50 % der möglichen Beziehungen realisiert werden) als angemessen gelten. Dabei ist 0,5 aber schon ein ziemlich hoher Wert, der nur in kleinen, eng zusammenhängenden Netzwerken erreicht werden dürfte. Ein weiteres Maß ist die Netzwerkkohäsion. Es bezeichnet das Verhältnis der wechselseitigen Beziehungen zu allen beobachteten Beziehungen. Götzenbrucker (o. J.) betrachtet einen Wert von 0,4 als zufriedenstellend. Für enge (z. B. verwandtschaftliche) Beziehungen sollte der Wert seiner Meinung nach allerdings eher bei 0,6 liegen.

Die Netzwerkzentralisierung beschreibt, wie groß die Unterschiede zwischen den Aktivitätsniveaus der Akteure sind. Eine zu geringe Zentralisierung birgt die Gefahr der Ineffizienz, eine zu starke Zentralisierung die Gefahr der Abhängigkeit von einzelnen Akteuren (vgl. Jansen 1999: 132-133). Bei einfachen Aufgaben sind zentralisierte Strukturen meist überlegen. Bei komplexeren Vorhaben wie der Gestaltung des lokalen Kontextes im Sinne einer attraktiven demokratischen Kultur trifft aber oft das Gegenteil zu. So neigen die zentralen, übergeordneten Akteure dazu, das vermeintlich Einfache zu tun und ihre Ansichten im Netzwerk durchsetzen, anstatt sich auf den langwierigeren Prozess integrativer und innovativer Aushandlungsprozesse einzulassen (vgl. Scholl/Wurzel 2002: 32). Die Netzwerkanalyse bietet zu dieser Frage mit der Degree-basierten Zentralisierung (vgl. Jansen 1999: 133) ein recht anschauliches Maß an. Hierbei wird untersucht, wie stark die Unterschiede der Beteiligung an den direkten Beziehungen sind. Bis etwa 35 % kann man von einem schwach zentralisierten Netzwerk ohne ausgeprägte hierarchische Strukturen sprechen. Werte von 35 %- 70 % weisen auf eine mittlere Zentralisierung hin und ab 70 % kann man von ausgeprägten hierarchischen Strukturen ausgehen (vgl. Schweizer 1996: 183- 191; Gruber et al. 2004; Prognos 2007). Für ein Netzwerk zur Stärkung der demokratischen Kultur, das eine gute Balance zwischen Teilhabe und Zielerreichung realisiert, ist nach unseren Erfahrungen eine mittlere Zentralisierung günstig (vgl. Strobl 2009; Strobl/Würtz/Klemm 2003).

Wichtig ist außerdem, dass alle Netzwerkakteure füreinander erreichbar sind. Um dies zu prüfen, wird untersucht, ob es sich bei dem Netzwerk bzw. bei wesentlichen Bereichen des Netzwerks um eine so genannte Bi-Komponente handelt. Darunter versteht man ein Netzwerk, in dem jeder Akteur von jedem anderen über zwei unabhängige Pfade erreicht werden kann, d. h., durch den Ausfall eines Akteurs (z. B. wegen einer Erkrankung) bricht der Informationsfluss nicht ab, weil es eine Alternative gibt. Darüber hinaus gibt es zahlreiche weitere Analysemöglichkeiten. In größeren Netzwerken ist die Untersuchung von Teilgruppen ein wichtiges Element. Ferner lassen sich die Zentralität und das Prestige der einzelnen Akteure im Netzwerk bestimmen (vgl. Jansen 1999; Schweizer 1996).

Ein großer Vorteil der Netzwerkanalyse ist die Möglichkeit zur Visualisierung von Netzwerkstrukturen. So kann bereits ein geplantes Netzwerk als Graph dargestellt und anhand dieser Darstellung optimiert werden. Wenn nach einiger Zeit Daten zu dem aufgebauten Netzwerk erhoben werden, kann das reale Netzwerk mit dem Idealnetzwerk verglichen werden. Ob es gelungen ist, ermittelte Defizite zu beheben, lässt sich durch eine weitere Netzwerkanalyse klären. Wenn mehrfach Daten erhoben und analysiert werden, kann auch die Nachhaltigkeit der Vernetzung beurteilt werden. Daneben können schriftliche Kooperationsvereinbarungen Hinweise auf die Nachhaltigkeit der Vernetzung sein (vgl. Neugebauer/Beywl 2006: 253).

Abbildung 2 zeigt zunächst ein mit dem Netzwerkmanagement entwickeltes Idealnetzwerk zum Informationsaustausch im Bereich „Umgang mit Rechtsextremismus und Stärkung der demokratischen Kultur".

Abbildung 2: Idealnetzwerk zum Informationsaustausch im Bereich „Umgang mit Rechtsextremismus und Stärkung der demokratischen Kultur" in einer Kleinstadt

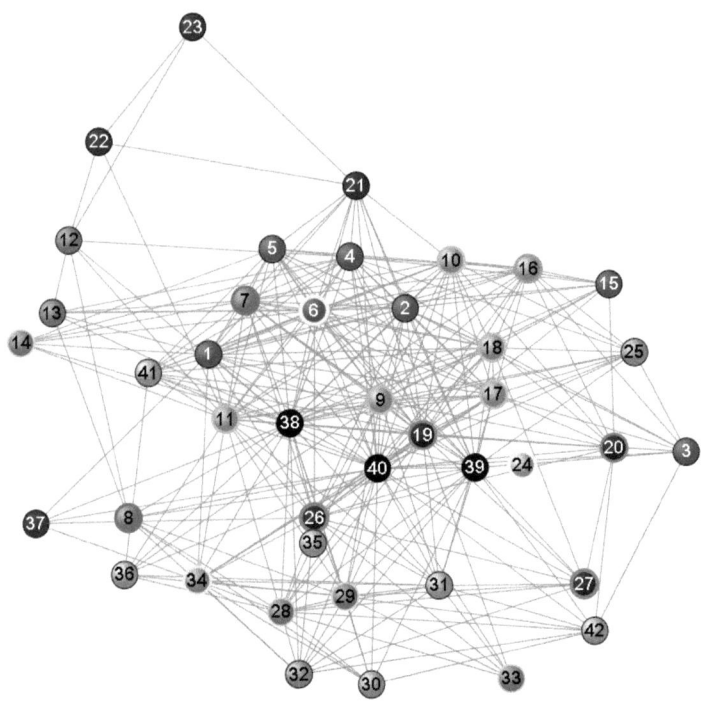

Die Netzwerkanalyse wurde durchgeführt, nachdem bereits mehrere Jahre an der Vernetzung gearbeitet wurde. Da im Rahmen der Netzwerkerhebung in der Regel auch nach der Interaktionsfrequenz gefragt wird, können vielfältige Vergleiche mit dem Idealnetzwerk durchgeführt werden. So ist es z. B. möglich, Beziehungen nur dann zu berücksichtigen, wenn mindestens einmal im Monat ein Informationsaustausch stattfindet. Wenn man alle Informationsaustauschbeziehungen berücksichtigt, dann ist das unten abgebildete, zum Zeitpunkt der Untersuchung in der Kommune existierende Netzwerk bereits wesentlich komplexer als das Idealnetzwerk.

Aufbau und Evaluation von Netzwerken für eine demokratische Kultur 171

Abbildung 3: Realnetzwerk zum Informationsaustausch im Bereich „Umgang mit Rechtsextremismus und Stärkung der demokratischen Kultur" in einer Kleinstadt

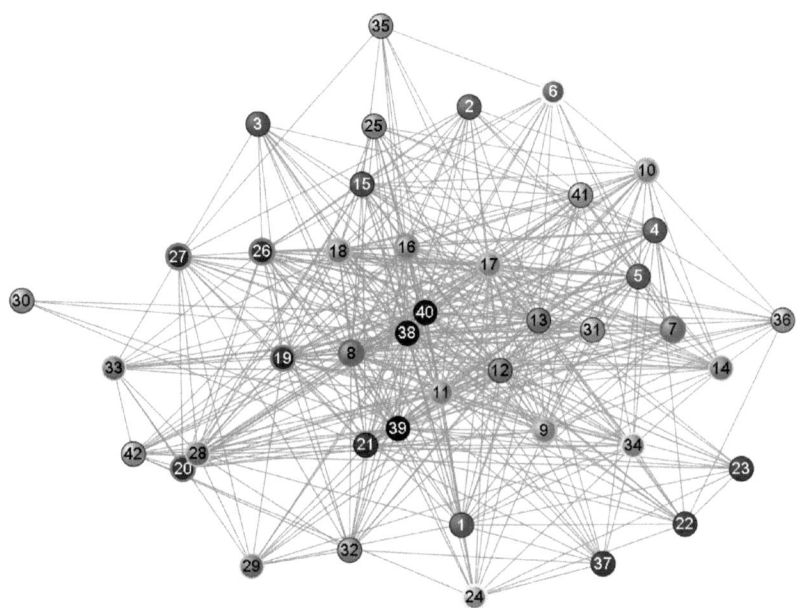

Trotzdem ist es durch den Vergleich des Realnetzwerkes mit dem Idealnetzwerk möglich, Beziehungen zu identifizieren, die aus Sicht des Netzwerkmanagements wichtig sind und im Realnetzwerk noch fehlen. Auch diese fehlenden Beziehungen können als Graph anschaulich dargestellt werden.

Abbildung 4: Im Realnetzwerk fehlende Beziehungen zum Informationsaustausch

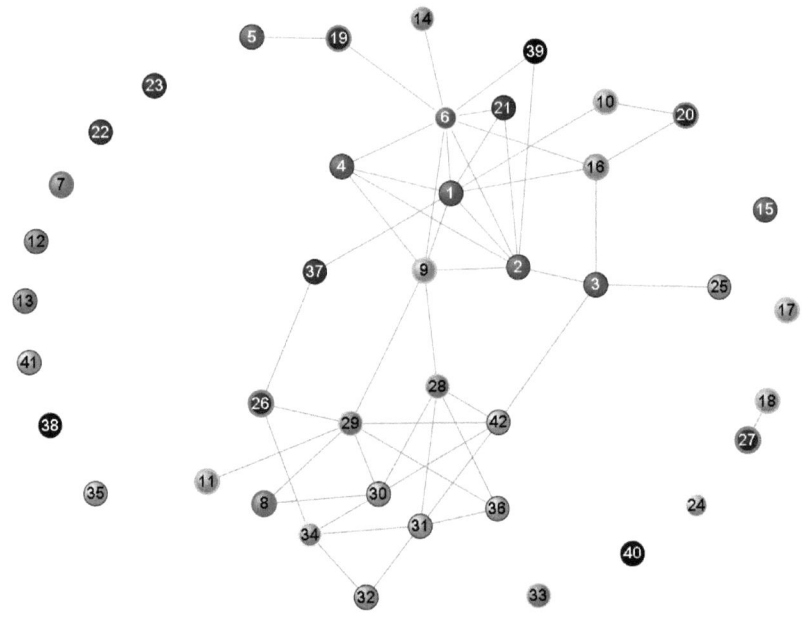

4.2 Die Bewertung der Vernetzungsergebnisse

Obwohl der Aufbau eines funktionierenden Netzwerkes ein aufwändiges und anspruchsvolles Vorhaben ist, bleibt die Vernetzung im Bereich der künstlichen Netzwerke ein Mittel zum Zweck. Deshalb muss geprüft werden, ob die angestrebten Ziele mit Hilfe der Vernetzung erreicht werden und ob der Aufwand für den Netzwerkaufbau und die Netzwerkpflege in einem angemessenen Verhältnis zum erzielten Nutzen steht. Bei der Abschätzung des Kosten-Nutzen-Verhältnisses ist allerdings zu berücksichtigen, dass eine Vernetzung neben der unmittelbaren Zielerreichung auch auf verschiedenen anderen Ebenen positive Ergebnisse hervorbringen kann. So können

- Ressourcen gebündelt werden,
- Angebote abgestimmt und dadurch Doppelstrukturen vermieden werden,

- Synergien durch gemeinsame Öffentlichkeitsarbeit entstehen,
- bestehende Kapazitäten durch Absprachen besser ausgelastet werden,
- neue Ideen schneller und besser realisiert werden,
- Lernprozesse initiiert und neues Wissen und neue Ideen generiert werden sowie
- übergeordnete Leitbilder und Zielsetzungen entstehen (vgl. Neugebauer/ Beywl 2006: 253).

Wenn es um die Gestaltung des lokalen Kontextes im Sinne einer attraktiven demokratischen Kultur geht, ergeben sich wichtige Ziele natürlich auch aus der Definition des Begriffs „demokratische Kultur". Strobl und Lobermeier (2009: 19 f.) definieren „demokratische Kultur" in diesem Zusammenhang als

„eine Form der Herstellung von Entscheidungen [...], bei der es darum geht, im Rahmen von grundlegenden Rechten (Grundrechte, Menschenrechte) und wechselseitigem Respekt möglichst alle Betroffenen (Partizipation) mit ihren unterschiedlichen Forderungen und Bedürfnissen (Pluralismus) in einen Diskussions- und Meinungsbildungsprozess (Kommunikation) einzubeziehen."

Wenn man diese Definition akzeptiert, dann muss beim Aufbau und bei der Gestaltung von Netzwerken zur Stärkung einer demokratischen Kultur großer Wert auf die Teilhabe unterschiedlicher gesellschaftlicher Gruppen gelegt werden. Unsere bisherigen Analysen entsprechender Netzwerke zeigen gerade an dieser Stelle jedoch erhebliche Defizite (vgl. Strobl/Lobermeier 2010: 311; Strobl/Würtz/Klemm 2003: 223). So waren die in den untersuchten Netzwerken an zentraler Stelle wirkenden Akteure in der Mehrzahl überdurchschnittlich gebildete Personen, die man im weiteren Sinne dem Bildungsbürgertum zurechnen könnte. Handwerker, Arbeitslose oder Hauptschüler waren dort dagegen kaum vertreten. Dies kann problematisch sein, wenn es auch darum gehen soll, in gefährdete Milieus hineinzuwirken und in diesen Milieus Alternativen zu rechtsextremistischen Angeboten bereitzustellen. Das Problem ist in größeren Städten vermutlich gravierender als in Kleinstädten, weil es dort seltener zu persönlichen Begegnungen zwischen Personen aus unterschiedlichen Milieus kommen dürfte. Tatsächlich zeigt sich hier ein grundsätzliches Problem der Netzwerkarbeit. Einerseits ist eine erfolgreiche Zusammenarbeit ohne die Institutionalisierung von Regeln und die Entwicklung einer gemeinsamen Netzwerkidentität schwer vorstellbar. Andererseits birgt aber gerade diese Integration der Akteure die Gefahr der Ausgrenzung nicht dazugehöriger Interessengruppen (vgl. Meyer 2006), wodurch die Teilhabenorm unserer Definition verletzt würde. Tatsächlich bewegen sich Netzwerke in einem Spannungsfeld zwischen der

Geschlossenheit einer formalen Organisation und der Offenheit eines unverbindlichen Zusammentreffens. Methodisch kann die Bewertung der Vernetzungsergebnisse in der Regel mit den gängigen Methoden der empirischen Sozialforschung erfolgen. Wenn es um die Evaluation von verschiedenen Aspekten einer demokratischen Kultur in einem bestimmten Ort geht, sind Kontrollgruppendesigns allerdings kaum umsetzbar. Unter Umständen können auch einzelne Facetten für ein standardisiertes Erhebungsdesign nicht eindeutig genug bestimmt werden. Ferner sind unerwartete positive und negative Wirkungen in diesem Evaluationsfeld oft von großer Bedeutung. Deshalb spielen qualitative Methoden bei der Evaluation der Vernetzungsergebnisse für eine demokratische Kultur meist eine wichtige Rolle.

5 Resümee

Die Gestaltung des lokalen Kontextes im Sinne einer attraktiven demokratischen Kultur erfordert die Einbindung eines breiten Spektrums an demokratischen Kräften und Institutionen in ein funktionierendes Netzwerk. Trotzdem ist die Vernetzung kein Selbstzweck; vielmehr geht es darum, mit Hilfe der Vernetzung bestimmte Verbesserungen im lokalen Kontext zu erreichen. Diese angestrebten Ziele sollten aber realistisch sein und möglichst konkret und eindeutig formuliert werden, damit sich motivierende Erfolgserlebnisse einstellen können. Darüber hinaus kann eine Vernetzung weitere positive Effekte haben, wie z. B. die Bündelung von Ressourcen, die Vermeidung von Doppelstrukturen oder die Nutzung von Synergien.

Es ist in diesem Zusammenhang wichtig, zwischen der Qualität der Vernetzung und der Qualität der Vernetzungsergebnisse deutlich zu unterscheiden. Beide Aspekte sollten im Rahmen einer umfassenden Netzwerkevaluation bewertet werden. Die Qualität der Vernetzung hängt zunächst davon ab, dass möglichst alle relevanten Akteure eingebunden werden. Eine formative Evaluation kann das Netzwerkmanagement z. B. bei der Stakeholderanalyse beraten und Möglichkeiten zur Einbindung skeptischer Akteure aufzeigen. Mit den Mitteln der Netzwerkanalyse kann ferner der aktuelle Stand der Vernetzung anschaulich dargestellt werden. Auf dieser Grundlage ist es dann möglich, den weiteren Aufbau des Netzwerkes so zu planen, dass die Kooperationsprozesse vom Netzwerkmanagement steuerbar sind und zu den erwünschten Ergebnissen führen. Ob die Struktur des Netzwerkes nach der Aufbauphase wie geplant aussieht, lässt sich wiederum mittels einer Netzwerkanalyse überprüfen. Weiterhin kann über eine Befragung geklärt werden, ob die Ziele des Netzwerkes von den Akteuren geteilt werden und ob sich eine gemeinsame Netzwerkidentität herausgebildet hat.

Wenn die oben genannten Erfolgsfaktoren in einem Netzwerk zum Tragen kommen, dann bestehen gute Chancen, dass die Ziele der Vernetzung zumindest teilweise erreicht werden. Dies muss natürlich ebenfalls im Rahmen einer Evaluation geprüft werden. Auch erwünschte und unerwünschte Nebenwirkungen müssen in diesem Zusammenhang berücksichtigt werden. Dabei können integrative Effekte wichtige Bausteine für die Weiterentwicklung einer demokratischen Kultur sein. Auf der anderen Seite muss die mit der Entwicklung einer Netzwerkidentität verbundene Gefahr einer Schließung gegenüber Dritten gerade im Bereich der Förderung einer demokratischen Kultur im Auge behalten werden.

Insgesamt bleibt festzuhalten, dass Netzwerke ein wichtiges Mittel sind, um Veränderungen im Sinne einer attraktiven demokratischen Kultur effektiv umzusetzen. Ihre Aufgabe werden sie aber nur erfüllen können, wenn sie sorgfältig geplant und professionell gemanagt werden.

Literatur

Becker, T. (2007): Leitbildentwicklungen in Kooperationen. In: Becker, T./Dammer, I./Howaldt, J./Killich, S./Loose, A. (Hg.): Netzwerkmanagement. Mit Kooperation zum Unternehmenserfolg. Berlin, Heidelberg, New York: Springer, S. 63-73.

Becker, T./Dammer, I./Howaldt, J./Killich, S./Loose, A. (2007): Netzwerke – praktikabel und zukunftsfähig. In: Becker, T./Dammer, I./ Howaldt, J./Killich, S./Loose, A. (Hg.): Netzwerkmanagement. Mit Kooperation zum Unternehmenserfolg. Berlin, Heidelberg, New York: Springer, S. 3-11.

Bleicher, K. (2004): Das Konzept integriertes Management: Visionen - Missionen - Programme. Frankfurt/Main: Campus Verlag.

Bourdieu, P. (1983): Ökonomisches Kapital, kulturelles Kapital, soziales Kapital. In: Kreckel, R. (Hg.): Soziale Ungleichheiten. Soziale Welt Sonderband 2. Göttingen: Schwartz, S. 183-198.

Coleman, J. S. (1988): Social Capital in the Creation of Human Capital. In: American Journal of Sociology, 94, Supplement, S. 95-120.

Dammer, I. (2004): Gelingende Kooperation („Effizienz"). In Becker, T./Dammer, I./Howaldt, J./Killich, S./Loose, A. (Hg.): Netzwerkmanagement. Mit Kooperation zum Unternehmenserfolg. Berlin, Frankfurt, New York: Springer, S. 37-48.

Goffman, E. (1974): Frame Analysis: An Essay on the Organization of Experience. Cambridge, Mass.: Harvard University Press.

Götzenbrucker, G. (o. J.): Soziale Netzwerkforschung/SNA (social network analysis) als Methode der Sozialwissenschaft. Universität Wien: Institut für Publizistik- und Kommunikationswissenschaft.

Granovetter, M. (1973): The Strength of Weak Ties. In: American Journal of Sociology, 78, S. 1360-1380.

Gruber H./Harteis, C./Festner, D./Rehrl, M./Müller, E. (2004): Wissenschaftliche Begleitung der Lernenden Region Cham – Abschlussbericht. Universität Regensburg/Fachhochschule Bochum.

Jansen, D. (1999): Einführung in die Netzwerkanalyse. Grundlagen, Methoden, Anwendungen. Opladen: Leske + Budrich.

Meyer, W. (2006): Evaluation von Netzwerksteuerung. In: Zeitschrift für Evaluation, Heft 2, S. 317-332.

Neugebauer, U./Beywl, W. (2006): Methoden der Netzwerkanalyse. In: Zeitschrift für Evaluation, Heft 2, S. 249-286.

Preis, W. (2010): Prozessmanagement in der sozialen Arbeit - soziale Arbeit als Prozessmanagement. Berlin: RabenStück-Verlag.

prognos (2007): Netzwerkanalyse in den Lokalen Bündnissen für Familie. Paderborner Bünd-nis für Familie. Düsseldorf: Prognos AG.

Putnam, R. D. (2000): Bowling Alone. The Collapse and Revival of American Community. New York u.a.: Simon & Schuster.

Putnam, R. D. (2002): Soziales Kapital in der Bundesrepublik Deutschland und in den USA. In: Deutscher Bundestag, Enquete-Kommission „Zukunft des Bürgerschaftlichen Engagements": Bürgerschaftliches Engagement und Zivilgesellschaft. Opladen: Leske und Budrich, S. 257-271.

Schneider, G./Geiger, I. K./Scheuring, J. (2008): Prozess- und Qualitätsmanagement Grundlagen der Prozessgestaltung und Qualitätsverbesserung mit zahlreichen Beispielen, Repetitionsfragen und Antworten, Zürich: Compendio Bildungsmedien.

Scholl, W./Wurzel, U. G. (2002): Erfolgsbedingungen regionaler Innovationsnetzwerke – Ein organisationstheoretisches Kausalmodell. Berlin: DIW.

Scholta, C. (2005): Erfolgsfaktoren unternehmensübergreifender Kooperation am Beispiel der mittelständischen Automobilzulieferindustrie in Sachsen. In: Wissenschaftliche Schriftenreihe des Institutes für Betriebswissenschaften und Fabriksysteme der TU Chemnitz, Heft 48.

Schubert, H. (2008): Netzwerkmanagement - Koordination von professionellen Vernetzungen. Wiesbaden: VS-Verlag.

Schweizer, T. (1996): Muster sozialer Ordnung: Netzwerkanalyse als Fundament der Sozialethnologie. Berlin: D. Reimer.

Snow, D. A./Rocheford, E.B./Worden, S. K./Benford, R. D. (1986): Frame Alignment Processes, Micromobilization, and Movement Participation. In: American Sociological Review, 51, S. 464-481.

Stockmann, Reinhard (2006): Evaluation und Qualitätsentwicklung. Eine Grundlage für wirkungsorientiertes Qualitätsmanagement, Münster; New York; München; Berlin: Waxmann.

Strobl, R. (2009): Bericht zur Analyse der Vernetzung im Rahmen des Dortmunder Aktionsplans für Vielfalt, Toleranz und Demokratie - gegen Rechtsextremismus, Fremdenfeindlichkeit und Antisemitismus. Hannover: proVal.

Strobl, R./Lobermeier, O. (2009): Die Problemstellung: Rechtsextremismus in der Kommune. In: Molthagen, D./Korgel, L. (Hg.): Handbuch für die kommunale Auseinandersetzung mit dem Rechtsextremismus. Berlin: Friedrich-Ebert-Stiftung, Forum Berlin, S. 15-27.

Strobl, R./Lobermeier, O. (2010): Wie schafft man demokratische Kultur? Netzwerke zwischen erfolgreicher Intervention und wirkungslosem Aktionismus. In: Heitmeyer, W. (Hg.): Deutsche Zustände, Folge 9. Berlin: Suhrkamp, S. 307-316.

Strobl, R./Würtz, S./Klemm, J. (2003): Demokratische Stadtkultur als Herausforderung. Stadtgesellschaften im Umgang mit Rechtsextremismus und Fremdenfeindlichkeit. Weinheim; München: Juventa.

Zell, H. (2010): Projektmanagement - lernen, lehren und für die Praxis. Norderstedt: Books on Demand GmbH.

Was sich Auftraggebende von Evaluationen und Evaluationspraxis wünschen

Gesa Schirrmacher

Dieser Beitrag nimmt eine für die Evaluationsforschung möglicherweise ungewöhnliche Perspektive ein – eine Auftraggebende beschreibt ihre Erfahrungen. Zwar gibt es mittlerweile eine ganze Reihe von Beiträgen, die sich mit dem Verhältnis von Politik, Verwaltung und Evaluationsforschung beschäftigen, aber in aller Regel aus Sicht der Wissenschaft. Selbst die Rolle der Auftraggebenden im Hinblick auf die Evaluationsergebnisse wurde schon evaluiert (Mann 2000).

Die Bitte, diese Sichtweise einzunehmen, hat allerdings eine gewisse kritische Konnotation, denn eine zentrale These ist „die relativ geringe Nutzung von Evaluationsergebnissen bei Praktikern und Entscheidern" (Heitmeyer/Lobermeier/Strobl 2011). Dennoch sollte dieser Beitrag nicht als Rechtfertigungsschrift verstanden werden – dazu besteht kein Grund. Stattdessen steht eine subjektive Beschreibung des Alltags und der Praxis, der Versuch einer Einordnung in die Diskussion sowie Schlussfolgerungen für die Praxis von Evaluatorinnen und Evaluatoren im Mittelpunkt. Dabei können und sollen eigene Erfahrungen mit Evaluationsprozessen, Evaluationsergebnissen und auch Evaluatorinnen und Evaluatoren von Projekten und Programmen aus dem sozialen Bereich aus der Sicht einer Ministerialverwaltung nicht ausgeblendet werden.

1 Projektflut versus Evaluationsflut

Es lassen sich zwei gegenläufige Tendenzen im Verhältnis von innovativen Projekten, Programmen und Policies zur Evaluationsforschung wahrnehmen: Ein Zuwenig und ein Zuviel von Evaluationen.

Zum einen werden in verschiedenen wichtigen sozialen Feldern zahlreiche Programme und Projekte auf den Weg gebracht, bei denen der Nutzen und/oder die Zielerreichung kaum beantwortet werden können: Drängende soziale Fragestellung erfordern Handlungen, Maßnahmen und Konzepte. Dementsprechend machen sich engagierte Projektträger, Einzelpersonen, aber auch Verwaltungen und Politik auf den Weg, etwas für eine konkrete Zielgruppe zu verändern. Zwar ist allen Handelnden bewusst, dass soziale Problemlagen in aller Regel so komplex sind, dass sie sich nicht mit einem einzelnen Programm oder Projekt lösen lassen. Beispiele hierfür können die zahlreichen Präventionsprojekte zur Verhinderung von Gewalt und Straftaten sein. Ein präventives Projekt mit einem möglicherweise singulären Ansatzpunkt kann nicht alle Gewalt und Straffälligkeit eliminieren. Das Ziel ist trotzdem die Verbesserung der sozialen Lage einer bestimmten Zielgruppe.

Vieles von dem, was in diesem Feld realisiert wird, wird nicht evaluiert. Evaluationen sind hier auch nicht einfach: Der Nutzen und Wert oder gar der Erfolg ist schwer messbar. Drei typische Herausforderungen scheinen zu sein:

- Ergebnisse in diesen Feldern sind häufig nur bei langfristigen Untersuchungen – bezogen auf Jahrzehnte – wirklich valide. Lösungen sozialer Fragen können nicht jahrzehntelang auf sich warten lassen, das wäre gesellschaftlich nicht vertretbar.
- Auswirkungen von Programmen auf den „Erfolg" eines bestimmten menschlichen Verhaltens sind selten monokausal. Kann es dann überhaupt eine verlässliche Antwort auf die Frage des Wertes oder Nutzens eines Projektes oder Pogramms geben?
- Darf es wirklich eine Vergleichsgruppe geben, bei der man alles unterlässt, nur um den wissenschaftlichen Wert der Studie zu steigern? Auch wenn gerade Vergleichsgruppen wichtig für die Validität der Ergebnisse sind, stellt sich aus Sicht der Auftraggebenden die Frage, ob und wenn ja, wie ein Verzicht auf Maßnahmen gerade bei einer sozialen Zielgruppe zulässig sein kann (vgl. hierzu beispielhaft das Problem mit einem Kontrollgruppendesign bei der Studie zum Modell-Projekt „Pro Kind", Brand/Jungmann [2009: 113]).

Trotz dieser Probleme braucht die Verwaltungspraxis solide und valide Feststellungen, ob und wenn ja, welchen Nutzen ein Programm oder Projekt hat. Dies ist schon im Hinblick auf den schonenden Einsatz öffentlicher Ressourcen geboten.

Zum anderen gibt es parallel zu dem zu konstatierenden Fehlen von Evaluationen und/oder wissenschaftlichen Begleitungen durchaus eine „Evaluationsflut": Ein Programm oder Projekt ist nur dann gut, wenn es das Gütesiegel einer Evaluation mitbringen kann. Ein außenstehender, vermeintlich objektiver Dritter hat festgestellt, dass das Programm oder Projekt einen Nutzen hat. Oder: Wie Karin Haubrich und Christian Lüders (2004: 10) es formuliert haben: „Evaluation droht zum neuen Zauberbegriff (…) vor allem für die politische Administration zu werden".

Ein – vielleicht nicht so bekanntes – erstes Beispiel sind die Vorgaben des Niedersächsischen Landeshaushaltsrechts für die Struktur von Förderprogrammen. Alle Programme sind auf maximal fünf Jahre befristet; vor einer Verlängerung ist eine Erfolgskontrolle durchzuführen – es wird von Evaluierung gesprochen. Nach einer 5-jährigen Förderperiode ist es sinnvoll, zu reflektieren, ob die eigentlich angestrebten Ziele bereits erreicht sind oder zukünftig erreicht werden. Jedoch ist es nicht bei allen Programmen und Projekten – auch bei Beachtung einer sparsamen Verwendung von Haushaltsmitteln – notwendig, externe Evaluatorinnen und Evaluatoren zu beauftragen. Für das sinnvolle Auswerten der ohnehin vorhandenen Sachberichte als Bestandteile der Verwendungsnachweise vor allem in der geforderten qualitativen Hinsicht, sind die Fachkräfte in der Verwaltung allerdings vielfach nicht ausgebildet. Das kann zu Evaluationen führen, die wissenschaftliche Standards nicht erfüllen und damit den Namen „Evaluation" nicht verdienen.

Ein zweites Beispiel für die immer weiter steigenden Erwartungen an Verwaltungen sich um das Thema Evaluationen zu kümmern, zeigte der Referentenentwurf für ein neues Bundeskinderschutzgesetz. Im Rahmen dieses ersten Vorschlages der Fachebene für die Weiterentwicklung des Kinderschutzes wurde u. a. eine Änderung des SGB VIII – also des Kinder- und Jugendhilferechts – vorgeschlagen. In einem neuen § 79a SGB VIII sollten die Träger der öffentlichen Kinder- und Jugendhilfe nicht nur verpflichtet werden, fachliche Handlungsleitlinien und Qualitätskriterien für ihre Arbeit zu entwickeln und regelmäßig zu überprüfen. Vielmehr war darüber hinaus explizit vorgesehen, dass „die Träger der öffentlichen Jugendhilfe Verfahren zu entwickeln, anzuwenden und fortzuschreiben (haben), mit deren Hilfe Prozesse der Hilfesteuerung und der Gefährdungseinschätzung *evaluiert* werden". Diese Regelung ist im Zuge des Gesetzgebungsverfahrens allerdings entfallen. Stattdessen wurde aber ein neuer Artikel 4 „Evaluation" in das Gesetzespaket aufgenommen, nach dem die Bundesregierung verpflichtet wird, „die Wirkungen dieses Gesetzes zu untersuchen und dem Deutschen Bundestag (…) zu berichten".[1] Jetzt ist nicht mehr die kommunale Ebene gefordert, Prozesse der Hilfesteuerung zu evaluieren, sondern die Bundesregierung hat den Auftrag der Evaluation des gesamten Bundeskinderschutzgesetzes. Zielrichtung und Adressat hat sich geändert, die Hoffnung, durch Evaluationen die Wirkungen in der Praxis besser beurteilen zu können, ist geblieben.

Beide Beispiele zeigen die Tendenz, den Begriff „Evaluation" unspezifisch zu verwenden, ohne dass deutlich wird, was sich hinter dem Begriff verbirgt. Dies kann darin begründet sein, dass „Evaluation eine menschliche Aktivität" ist. Mark, Greene und Shaw stellen jedenfalls in ihrem einleitenden Kapitel für das „Handbook of Evaluation" (2006: 1) fest:

---

1 BGBl. I S. 2975 vom 28. Dezember 2011.

„Evaluation is a natural part of humans' everyday life. People make evaluation, in the form of judgements of how good or bad, how desirable or undesirable something is, almost nonstop in the ordinary course of their daily lives. (...) Humans may be hardwired to look at the world evaluatively."

Konsequenzen für die Evaluationspraxis

Damit ist es wichtig, sich darauf zu verständigen, was eine Evaluation im engeren Sinne und was eher eine Bewertung, Einschätzung oder Beurteilung ist. Ein einheitlicher Sprachgebrauch vor einer Auftragsvergabe und Auftragsannahme erleichtert die Verständigung darüber, was erforderlich und gewünscht ist. Es muss Klarheit darüber bestehen, was eine Evaluation ist und den Namen verdient hat, und was etwas anderes, vielleicht Evaluatives ist, aber möglicherweise bestimmte Standards nicht erfüllt – und nicht erfüllen muss.

Für diejenigen Fragestellungen, deren Beantwortung keine externe wissenschaftliche Evaluation im engeren Sinne erfordern, beispielsweise die beschriebenen Überprüfungen von Förderrichtlinien, wären Handreichungen, Hinweise und Tipps für eine Selbstevaluation hilfreich für die Verwaltungspraxis. Die Erfahrungen, die im Rahmen des Beccaria-Programms des Niedersächsischen Landespräventionsrates zur Selbstevaluation von kriminalpräventiven Projekten gemacht worden sind, könnten an dieser Stelle Vorbild sein (Strobl/Lobermeier 2007). Was für die Projekte der Kriminalprävention vor Ort gilt, könnte auch auf Verwaltung übertragbar sein. Dies darf jedoch weder zu einem „bürokratischen Overkill" (undifferenzierte Datensammlungen, unlimitierte Berichtspflichten) führen, noch sollte und will Verwaltung die Fachkompetenz von Wissenschaftlerinnen und Wissenschaftlichern quasi im Do-it-yourself-Verfahren ersetzen.

Daher bleiben viele Fragen – insbesondere von schwierigeren Wirkzusammenhängen im sozialen Bereich –, die ohne gute, solide Evaluation nicht beantwortet werden können.

2 Evaluationsziele aus Sicht der Verwaltung: Legitimation von politischen Programmen versus Kostenreduktion versus Verbesserung der Programme und Policies

Der zweite Bereich der Bestandsaufnahme bezieht sich auf das Feld von Auftrag und Ziel von Evaluationen. Um die Frage nach der Nutzung und Nutzbarkeit von Evaluationsergebnissen beantworten zu können, ist nach den Zielen zu differenzieren, wobei in der Praxis vielfach Zielbündel vorliegen können.

Ziel: Verbesserung der Programme

Der Idealfall, den sich Projektverantwortliche in Verwaltungen ebenso wie Evaluatorinnen und Evaluatoren vermutlich wünschen, ist eine Evaluation, die die Verbesserung von Programmen, Projekten oder Policies anstrebt. Es ist eine Idee für ein neues Projekt entstanden; es wird in der Praxis erprobt; es macht einen erfolgreichen Eindruck, dies ist aber eher unsystematisch. Daher wird eine wissenschaftliche Begleitung in Auftrag gegeben, um festzustellen, ob es wirklich gut funktioniert und wo es verbessert werden könnte.

Noch attraktiver für alle Beteiligten ist es, wenn es sich um einen formativen Evaluationsansatz handelt, der möglichst schon vor Projektstart in den Prozess einbezogen ist, und dessen Ergebnisse für die Weiterentwicklung der Praxis des Projektes genutzt werden können.

Diese Art der Evaluationsforschung im Kontext öffentlicher Verwaltung ist bei Projekten aus dem sozialen Bereich nach meiner Wahrnehmung (und die ist unsystematisch und nicht evaluiert) eher die Ausnahme – aber es gibt sie. Ein Beispiel ist die Studie des Bundesministeriums für Familie, Senioren, Frauen und Jugend zur Wissenschaftlichen Begleitung der Interventionsprojekte gegen häusliche Gewalt (Kavemann u. a. 2001). Durch den formativen Charakter war eine Unterstützung der Modellprojekte bei ihrer Entwicklung gewünscht.

Die Auswahl der passenden Forschungsmethode und des Forschungsdesigns für eine Evaluation setzt eine Kenntnis darüber voraus, was welche Art von Evaluation leisten kann. Wenn in Evaluationskreisen dieses Wissen selbstverständlich ist, kann es nicht bei allen Verwaltungen automatisch vorausgesetzt werden. Es gibt noch die Vorstellung, „dass man eine Evaluation erst am Ende des Projektes macht und nicht schon zwischendurch" oder dass „bei der Nutzung von Rückkopplungsschleifen das Evaluationsergebnis verfälscht wird". Gleiches gilt bei der Wahl der Forschungsmethode: „Sind quantitative oder qualitative Methoden wirklich gleichwertig?". Zahlen und Daten aus einem Computerprogramm erwecken den Eindruck der Wahrheit (so schon Weiss 1991: 226), während bei dem Wert qualitativer Forschungsmethoden Skepsis besteht.

Ziel: Kostenreduktion

Die Verbesserung von Programmen und Policy-Strukturen kann auch in einem anderen Sinn Bedeutung erlangen – nämlich dann, wenn es nicht nur um die Verbesserung der Praxis, sondern (auch) um eine mögliche Kostenminimierung geht.

Die schon beschriebenen Evaluationen im Hinblick auf die Fortsetzung der Förderprogramme sind in diesem Sinne zu verstehen. Gleiches gilt, wenn Landesrechnungshöfe oder der Bundesrechnungshof von Erfolgskontrolle sprechen. Qualitätsmanagement, Synergieeffekte, Auditierungen – dies sind Evaluationen, die dazu gedacht sind oder sein können, Kosten zu senken.

Entsprechende Evaluationen verfolgen damit zum einen den Zweck, nicht oder wenig Nützliches bzw. Zielführendes aus den Förderprogrammen zu eliminieren. Zum anderen sollen die Analysen helfen, kostengünstigere Alternativen zu ermitteln. Dies kann für eine programmverantwortliche Person in der Verwaltung eine Herausforderung sein, denn nicht immer ergibt sich der erhoffte und erwünschte Nachweis des Nutzens und der Nützlichkeit des Programms, des Projektes oder der Policy. Wenn Herzblut und Engagement – was es auch auf Seiten der Verwaltung gibt – in ein Projekt geflossen sind, dann ist ein „Negativ-Testat" einer Evaluation schmerzlich. Aber auch Evaluatorinnen und Evaluatoren können ein enges Band zu den evaluierten Projekten entwickeln; vor allem bei länger angelegten Begleitungen kann nach meiner Wahrnehmung eine Identifizierung mit dem Projekt eintreten. Dann kann es Wissenschaftlerinnen und Wissenschaftlicher schwerfallen, Farbe zu bekennen, Schwächen aufzuzeigen und gegebenenfalls sogar den „Sargnagel" für ein Projekt zu liefern.

Ebenfalls problematisch in Bezug auf Kostenfragen kann es sein, wenn sich (finanzielle) Auswirkungen erst längerfristig bestimmen lassen. Zum Beispiel sollen Projekte im Bereich der präventiven Elternarbeit (auch) einen Beitrag dazu leisten, dass Hilfen zur Erziehung gar nicht erst erforderlich werden. Solche Wirkungen auf die Ausgaben der Kinder- und Jugendhilfe sind jedoch bei kurzfristig angelegten Evaluationen nicht im Fokus, sind aber zur Gesamtbewertung eines Projektes entscheidend.

Trotz dieser Schwierigkeiten kann Überflüssiges oder Ineffektives nicht mit öffentlichen Mitteln finanziert werden. Menschen mit Projektideen und Evaluatorinnen und Evaluatoren sind gleichermaßen gefordert, sich in Bewusstsein der beschriebenen Probleme – wenn erforderlich – von guten Ideen, die aber in der Praxis nicht oder nicht so wie gedacht, funktionieren, wieder zu verabschieden. Dann dient Evaluation der Steuerung und kann Politik und Verwaltung effektiver und effizienter machen (Stockmann 2008: 3).

Ziel: Legitimation von politischen Programmen

Verwaltung ist nicht mit Politik zu verwechseln. Sie trifft keine politischen Entscheidungen. Dennoch agiert eine öffentliche Verwaltung nicht im politikfreien Raum. So haben Mitarbeiterinnen und Mitarbeiter in Landesverwaltungen beispielsweise den Auftrag, politische Zielvorgaben umzusetzen – unabhängig von der eigenen persönlichen Auffassung. Im Rahmen der Umsetzung von politischen Programmen werden Evaluationen gebraucht, um ein Programm oder eine Policy zu unterstützen.

Ein Beispiel macht deutlich, dass es nicht immer um große Politik geht und es sich nicht per se um etwas Verwerfliches handelt: Im Niedersächsischen Ministerium für Soziales, Frauen, Familie, Gesundheit und Integration wurde das Projekt der Erziehungslotsen entwickelt. Ehrenamtliche werden qualifiziert, gehen in Familien und begleiten sie eine Zeit lang. Es handelt sich um Familien, die Unterstützung brauchen und wünschen, die aber noch keine Hilfen zur Erziehung im engeren Sinne benötigen. So gut die Idee war und ist, so sehr ist sie auf Vorbehalte in der Praxis gestoßen. Freie Träger hatten die Sorge, dass ihre professionelle Sozialpädagogische Familienhilfe durch preiswerte Ehrenamtliche ersetzt werden sollte. Vor allem kam Widerstand von einigen Jugendämtern. Sie hatten Bedenken, ob diese Aufgabe durch Ehrenamtliche tatsächlich geleistet werden kann und ob diese „am grünen Tisch des Ministeriums" entwickelte Idee wirklich praxistauglich ist. Die vom Ministerium in Auftrag gegebene wissenschaftliche Begleitung hat einerseits den Wert und Nutzen des Projektes bestätigt, andererseits aber viele Verbesserungsmöglichkeiten aufgezeigt (Strobl/Lobermeier 2011: insb. 62 ff.). Diese Evaluationsergebnisse eröffnen die Möglichkeit, diese Widerstände auf fachlicher Ebene aufzugreifen. Die Evaluation trägt – vor allem weil sie differenzierte Ergebnisse erbringt – zu einer Versachlichung der Diskussion über den Wert des Programms bei. Dies ist m. E. die klassische Nutzung einer Evaluation zur Legitimation eines politischen Programms.

Natürlich können Evaluationen nicht immer den Erfolg eines Projektes nachweisen. Zwar zeigt die schon eingangs erwähnte Studie zum Wert von im Auftrag von öffentlichen Verwaltungen durchgeführten Studien, dass diese immer positiver in der Bewertung der öffentlichen Projekte und Programme ausfallen. Studien ohne konkreten öffentlichen Auftrag, die aus eigenem wissenschaftlichem Antrieb der Evaluatoren durchgeführt wurden, bewerten den Erfolg von Projekten in der Regel weniger gut (Mann 2000: 371, 374 ff.). Dennoch kann sich erweisen, dass der erhoffte Nutzen nicht erreicht werden kann. Oder es kommen völlig andere Ergebnisse heraus, als diejenigen, die gerade auf der politischen Agenda stehen, zum Beispiel: Mehr Polizei ist besser als weniger – oder andersherum: Weniger Polizei ist besser als mehr. Je nach politischem Standpunkt ist das eine oder das andere Ergebnis nur schwerlich mit der Grundhaltung zu vereinbaren.

Die Ergebnisse sind trotzdem für die Steuerung von Programmen und Policies wichtig. Auf einem anderen Blatt steht aber möglicherweise die Frage der

Veröffentlichung der Ergebnisse. Wer im öffentlichen Auftrag – vor allem in politisch sensiblen Bereichen – forscht, kennt dieses Problem. Interessant ist daher der Beitrag von Eleanor Chelimsky zum „Zweck von Evaluationen in einer demokratischen Gesellschaft" (2006: 44 ff.). Sie beschreibt u. a. ihre Forschung im absolut sensiblen Bereich der nuklearen Strategie der USA. Ihre Aufgabe war es 1990 im Hinblick auf das Haushaltsdefizit und die Veränderungen der Ost-West-Beziehungen die strategische Sicherheit durch nukleare Vergeltungsmaßnahmen per Land, See und Luft zu vergleichen. Selbstverständlich war ein großer Teil der Erhebungen und Ergebnisse vertraulich und nicht zur Veröffentlichung geeignet. Nach längeren Verhandlungen wurde immerhin eine 15seitige Zusammenfassung der Öffentlichkeit zugänglich gemacht. Der entscheidende Punkt ist aber nicht diese Veröffentlichung: Eleanor Chelimsky berichtet weiter, dass sie nach einiger Zeit – und zugegebenermaßen: nach einem Regierungswechsel – zu abwehrstrategischen Fragen im US-Kongress befragt wurde und mit Erstaunen hörte, dass ihr Bericht als ein wichtiger Beitrag für die Planung der strategischen Kräfte verwendet wurde und werde.

„Nicht veröffentlicht" heißt nicht automatisch „in der Schublade verschwunden" – auch wenn dies von außen betrachtet so wirken kann. Viele Entscheidungen, die innerhalb einer Verwaltung getroffen werden, haben nicht sofort Außenwirkung. So kann es sein, dass ein Politikwandel langsam eingeleitet wird. Eine Veröffentlichung ist nicht zwangsläufig notwendig für ein Wirksamwerden der Ergebnisse im Hinblick auf die Realisierung eines einerseits ressourcenschonenden und andererseits den Zielgruppen nützenden Politikansatzes.

Konsequenzen für die Evaluationspraxis

Der wichtigste Punkt ist m. E. Klarheit darüber, was das Ziel der Evaluation sein soll. Dazu gehört die Verortung der Evaluation in einem der drei angesprochenen Bereiche. Dies setzt eine klare Kommunikation zwischen Auftragnehmenden und Auftraggebenden voraus. Für diese ist Vertrauen eine wichtige Grundlage. Denn ohne eine Vertrauensbasis kann es geschehen, dass die Kommunikation zu den Zielen der Evaluation kaum offen geführt wird. Das bedeutet auf Seite der Auftraggebenden „Farbe bekennen", auf Seite der Auftragnehmenden Akzeptanz der Ziele.

Die Bestimmung des Ziels der Evaluation setzt vorab eine klare Definition der Ziele des Programms, des Projektes bzw. der Policies voraus. Dies ist eine Aufgabe für die Auftraggebenden. Evaluatorinnen und Evaluatoren können in dieser Projektphase hilfreiche Unterstützung leisten.

Es ist in diesem Zusammenhang nachvollziehbar, was Carol Weiss in ihrem Aufsatz zur „Evaluationsforschung im politischen Kontext" (1991: 216) geschrieben hat: Nicht immer ist das Ziel und der Auftrag ganz klar; unterschiedliche Ebenen (der Verwaltungshierarchien) können unterschiedliche Ziele verfolgen; Ziele verändern sich im Laufe der Zeit. Ob es valide und zulässig ist, dass eine Evaluation auf den (veröffentlichten) Programmzielen beruht und diese zur Grundlage der Forschung macht (vgl. den Überblick bei House 1991: 240 f.), soll an dieser Stelle nicht beantwortet werden. Aus Sicht der Auftraggebenden ist es zumindest unabdingbar, mit den Zielen, die mit bestimmten Maßnahmen verfolgt werden, ernst genommen zu werden. Auch an dieser Stelle kann die Vertrauensbasis zwischen Auftraggebenden und Evaluatorinnen sowie Evaluatoren wichtig werden, um den Prozess der Entwicklung der Zieldefinition und Zielqualität offen zu gestalten.

Des Weiteren ist es wichtig, dass noch viel klarer an Nicht-Evaluatorinnen und Nicht-Evaluatoren kommuniziert wird, was mit welcher Art der Forschung geleistet werden kann, und auch: was nicht. Dabei geht es noch gar nicht um Standards, sondern um die Aufklärung über Grundlagen der Evaluationstechnik.

Unterschiedliche Ziele erfordern unterschiedliche Arten von Berichten, in denen die Ergebnisse dargestellt und zusammengefasst sind (Beywl 2006: 17). Selbstverständlich ist ein Kapitel „Material und Methode" unabdingbarer Bestandteile eines Abschlussberichtes. Dies muss jedoch nicht für jede Zielgruppe in ausführlichster Form dargestellt werden. Für den politischen Raum sollte ein Bericht anders aussehen, als ein Diskussionsbeitrag in einem fachlichen Diskurs; wenn es um Kosten und Strukturen geht, dann sind Zahlen und Daten hierzu auch notwendig.

Hieran anschließend ergibt sich ein Problem vieler Darstellungen: Was sagen die Ergebnisse konkret aus? Antworthäufigkeiten oder das Vorkommen bestimmter sozialer Entwicklungen allein sagen wenig über Wirkungszusammenhänge. Gerade die Zusammenhänge zwischen mehreren Faktoren sind zentral für die Bewertung von sozialen Programmen. Signifikanzniveaus, stochastischer Unabhängigkeiten, Chi-Quadrat-Tests sind für Laien der Evaluationsforschung meist nicht von sich heraus verständlich. Die Auswahl der Berechnungsmethoden, der Wert der sich hieraus ergebenden Zahlen, die Bedeutung von Wahrscheinlichkeiten – dies müssen Leserinnen und Leser von Berichten verstehen können. Die verwendete Formel ist weniger von Interesse als eine nachvollziehbare Darstellung, was damit eigentlich ausgesagt wird. Gleichermaßen notwendig ist eine Erläuterung, was mit den Daten *nicht* ausgesagt wird. Bei der Frage von Korrelationen und Wahrscheinlichkeiten ist es entscheidend, auch hierauf hinzuweisen. Falsch interpretierte Evaluationsergebnisse können der Zielgruppe eines Projektes oder Programms nicht helfen.

Möglicherweise wäre eine zusammenfassende Darstellung der wichtigsten Forschungsmethoden inklusive eines Glossars der wichtigsten Statistik-Begriffe in einem Handbuch ein hilfreiches Instrumentarium zur Vereinfachung der interdisziplinären Kommunikation zwischen Auftraggebenden und Auftragnehmenden.

Als letzte Schlussfolgerung in diesem Bereich soll um Verständnis für die politischen Rahmenbedingungen, in die Verwaltung immer eingebunden ist, geworben werden. Wenn eine vertrauensvolle Zusammenarbeit gelingt, kann über hieraus möglicherweise entstehende Probleme gesprochen werden – ohne dass eine der beiden Seiten Schaden nimmt.

3 Neutralität und Objektivität versus Auftrag

Das Spannungsfeld von Neutralität, Objektivität und Auftragsforschung ist nicht neu und wird immer wieder diskutiert. Überspitzt formuliert kann der Eindruck entstehen, dass Forschung an sich neutral und objektiv sei, und dass es geradezu verwerflich sei, wenn im Auftrag eines Anderen geforscht werde, da dann das Ergebnis ohnehin von vornherein feststehend sei. Was ist an einer Forschung für einen Auftraggeber, oder gar ein Ministerium verhängnisvoll oder riskant?

Unbestritten ist, dass es eine Forschung geben muss, die nicht an den Leitfragen der Politik ausgerichtet ist. Dazu gibt es zahlreiche Forschungsförderinstanzen, die es ermöglichen, eigenen Erkenntnisinteressen zu folgen. Dieser Raum ist notwendig, um Grundlagenforschung durchführen zu können, bei der die direkte Nutzbarkeit der Ergebnisse nicht von vornherein sicher ist. Ebenso wichtig ist es, die Fragen zu untersuchen, an deren Antworten Politik und/oder öffentliche Meinung zurzeit kein primäres Interesse haben. Darauf sind Verwaltung und Politik sogar angewiesen – denn viele innovative Ideen kommen aus diesem Bereich. Ebenso kann gesellschaftliche Kontrolle durch von außen finanzierte Forschung und Evaluationen ermöglicht werden (Stockmann 2008: 2).

Dennoch ist auch eine Forschung im öffentlichen Auftrag sinnvoll. Es ist wichtig, dass überprüft wird, ob die angestrebten Ziele tatsächlich erreicht werden und wenn nicht – oder nur in Teilen – wie es besser gelingen könnte. Dabei geht es um etwas anderes, als um eine Ein- oder gar Unterordnung in Verwaltungsroutinen, Aufsichtsfunktionen oder Rechtmäßigkeitskontrollen. Es sind nicht – wie Wolfgang Beywl und Thomas Widmer (2009: 504) befürchten – immer gleich Pseudo-Evaluationen, nur wenn es sich um einen öffentlichen Auftraggeber mit einer konkreten Fragestellung handelt. Eine solche These verkennt die Steuerungsfunktion öffentlicher Verwaltung. Es geht nicht um ein plakatives Label „evaluiert – und damit gut", sondern es besteht vor allem ein

Interesse an differenzierten Berichten, die die Steuerung von Programmen ermöglichen.
Zudem sollte klar sein, dass auch Evaluationsforschung nicht objektiv oder neutral ist. Dies gilt nicht nur im Hinblick auf die Grundhaltung zu bestimmten Fragestellungen, sondern auch für Hypothesen, Forschungsfragen, Erhebungsbögen und die Auswahl der Methode: „Our conceptions and even our methodologies are value laden. Evaluators do not live in a state of methodological grace" (House 1991: 245).

Konsequenzen für die Evaluationspraxis

Daraus folgt für das Verhältnis zwischen Auftraggebenden und Evaluationspraxis die Notwendigkeit zur Ehrlichkeit. Wer Auftragsforschung macht, der bindet sich vertraglich an einen Auftraggeber – ganz unabhängig davon, ob es sich um einen Auftrag einer öffentlichen oder einer privaten Stelle handelt. Das beinhaltet, dass die Forschung einem bestimmten Auftrag, Ziel und Interesse folgt – sonst dürften für diese Evaluation keine (öffentlichen) Mittel eingesetzt werden.

Ehrlichkeit lässt es zu, mit Offenheit um bestimmte Fragestellungen zu ringen. Es ist eine – zutreffende – juristische Binsenweisheit, dass Verträge vor allem für die Fälle geschlossen werden, in denen etwas nicht wie geplant läuft. D.h., in den Fällen, in denen alles „normal durchläuft", bemerkt man den Vertrag im Hintergrund nicht. Wenn aber Streit über einzelne Fragen entsteht, ist es gut, wenn sich hierzu Regelungen im Vertrag befinden. Vertragsverhandlungen bieten damit eine Chance zur Festlegung von Spielregeln. Es ist notwendig, sich beispielsweise von vornherein darüber zu verständigen, wer, wann, was veröffentlichen darf, wem die Daten „gehören" (ob sie den Aufraggebenden, den Auftragnehmenden oder der Öffentlichkeit – und damit anderen Forschenden – zur Verfügung gestellt werden), was geheim zu halten ist und was nicht – und vieles mehr. Eine Hoffnung, dass es schon irgendwie klappen wird, hilft gerade bei einem späteren Konfliktfall nicht weiter. Wer sich mit der einen oder anderen Vertragsklausel unwohl fühlt, sollte dies klären. Dann gibt es entweder eine Einigung oder keinen Vertrag. Beides dient der Transparenz.

Evaluationen sollen auf Akzeptanz und Glaubwürdigkeit stoßen. Dazu leistet die Qualität einen entscheidenden Beitrag; m. E. ist es ein Zeichen von Qualität, den subjektiven Gehalt und die damit verhaftete methodologische Auswahl der Forschung anzusprechen – auch dies dient der Transparenz.

4 Benutzt werden versus Nichtnutzung

„Die Evaluationsergebnisse werden von Praktikern und Behörden oft kaum genutzt." oder um es etwas salopper zu formulieren: „die machen ohnehin nicht das, was wir empfehlen" – diese These steht bei Forschung im öffentlichen Auftrag häufig auch im Raum. Interessanterweise steht dieser These eine Sorge gegenüber, die statt zu wenig Nutzung, ein zuviel an Nutzung – im Sinne von Benutzen – beinhaltet.

Die Sorge, dass die Ergebnisse „politisch genutzt werden könnten", geht vielfach einher mit der Vorstellung, dass Evaluationen neutral seien. Neutrale Wissenschaft und Evaluation sind aber ein Mythos. Die feministische Forschung hat am Beispiel der Berücksichtigung bzw. Nicht-Berücksichtigung von Frauen und Gender sehr deutlich nachgewiesen, dass es diese Neutralität nicht geben kann (Maihofer 2006: 64 ff.). Wenn Verwaltung einen Auftrag für eine Evaluation erteilt, dann verfolgt sie damit selbstverständlich einen Zweck und ein Ziel. Dann sollten die Ergebnisse auch dementsprechend genutzt werden dürfen.

Mit dieser These einer geht die Sorge der politischen Instrumentalisierung und der Nutzung von Evaluationen als Kontrollinstrumente (Heitmeyer, in diesem Band: 224 ff.). Es scheint auf Seiten der Wissenschaft tatsächlich eine Ambivalenz zu bestehen: Das Ziel und der Wunsch der Nutzung der Erkenntnisse und Ergebnisse durch Verwaltung (und/oder Politik), ohne aber als Wissenschaft für (politische) Entscheidungen als Konsequenzen aus den Ergebnissen verantwortlich sein zu wollen. Dieses Spannungsfeld ist – auch aus Sicht der Auftraggebenden – nicht simpel auflösbar und bedarf einer vertieften Auseinandersetzung. Der jetzt begonnene Diskurs zwischen Auftraggebenden und Evaluationspraxis kann in diesem Kontext eine interessante Perspektive sein.

Manchmal nutzen Auftraggebende – trotz des Ziels und Zwecks der Evaluation – die Ergebnisse nicht. Sind Auftraggebende dabei wirklich ignorant gegenüber den Forschungsergebnissen? Sinnvoll ist die Analyse, aus welchen Gründen die Ergebnisse aus einer Evaluationsstudie nicht genutzt werden (können):

- Manche Evaluationsberichte enthalten keine Empfehlungen, was getan werden sollte oder müsste, um bei einer sozialen Problemlage die Lebenswirklichkeit einer Zielgruppe zu verbessern. Ohne Handlungsempfehlungen ist Handeln schwierig.
- Manche Empfehlungen enthalten keine klaren Empfehlungen und manches, was empfohlen wird, kann nicht verstanden werden. Unverständliche Berichte sind nicht die Regel, aber Manches kommt so „verwissenschaftlicht" daher, dass die Empfehlungen nur mit Mühe aus einem Abschlussbericht herauszulesen sind.

- Manches, was empfohlen wird, ist gewollt, aber zu teuer. Einige gute Ideen erfordern einen nicht unerheblichen Einsatz von finanziellen Mitteln. Nicht immer lassen sich finanzielle Spielräume für die Realisierung dieser Ideen durch Umschichtungen schaffen; Steuer- und Haushaltsmittel sind in ihrer Verfügbarkeit limitiert. Es kann hilfreich sein, wenn nicht nur eine „Große Lösung", sondern auch eine „Kleine Lösung" oder ein Handlungsraster von mehreren Schritten hin zu einer „Großen Lösung" aufgezeigt wird.
- Manches, was empfohlen wird, ist in bestimmten Zeiten politisch nicht gewollt. Das kann aus Sicht der Wissenschaft frustrierend sein. In demokratischen Gesellschaften gilt jedoch die Spielregel, dass die Gewählten für den Zeitraum, für den sie die Verantwortung übertragen bekommen haben, die Handlungsleitlinien bestimmen dürfen. Solange die Auftraggebenden keine Antworten auf klare „entweder – oder"-Fragen wünschen, kann in einem Bericht das Aufzeigen einer Zwischenlösung als Perspektive hilfreich sein.
- Und schließlich: „Politics and poetics of evaluation reporting are intertwined" (Schwandt 2005, 320). Neben den Evaluationsergebnissen, die immer eine Frage der Interpretation der Datenlage beinhaltet, ist die Überzeugungskraft der Darstellung in ihrem Wert nicht zu unterschätzen.

5 Schluss

Neben solidem und gutem Handwerk sind Rollenklarheit, Verständnis – auch für politische Rahmenbedingungen – und Akzeptanz für die jeweilige Rolle wesentliche Faktoren dafür, dass es gelingt, Evaluationsergebnisse im Sinne der jeweiligen Projekte zu nutzen. Letztendlich muss es vor allem um Diejenigen gehen, die Zielgruppe der Projekte, Programme und Policies sind.

Literatur

Beywl, Wolfgang (2006): The Role of Evaluation in Democracy: Can it be Strengthened by Evaluation Standards? A European Perspective. In: Journal of MultiDisciplinary Evaluation, 6, S. 10- 29.

Beywl, Wolfgang/Widmer, Thomas (2009): Stand und Perspektiven der Evaluation: Eine Übersicht nach Politikfeldern für Deutschland, Österreich und die Schweiz. In: Zeitschrift für Politikberatung, 2, S. 499-506.

Brand, Tilman/Jungmann, Tanja (2009): Zugang zu sozial benachteiligten Familien – Ergebnisse einer Multiplikatorenbefragung im Rahmen des Modellprojekts „Pro Kind". In: Prävention und Gesundheitsförderung, 5, S. 109-114.

Chelimsky, Eleanor (2006): The Purposes of Evaluation in a Democratic Society. In: Shaw, Ian F./Greene, Jennifer C./Mark, Melvin M. (Hrsg.): Handbook of Evaluation. London, Thousand Oakes, New Delhi: Sage Publications, S. 33-55.
Haubrich Karin/Lüders, Christian (2004): Evaluation – hohe Erwartungen und ungeklärte Fragen. In: soFid Jugendforschung 2004/1, S. 9-15.
Heitmeyer, Wilhelm (2012): Evaluationsforschung. Parameter und Auswirkungen für die Gesellschaft. In: Strobl, Rainer/Lobermeier, Olaf/Heitmeyer, Wilhelm: Evaluation von Programmen und Projekten für eine demokratische Kultur. Wiesbaden: VS, S. 221-231.
Heitmeyer, Wilhelm/Lobermeier, Olaf/Strobl, Rainer (2011): Konzept zur Konferenz „Evaluation von Programmen und Projekten zur Förderung einer pluralistischen und demokratischen Kultur". (http://www.proval-services.net/evalconference/seiten/konzept.html) (29.6.2012)
House, Ernest R. (1991): Evaluation and Social Justice: Where Are We? In: McLaughlin, Milbrey W./Phillips, D.C.: Evaluation and Education: At Quarter Century – Ninetieth Yearbook of the National Society for the Study of Education, Part II, S. 233-247.
Kavemann, Barbara/Leopold, Beate/Schirrmacher, Gesa/Hagemann-White, Carol (2001): Modelle der Kooperation gegen häusliche Gewalt. Schriftenreihe des Bundesministeriums für Familie, Senioren, Frauen und Jugend, Band 193. Stuttgart, Berlin, Köln: Kohlhammer.
Maihofer, Andrea (2006): Von der Frauen- zur Geschlechterforschung – Ein bedeutsamer Perspektivwechsel nebst aktuellen Herausforderungen an die Geschlechterforschung. In: Aulenbacher, Brigitte u.a. (Hrsg.): FrauenMännerGeschlechterforschung – State of the Art. Münster: Westfälisches Dampfboot.
Mann, Stefan (2000): The Demand for Evaluation from a Public Choice Perspective. In: DIW-Vierteljahreshefte, S. 371-378.
Mark, Melvin M./Greene, Jennifer C./Shaw, Ian F. (2006): The Evaluation of Policies, Programs, and Practices. In: Shaw, Ian F./Greene, Jennifer C./Mark, Melvin M. (Hrsg.): Handbook of Evaluation. London, Thousand Oakes, New Delhi: Sage Publications, S. 1-30.
Schwandt, Thomas A. (2005): Politics of Evaluation. In: Mathison, Sandra (Hrsg.): Encyclopaedia of Evaluation. Thousand Oaks, London, New Delhi: Sage Publications, S. 319-322.
Stockmann, Reinhard (2008): Zur gesellschaftlichen Bedeutung von Evaluationen. Centrum für Evaluation; CEval-Arbeitspapier 15. (www.ceval.de)
Strobl, Rainer/Lobermeier, Olaf (2007): Evaluation und Qualitätsentwicklung: Ein Handbuch für die praktische Projektarbeit. Hannover (www.beccaria.de).
Strobl, Rainer/Lobermeier, Olaf (2011): Abschlussbericht des Modellprojektes „Erziehungslotsen in Niedersachsen". Hrsg.: Niedersächsisches Ministerium für Soziales, Frauen, Familie, Gesundheit und Integration, Hannover (www.erziehungslotsen.de)
Weiss, Carol Hirschon (1991): Evaluation Research in the Political Context: Sixteen Years and Four Administrations Later. In: McLaughlin, Milbrey W./Phillips, D.C.: Evaluation and Education: At Quarter Century – Ninetieth Yearbook of the National Society for the Study of Education, Part II, S. 211-231.

# III. Die gesellschaftliche Bedeutung von Evaluation

Evaluation und Gesellschaft

Reinhard Stockmann

1 Evaluationsboom

Evaluation hat Hochkonjunktur! Die Nachfrage nach Evaluation steigt weltweit. Dies wird nicht zuletzt an der Zahl der Berichte und Studien deutlich, von denen überhaupt nur ein Bruchteil veröffentlicht wird und die somit lediglich die Spitze des „Bücherberges" markieren. Schon 1998 hatte Carol H. Weiss (vgl. Weiss 1998: 10 ff.) von einer wachsenden Flut von Studien gesprochen. Ray Rist und Nicoletta Stame (2006) nannten ihr Buch, diese Metapher aufgreifend, auch „From Studies to Streams". Die ständig steigende Nachfrage schafft zunehmend ein sich professionalisierendes Angebot.

Während in den Anfangsjahren Evaluationen von Personen durchgeführt wurden, die als Erziehungs- und Sozialwissenschaftler oder Psychologen ausgebildet waren, „wächst nicht nur die Zahl derjenigen, die sich beruflich schwerpunktmäßig mit Evaluation beschäftigen" (Preskill 2008: 128 f.), sondern auch die Zahl der Ausbildungseinrichtungen, die Evaluation als Studiengang offerieren. Allein in Europa werden 14 Studienprogramme, zumeist auf der Masterebene, angeboten (vgl. Beywl u. Harich 2007: 121).

Zur Professionalisierung trägt auch die Vielzahl der in den letzten 10-15 Jahren gegründeten Evaluationsgesellschaften bei. In Europa sind es bereits mehr als zwanzig.[1] Darüber hinaus verfügen viele internationale und supranationale Organisationen über große Evaluationsstäbe (z. B. Weltbank, zahlreiche UN-Organisationen, EU-Kommission) und es haben sich weltweite Zusammenschlüsse gebildet (z. B. Development Assistance Committee der OECD-Staaten; The International Development Evaluation Association, IDEAS), die sich zum Teil auch bestimmten Evaluationsfragestellungen widmen (wie z. B. Network of Networks for Impact Evaluation (NONIE) und International Initiative for Impact Evaluation (3ie) zur Wirkungsevaluation).

Die Zahl der Mitglieder der größten nationalen Evaluationsgesellschaft, der American Evaluation Association, hat sich in den letzten zehn Jahren von 3000

---

1 Eine vollständige Auflistung der europäischen Evaluationsgesellschaften bietet die European Evaluation Society unter: http://www.europeanevaluation.org/community/national-and-regional-societies-and-networks/europe.htm (zul. ges. 27.10.2011).

auf 6500 mehr als verdoppelt.[2] Die erst vor gut zehn Jahren gegründete Deutsche Gesellschaft für Evaluation (DeGEval) ist in diesem Zeitraum auf über 600 Mitglieder angewachsen.[3] Evaluation hat sich somit nicht nur zu einem „booming business" (Leeuw 2009: 3) entwickelt, welches Heerscharen von Evaluatoren einen Job verschafft, sondern auch zu einer Disziplin der angewandten Sozialforschung, die nach ihrer Identität sucht, und die sich gerne als eigenständige Profession etablieren möchte. Hierzu sollen nicht nur die Gründung von Fachgesellschaften und das Angebot an einschlägigen akademischen Studiengängen beitragen, sondern auch die weltweiten Bemühungen um *Evaluation Capacity Development*[4]. Die Entwicklung von *Standards*[5] und *Code of Conducts*[6] sowie der Versuch, Zertifizierungsverfahren für Evaluatoren einzuführen, dienen dem gleichen Zweck. Dabei ist die Canadian Evaluation Society bisher am weitesten vorgeprescht und bietet als einzige Evaluationsgesellschaft in der Welt die Möglichkeit einer Zertifizierung für Evaluatoren an.[7]

Solange jeder, der einmal eine Evaluation oder was er dafür hält, durchgeführt hat, behaupten kann, dass er ein Evaluator sei, wird die Qualität von Evalu-

---

2   Vgl. American Evaluation Association – Membership. Online unter: http://www.eval.org/membership.asp (zul.ges. 27.10.2011).
3   Die Mitgliederzahlen der Deutschen Gesellschaft für Evaluation (DeGEval) lassen sich abrufen unter: http://www.degeval.de/ueber-uns/mitglieder (zul. ges. 27.10.2011). Zum Vergleich: die Schweizerische Evaluationsgesellschaft (SEVAL) hat zurzeit 450 Mitglieder, laut http://www.seval.ch/de/ueberuns/mitgliedschaft.cfm (zul. ges. 27.10.2011).
4   Für das Evaluation Capacity Development-Programm (ECD) der Independent Evaluation Group (IEG) der Weltbank siehe: www.worldbank.org/ieg/ecd (zul. ges. 27.10.2011).
5   Eine Auflistung der Evaluationsstandards sowohl nationaler Gesellschaften als auch internationaler Organisationen inklusive Downloadmöglichkeit bietet die European Evaluation Society unter: http://www.europeanevaluation.org/library/evaluation-standards.htm (zul. ges. 27.10. 2011). Beispielsweise sind zu nennen: DeGEval – Gesellschaft für Evaluation e.V. (2008) (Hg.): Standards für Evaluation, 4. Auflage. Mainz.
JCSEE – The Joint Committee on Standards for Educational Evaluation (2011) (Hg.): The Program Evaluation Standards, 3. Auflage. Thousand Oaks: Sage.
DAC – Development Assistance Committee (1991) (Hg.): DAC Principles for Evaluation of Development Assistance. Paris.
6   Eine Auswahl: AEA - American Evaluation Association (2004) (Hg.): Guiding Principles for Evaluators, online unter http://www.eval.org/Publications/GuidingPrinciples.asp (zul. ges. 27.10.2011);
CES – Canadian Evaluation Society (1996) (Hg.): Guidelines for Ethical Conduct, online unter http://www.evaluationcanada.ca/site.cgi?s=5&ss=4&_lang=en (zul. ges. 27.10.2011);
UNEG – United Nations Evaluation Group (2008) (Hg.): UNEG Code of Conduct for Evaluation in the UN System. Online unter: http://www.unevaluation.org/unegcodeofconduct (zul. ges. 27.10.2011).
7   Zertifizierungsprogramm der Canadian Evaluation Society (CES): „Becoming Credentialed – CES Professional Designations Program", mehr Informationen und Teilnahmemöglichkeiten online unter: http://www.evaluationcanada.ca/site.cgi?en:5:6 (zul. ges. 27.10.2011).

ationen eine große Heterogenität aufweisen. Deshalb wird als ein Grund für die Notwendigkeit von Zertifizierung ins Feld geführt: „to ensure some quality control for people who purport to be professionals in a field that does not require state licensure" (Rothwell u. Wang 2008: 14). Wenn es keine Zertifizierung von Evaluatoren gibt und auch keine Ethikkommissionen der Evaluationsgesellschaft, dann können auch keine Sanktionen gegenüber Auftraggebern und Auftragnehmern (Evaluatoren) ausgesprochen werden, die die professionellen oder ethischen Evaluationsstandards verletzen.

Bis sich dies ändert, ist ein weiter Weg zurückzulegen, der mit vielen Risiken behaftet ist und von dem man nicht weiß, wohin er letztlich führen wird. In der Zwischenzeit lassen sich die bestehenden Standards schon einmal dazu nutzen, wenigstens ein Mindestmaß an Qualitätssicherung zu gewährleisten. Dazu gehört, dass professionelle Evaluationen von Alltagsevaluationen begrifflich abgegrenzt werden und die Standards für Evaluation als Kriterien für die Beurteilung der Güte vorliegender Studien, als auch für die professionelle Planung und Durchführung von Evaluationen verwendet werden.

Der Evaluationsboom, der von Politik und staatlicher Verwaltung, aber auch zivilgesellschaftlichen Organisationen ausgelöst wird, führt zu einer Vielfalt von Evaluationen, die unterschiedlichen Zwecken dienen und die die Gesellschaft auf unterschiedlichen Ebenen betreffen.

Um diese Diversität zu strukturieren, werden in diesem Beitrag die Funktionen verwendet, die Evaluationen in einer Gesellschaft prinzipiell ausüben können, bevor geprüft wird, ob sie diese Funktionen auch tatsächlich erfüllen. Dabei beschränkt sich die Betrachtung hier im Wesentlichen auf Deutschland.

2 Evaluation ist hipp

Während vor Jahren der Begriff Evaluation in der deutschen Sprache fast nicht vorkam und häufig mit dem ähnlich klingenden Wort „Evolution" verwechselt wurde, ist er spätestens seit der PISA-Studie in aller Munde. Selbst in der Alltagssprache hat er mittlerweile einen festen Stammplatz. So schreibt z. B. der Autor einer Artikelserie des Magazins Stern: „So liebt die Welt": ... „dass Frauen immer genauer *evaluieren*[8], mit wem sie sich einlassen" (Stern 32/2007: 102). Allein dieses Beispiel macht deutlich, dass die inflationäre Verwendung des Begriffs nicht nur allerlei Stilblüten treibt, sondern in unterschiedlichsten Kontexten und für die verschiedensten Zwecke, Aufgaben und Prozeduren verwendet wird. Aufgrund der Modernität und Wissenschaftlichkeit, die dieser Begriff

---

[8] Hervorhebung des Autors.

ausstrahlt, werden offenbar immer mehr Studien, Gutachten, Prüfungsberichte, Auditreports, Reviews oder Erfolgskontrollen aller Art mit der Bezeichnung „Evaluation" geadelt. Deshalb ist es sinnvoll zu prüfen, ob dort wo Evaluation draufsteht, auch Evaluation drin steckt.

Dies ist nicht etwa ein semantisches Problem oder eine akademische Übung, sondern es geht wie oben dargestellt um Qualitätssicherung in der Evaluation. Wenn Evaluationen nämlich nicht professionell, nach wissenschaftlichen Kriterien und unter Berücksichtigung fachlicher Standards von dafür qualifizierten Personen durchgeführt werden, also wenn es sich um Alltagsevaluationen handelt, sind diese mit erheblichen Risiken behaftet: So können z. B. Sachverhalte einseitig oder „falsch" dargestellt, bestimmte Stakeholderinteressen über- oder unterbewertet oder keine einheitlichen Kriterien verwendet worden sein. Des Weiteren ist es möglich, dass für die Fragestellung unpassende Designs oder Erhebungsmethoden eingesetzt, nicht die eigentlichen Zielgruppen untersucht oder sogar die „falschen" Fragen beantwortet wurden. In solchen Fällen stellen Evaluationen eine Gefahrenquelle dar, denn es werden Bewertungen oder Entscheidungen auf einer nur scheinbar rationalen Grundlage gefällt. Zudem lassen sich laienhaft durchgeführte Evaluationen eher für manipulative Zwecke missbrauchen als professionell durchgeführte Studien, wobei natürlich auch diese vor Missbrauch nicht geschützt sind.

Wissenschaftlich durchgeführte Evaluationen zeichnen sich dadurch aus, dass sie (1.) auf einen klar definierten Gegenstand (z. B. politische Interventionsmaßnahmen, Projekte, Programme, Policies etc.) bezogen sind, (2.) für die Informationsgenerierung objektivierende, empirische Datenerhebungsmethoden einsetzen und (3.) die Bewertung anhand explizit auf den zu evaluierenden Sachverhalt und anhand präzise festgelegter und offengelegter Kriterien, (4.) mit Hilfe systematisch vergleichender Verfahren vorgenommen werden, (5.) in der Regel von dafür besonders befähigten Personen (Evaluatoren) durchgeführt werden, (6.) mit dem Ziel, auf den Evaluationsgegenstand bezogene Entscheidungen zu treffen.

Bei Anwendung dieser Kriterien kann jeder „Evaluationslaie" beurteilen, ob es sich um eine Alltagsevaluation oder eine professionelle Evaluation handelt. Und ausschließlich letztere sollten als Grundlage für Entscheidungen im öffentlichen Sektor, z. B. bei Entscheidungen über Finanzierung, Programmverbesserungen oder auch zur Auswahl und Priorisierung von Maßstäben, dienen.

Professionelle Evaluation ist jedoch nicht nur von Laien-Evaluation zu unterscheiden, sondern auch von wissenschaftlicher Grundlagenforschung. Während Wissenschaft relativ zweckungebunden vorgeht und generell das Verständnis über die Welt und wie bestimmte Dinge funktionieren verbessern möchte, ist Evaluation immer zweckgebunden. Evaluation dient immer einem Zweck, muss einen Nutzen stiften und ist nicht nur abstrakt an irgendwelchen Forschungsfragen interessiert.

Eine gute Evaluation zeichnet sich deshalb dadurch aus, dass sie einerseits professionelle, wissenschaftliche Standards erfüllt, um zuverlässige Daten und Informationen zu liefern. Und dass sie andererseits Ergebnisse liefert, die den Auftraggebern, der Politik oder Administration, nützlich sind für ihre Aufgaben: also um Entscheidungen zu treffen und diese in praktisches Handeln umzusetzen.

Gute Evaluationen zeichnen sich zudem dadurch aus, dass zentrale Stakeholder in den Evaluationsprozess von Anfang an einbezogen werden. Dies ist wichtig, weil die verschiedenen Stakeholder nicht nur verschiedene Perspektiven einbringen und über wichtige Informationen verfügen, sondern weil auf diese Weise auch Akzeptanz für eine Evaluation und ihre Ergebnisse geschaffen werden kann. Dies wiederum ist besonders dann von Bedeutung, wenn Stakeholder Ergebnisse nicht nur akzeptieren, sondern die daraus abgeleiteten Empfehlungen auch umsetzen sollen.

Natürlich muss eine Evaluation auch durchführbar sein, d. h. es ist eine Balance zwischen Ansprüchen und Machbarkeit zu finden. Häufig stehen die Wünsche an eine Evaluation, was sie alles leisten soll, nicht im Verhältnis zu dem was an Finanzmitteln oder Zeit zur Verfügung steht. Dieses Problem ist schon frühzeitig zu lösen, sonst gibt es Enttäuschungen auf beiden Seiten, den Auftraggebern einer Evaluation und den Evaluatoren.

Um die Qualität von Evaluationen sicherzustellen, haben viele Evaluationsgesellschaften nationale Standards entwickelt, die diese vier Anforderungen thematisieren:

- Eine Evaluation sollte sich an den geklärten Evaluationszwecken sowie am Informationsbedarf der vorgesehenen Nutzer ausrichten (*Nützlichkeit*, engl. Utility).
- Eine Evaluation sollte realistisch, gut durchdacht, diplomatisch und kostenbewusst geplant und ausgeführt werden (*Durchführbarkeit*, engl. Feasibility).
- Im Verlauf einer Evaluation sollte sichergestellt werden, dass respektvoll und fair mit den betroffenen Personen und Gruppen umgegangen wird (*Fairness*, engl. Propriety).
- Eine Evaluation sollte gültige Informationen und Ergebnisse zu dem jeweiligen Evaluationsgegenstand und den Evaluationsfragestellungen hervorbringen und vermitteln (*Genauigkeit*, engl. Accuracy).[9]

---

9 Formuliert in Anlehnung an die DeGEval – Standards für Evaluation 2008, siehe Anm. 5.

Es liegt auf der Hand, dass zwischen diesen Evaluationsstandards Spannungen auftreten können. So bedingen z. B. hohe Anforderungen an Genauigkeit und Tiefe der Untersuchung zumeist hohe Kosten und Zeitaufwand. Nützlichkeit erfordert hingegen oft schnelle Ergebnisse, da rasch Entscheidungen zu treffen sind. Deshalb wird häufig zugunsten der Nützlichkeit (Utility) votiert. „Quick and dirty" ist jedoch selten eine gute Wahl, denn wenn Entscheidungen auf der Basis fehlerhafter Daten und unsicherer Ergebnisse getroffen werden, kann der Schaden größer sein als der Nutzen.

Deshalb ist zwischen professionellen Ansprüchen und Nützlichkeit für den Auftraggeber eine Balance herbeizuführen, indem Vor- und Nachteile genau abgewogen werden. Dies gilt auch für das Spannungsverhältnis zwischen Genauigkeit (Accuracy) und Durchführbarkeit (Feasibility). Letztlich sollte sich jede Evaluation darum bemühen, mit einem Minimum an Aufwand ein Maximum an Nutzen zu erzielen.

Worin besteht nun dieser Nutzen von Evaluation für die Gesellschaft? Hier werden drei Zweckbestimmungen unterschieden (vgl. Abb. 1):

Evaluation und Gesellschaft 201

Abbildung 1: Dreifache Zweckbestimmung der Evaluation

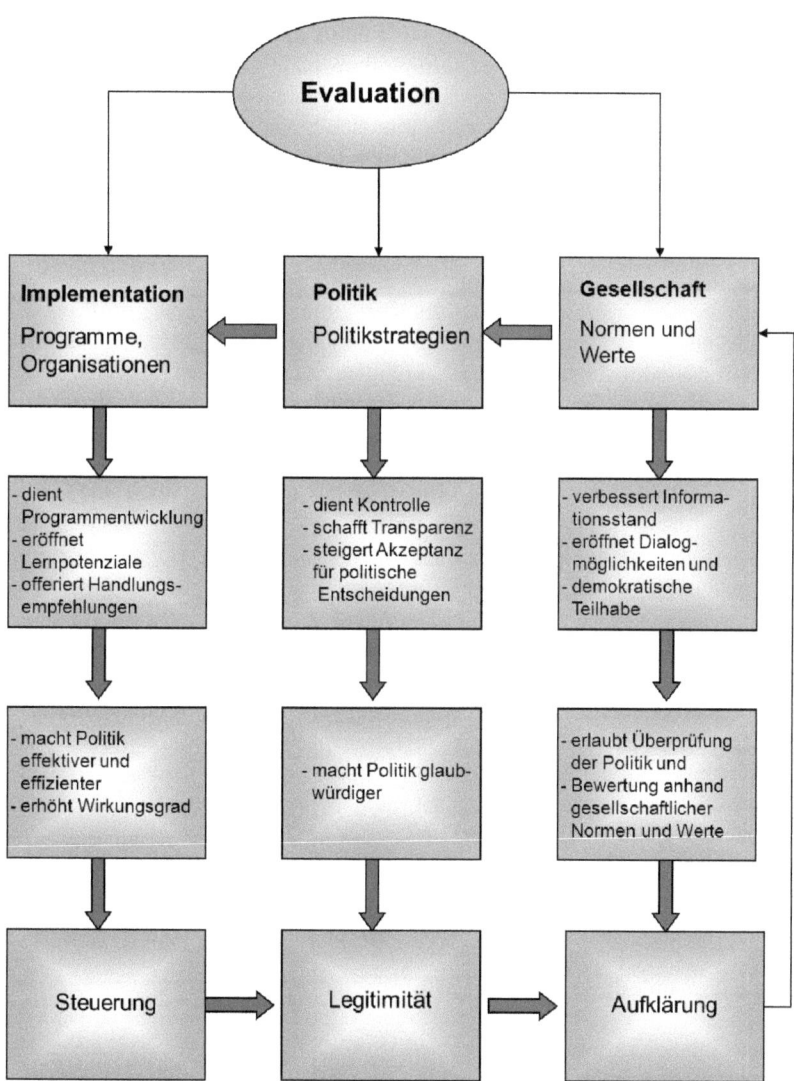

1) Am häufigsten dient Evaluation der Gewinnung und Bewertung von Informationen für das Projekt- oder Programmmanagement, um die Steuerungsfähigkeit zu erhöhen. Die Einbindung von Evaluation in das Projektmanagement z. B.

durch „*logic models*" und das Konzept des „Project Cycle Management" verfügt bereits über eine gewisse Tradition in den modernen Industrieländern. In den letzten beiden Jahrzehnten avancierten Evaluationen im Zuge der Einführung von neuen Steuerungsmodellen im Rahmen von New Public Management und der Etablierung weit reichender Qualitätsmanagementmodelle zunehmend zu einem integralen Bestandteil der organisationalen Struktur und Kultur sowie der Ablaufprozesse in Organisationen. Schließlich werden seit einigen Jahren Netzwerksteuerungskonzepte diskutiert, welche durch aktive Einbindung zivilgesellschaftlicher Akteure eine „institutionelle Steuerung" („*governance*") als Ergänzung oder gar als Ersatz staatlichen Regierungshandelns etablieren wollen. Da sich Evaluation in „*feed-back*"-Schleifen organisational integrieren lässt, fließt erworbenes Wissen, z. B. über den Ablauf und die Wirksamkeit von Programmen, immer wieder in deren Steuerung ein. Sie kann die Programmsteuerung in allen Phasen des politischen Prozesses durchgängig unterstützen und dabei Lernpotenziale erschließen. Deshalb ist die Bereitschaft und die Fähigkeit, Evaluation in die Managementstrukturen einer Organisation zu integrieren, mittlerweile zu einem Kennzeichen moderner Organisationen geworden „and a key to legitimacy, status, recognition, and sometimes funding" (Dahler-Larsen 2006: 147).

2) Evaluation kann zweitens als ein wesentliches Element für die *demokratische Regierungsführung* genutzt werden. Dabei wird Evaluation von der *Legislative* in Gesetzen und Verordnungen für bestimmte Zwecke verpflichtend festgeschrieben, sodass sie von den ausführenden Organen umgesetzt werden müssen. Der Gesetzgeber setzt Evaluation als Mittel zur Wirkungsbeobachtung exekutiver Maßnahmen ein und schafft sich so die Möglichkeit einer sachlichen Beurteilung bei der Weiterentwicklung der rechtlichen Rahmenbedingungen in den Parlamenten und ihren nachgeordneten Gremien (z. B. den Fachausschüssen). Dabei sind sowohl die juristisch fixierten Rahmenbedingungen, also das Ausmaß der Verpflichtung zur Evaluation, wie auch der geforderte Umfang und die Art der vorgeschriebenen Evaluationen von Land zu Land verschieden und unterliegen einem Wandel im Zeitablauf.

Nicht nur die Legislative, sondern auch die *Exekutive*, also die Regierung und ihre Ministerien sowie die öffentliche Verwaltung, setzen Evaluationen verstärkt ein. Wenn diese öffentlichen Einrichtungen Evaluation nutzen, um zu belegen, dass sie ihre gesetzten Ziele erreichen (Effektivität), welche Wirkungen (auch nicht-intendierte) ausgelöst wurden (Impact), wie sich das Verhältnis von Kosten zu Nutzen verhält (Effizienz) etc., dann kann damit die *Glaubwürdigkeit und Legitimität von Politik* gesteigert werden. Wenn sich nachvollziehbar begründen lässt, warum bestimmte Programme eingestellt, gekürzt oder ausgeweitet werden, steigt die Akzeptanz oder zumindest das Verständnis für Entscheidungen. Gleichzeitig fördert die Offenlegung der mit politischen Maßnahmen verbundenen Schwierigkeiten sowie das Wissen um Zusammenhänge und die durch Politik-Strategien ausgelösten Wirkungen auch die Bereitschaft der Zivilgesellschaft, sich aktiv an der Lösung dieser Probleme zu beteiligen und die Regierung durch eigene Beiträge zum Wohle aller zu unterstützen. Voraussetzung hierfür ist jedoch, dass die Evaluationsergebnisse als rationale Grundlage politischer Entscheidungen genutzt werden.

Donald Campbell (1969) hat diesen Gedanken in seinem Konzept von der *„experimentierenden Gesellschaft"* aufgegriffen, in dem eine Art „Arbeitsteilung" zwischen Evaluation und politischer Entscheidungsfindung propagiert wird. Danach soll das bei Evaluationen gewonnene rationale Wissen direkt und quasi automatisch in politische Entscheidungen überführt werden. Diese Form der Verknüpfung zwischen Evaluation und Politik ist als eine Reduktion von politischen auf technische Fragen heftig kritisiert und als „social engineering" bezeichnet worden. Schon früh haben Studien zudem gezeigt, „that the official political machinery did not actually behave according to the assumed rationalistic model" (Dahler-Larsen 2006: 143). Die Nutzung von Evaluationsergebnissen ist ein komplexer sozialer und politischer Prozess, der in Organisationen beispielsweise durch die Einführung von Wissensmanagementsystemen weiter rationalisiert werden soll (vgl. als Überblick z. B. Haun 2005; Amelingmeyer 2004; Götz u. Schmid 2004a,b; Winkler 2004; Willke 2004; Ipe 2003; Alvesson u. Karreman 2001). Die Durchführung von Evaluationen ist zweifellos keine hinreichende, aber immerhin eine notwendige Bedingung für *rationale Politik*: ohne Offenlegung der durch Regierungs- und Verwaltungshandeln erreichten Ergebnisse ist eine demokratische Meinungsbildung auf der Basis möglichst rationaler Bewertungsgrundlagen schwer möglich.

3) Evaluation lässt sich nicht nur für die Projekt- und Programmsteuerung nutzen oder für die Legitimierung politischer Strategien (policies), sondern auch als reflexives Instrument, um Entwicklungsprozesse generell zu hinterfragen. Indem mit Hilfe von Evaluation nicht nur die intendierten Wirkungen von Eingriffen erfasst werden, sondern auch ihre nicht-intendierten Folgen, liefert sie die empirische Basis für eine gesellschaftliche Selbstreflexion. Dies ist umso wichtiger, als in den immer komplexer werdenden modernen Gesellschaften Entwicklungsstrategien und Policies aufgrund unerwünschter und z. T. ausgesprochen schädlicher Nebenwirkungen radikaler als bisher in Frage gestellt werden müssen. Dies bedeutet, dass Probleme, die bis dato nur als Externalitäten behandelt wurden (z. B. Umwelt), nicht-intendierte Folgen zweckrationalen Handelns sowie die Zukunftsfähigkeit des Handelns (Stichwort: Nachhaltigkeit) verstärkt in die Bewertung einfließen müssen.

Evaluation unterstützt nicht einfach nur den Glauben an den Fortschritt durch simple *Soll-Ist-Vergleiche* der gewünschten Ziele mit den realisierten Zuständen. Indem sie speziell auch *Nebenwirkungen und nicht-intendierte Folgen* in den Blickpunkt der Analysen rückt, löst sie sich von einer rein technokratischen Sichtweise und stellt dadurch den Fortschritt selbst in Frage. Nur durch eine *ganzheitliche Perspektive* und einen *umfassenden Wirkungsansatz* kann sie auf die Zukunftsfähigkeit der implementierten Lösungen achten.

Erfolgt Evaluation im Sinne der gesellschaftlichen Aufklärung, dann geht es in erster Linie darum, politische Strategien, Programme und Maßnahmen mit dem Instrument der Evaluation dahingehend zu bewerten, ob sie einen Beitrag zur Lösung gesellschaftlicher Probleme leisten. Indem sie Transparenz über die Ziele und die Wirkungen solcher Strategien und Maßnahmen schaffen, ermöglichen sie Bewertungen auf einer rationalen Grundlage. Indem z. B. offen gelegt wird, welche politischen Ziele erreicht und welche vernachlässigt werden, wer von solchen Maßnahmen profitiert und wer nicht, welche Probleme gelöst werden und welche Gefahren damit verbunden sind etc., können öffentliche Diskussionen ausgelöst werden. Dadurch eröffnet Evaluation die Möglichkeit „to help society shape its own future in a qualified way through systematic, data-based feed-back. A society which seaks evaluation is one which prefers rational thought and critical inquiry to tradition, ideology, and prejudice" (Dahler-Larsen 2006: 143).

Dabei muss Evaluation die *eingesetzten Beurteilungskriterien transparent* machen, um sich nicht dem Vorwurf auszusetzen, nur die Perspektive der politischen Eliten und Entscheidungsträger verwendet zu haben. Ort der Diskussion von Evaluationsergebnissen sollte die *Öffentlichkeit* sein, also die zentrale Institution moderner Gesellschaften zur Gewährleistung des Austauschs zwischen Staat und Bürgern. Indem Befunde von Evaluationen der Öffentlichkeit zugänglich gemacht werden, regt dies die Debatte über gesellschaftliche Probleme und die angebotenen politischen Lösungen an. Nur wenn dabei die Bewertungskriterien benannt werden, kann Evaluation einen sachlichen Diskurs fördern, ideologisch motivierte Konflikte befriedigen und durch lösungsorientierte Empfehlungen zu einem konsensorientierten Abschluss beitragen.

Zusammenfassend kann festgehalten werden, dass Evaluation drei zentralen Zwecken dient, die zwar in einem engen Zusammenhang stehen, sich analytisch aber auf drei Ebenen bewegen: der Umsetzungsebene, der politikstrategisch-zielbezogenen und der gesellschaftlichen Ebene. Nach dieser Aufteilung kann Evaluation vor allem zur Steigerung der Effektivität und Effizienz von Projekten und Programmen, zur Legitimierung von Politikstrategien, aus denen diese Aktivitäten abgeleitet sind, sowie zur gesellschaftlichen Aufklärung genutzt werden.

3 Anwendung der Funktionen

Im Folgenden soll der Frage nachgegangen werden, ob und inwieweit Evaluation auf diesen drei Ebenen verwendet wird und welche Herausforderungen zu bewältigen sind, um die Potenziale von Evaluation für die drei genannten Zwecke optimal zu nutzen.

1) Am häufigsten werden Evaluationen für die Projekt- und Programmsteuerung eingesetzt. Dabei gilt es die Entscheidungsfähigkeit auf eine rationale Datenbasis zu stellen. Wenn das Verfahren nur zu taktischen Zwecken missbraucht wird, zur bürokratischen Routine erstarrt oder von inkompetenten „Evaluatoren" eingesetzt wird, kann es seine Potenziale nicht entfalten. Die Nützlichkeit von Evaluation im Rahmen der Programmsteuerung, die – wie bereits ausgeführt – in der rechtzeitigen Bereitstellung von Informationen für Entscheidungsträger besteht, hat sich dementsprechend vornehmlich an deren Informationsbedürfnissen zu orientieren, um formativ gestaltend zur Programmentwicklung und -verbesserung beizutragen.

Neuere Ansätze der Programmsteuerung wie z. B. das New Public Management verfolgen das Ziel, die Leistung und den Prozess der Leistungserbringung in der öffentlichen Verwaltung zu verbessern. Dabei bedienen sie sich verschiedener strategischer Prinzipien, die einerseits eine zunehmende Kunden- und Wettbewerbsorientierung und andererseits eine Abkehr von einer auf Inputgrößen fixierten Steuerung bewirken sollen. Statt dessen wird eine Ausrichtung an Qualitätsprinzipien – wie sie in der privaten Wirtschaft verwendet werden – sowie eine Umstellung der politischen Steuerung auf Leistungs- und Wirkungsvorgaben gefordert: „Nicht mehr die zur Verfügung stehenden Produktionsmittel, sondern die erbrachten Leistungen (Produkte) oder auch die durch die Leistungen erzielten Wirkungen sollen Diskussionspunkt und Ausrichtungsmaßstab des Verwaltungshandelns werden" (Schedler u. Proeller 2003: 62f.).

Damit öffentliche Verwaltungen oder Non-Profit-Organisationen insgesamt ihr Handeln an Outputs und Outcomes ausrichten können, sind allerdings eine Reihe methodischer Schwierigkeiten zu überwinden, denn die Entdeckung und Messung von Wirkungen sowie ihre Ursachenzuschreibung stellt die empirische Sozialforschung vor mitunter große Probleme. Hinzu kommt, dass unmittelbare und langfristige, intendierte und nicht-intendierte Effekte voneinander unterschieden, identifiziert und in komplexen Wirkungsgefügen auf Zusammenhänge und Ursachenfaktoren hin überprüft werden müssen.

Eine Steuerung der Verwaltung oder generell von Non-Profit-Organisationen über Leistungen und Wirkungen ist jedoch erst möglich, wenn diese Aufgabe gelöst werden kann. Mit den traditionellen Kontroll- und Finanzinstrumenten ist dies nach einhelliger Meinung nicht zu leisten. D.h. für die wirkungsorientierte Steuerung sind neue Bewertungskonzepte und Analyseinstrumente notwendig.

Genau für diesen Zweck bieten sich die theoretischen und methodischen Konzepte und Instrumente der Evaluationsforschung an, mit denen nicht nur die Prozesse der Planung und Leistungserbringung analysiert, sondern auch die erbrachten Leistungen, die erreichten Ziele und ausgelösten Wirkungen empirisch überprüft und bewertet werden können.

Auf diese Weise werden für das Management die Informationen, die es für eine rationale Entscheidungsfindung benötigt, bereitgestellt. Die Umsetzung und Anwendung von New Public Management Ansätzen – und auch von Qualitätsmanagementsystemen – ist deshalb ohne den Einsatz von Evaluationen gar nicht möglich.

Unabhängig davon, in welche Steuerungs- und Qualitätsmanagementsysteme Evaluation integriert ist, geht es stets um die Aufgabe, das Management fristgerecht mit entscheidungsrelevanten Informationen zu versorgen (vgl. Stockmann 2006b: 64). Dadurch trägt Evaluation dazu bei, organisationale Strukturen und Prozesse zu verbessern und insgesamt die Steuerungsfähigkeit von Organisationen zu erhöhen. Darüber hinaus ist Evaluation in der Regel mit dem Wissensmanagementsystem einer Organisation verbunden, um Evaluationsergebnisse so zu dokumentieren, dass sie auch für andere Abteilungen sowie über die Zeit hinweg nutzbar sind. Auf diese Weise wird Evaluation zu einem unverzichtbaren Bestandteil einer lernenden Organisation, in der Wissen akkumuliert und an den Stellen einer Organisation rechtzeitig bereit gestellt wird, wo es benötigt wird (vgl. Stockmann u. Meyer 2010: 235ff.).

Um diese Aufgaben erfüllen zu können, werden Informationen einerseits durch externe Evaluatoren beschafft, also von Experten, die nicht der programmdurchführenden (steuernden) Organisation angehören, und andererseits durch interne Evaluatoren, also solchen Experten, die in der programmdurchführenden Organisation tätig sind. Hierfür bauen immer mehr Organisationen interne Evaluationsabteilungen oder Stäbe auf.

2) Als weitere Zweckbestimmung von Evaluation wurde hier die Unterstützung einer *demokratischen Regierungsführung* genannt, insbesondere dadurch, dass mit Hilfe von Evaluation gezeigt wird, ob gesetzliche Regelungen, Programme oder Maßnahmen ihre gesetzten Ziele erreichen, welche Effekte sie bewirken, ob sie nachhaltig sind, effizient umgesetzt werden und tatsächlich einen signifikanten Beitrag zur Lösung eines gesellschaftlich relevanten Problems leisten.

Dadurch – so die These – kann nicht nur der Erfolg von Politik öffentlich kontrolliert und transparent gemacht werden, sondern das Verständnis für politische Entscheidungen auf einer rationalen Grundlage gestärkt und die *Glaubwürdigkeit und Legitimität* von Politik erhöht werden.

Damit Evaluation diesen Anspruch einlösen kann, sind interne und noch mehr externe Evaluationskapazitäten notwendig, um im Auftrag von Regierungs- und Verwaltungseinrichtungen, Kommunen und zivilgesellschaftlichen Organisationen diese Fragen zu untersuchen und die Ergebnisse öffentlich zu machen. In Deutschland würde schon die Durchführung der in der Bundeshaushaltsordnung in §7 geforderten Wirksamkeitskontrollen zur Folge haben, dass der Erfolg politischer Strategien und Regelungen bewertet werden könnte. Doch daran scheinen deutsche Ministerien – mit wenigen Ausnahmen – kein Interesse zu haben.

Dies hat der *Bundesrechnungshof (BRH)* in seinen Gutachten *zur „Erfolgskontrolle finanzwirksamer Maßnahmen in der öffentlichen Verwaltung"*, mehrfach eindrucksvoll belegt: U. a. wird immer wieder bemängelt, dass

- nur wenige Erfolgskontrollen durchgeführt werden, und dass deshalb die meisten Ressorts den Erfolg ihrer Maßnahmen nicht hinreichend beurteilen können,
- in fast allen Ressorts die Voraussetzungen für eine systematische Erfolgskontrolle fehlen,
- Wirkungsuntersuchungen, die auch nicht-intendierte Effekte berücksichtigen und die festgestellten Ergebnisse einer Ursache-Wirkungsanalyse unterziehen, nahezu komplett fehlen,
- vorhandene methodische Möglichkeiten zur Ermittlung von Erfolg und Wirksamkeit nicht ausgeschöpft werden (vgl. BRH 1998: 22ff.).

Der *Bundesrechnungshof empfiehlt* die Schaffung der organisatorischen und methodischen Voraussetzungen für die Durchführung von Erfolgskontrollen, um anschließend die Bewilligung von Haushaltsmitteln an die Vorlage von solchen Evaluationen zu binden. Hierfür empfiehlt der Bundesrechnungshof weiter:

- bei der Erfolgskontrolle die Unterstützung externer Institutionen in Anspruch zu nehmen,
- Methoden und Verfahren zu entwickeln, die die einzelnen Ressorts in die Lage versetzen, Erfolgskontrollen durchzuführen und
- Mitarbeiter für die Durchführung von Erfolgskontrollen qualifiziert aus- und fortzubilden (vgl. BRH 1998: 36ff.).

Die Bundesministerien haben die Empfehlungen des Gutachtens jedes Mal begrüßt, aber nicht viele Taten folgen lassen. Stattdessen scheint Evaluation vor allem dann ein beliebtes Instrument staatlichen Handelns zu sein, wenn es um die Legitimierung von Spar- und Schließungsbeschlüssen geht. Deshalb wird Evaluation manchmal als ein „Herrschaftsmittel" (Roth 2004: 6) bezeichnet, um unangenehme Entscheidungen rational zu verbrämen. Da es nach Roth (ebd.) bei staatlichem Handeln „nicht mehr um progressive gesellschaftliche Reformen geht, sondern das Wort Reform zum Synonym für angekündigte Verschlechterungen verkommen ist (...) verheißt es nichts Gutes, wenn evaluiert wird". Deshalb folgert er: „Evaluationen haben in Deutschland nur wenige Anhänger und keinen guten Namen" (ebd.). Diese Position macht erneut deutlich, wie eng politisches Handeln und Evaluation miteinander verknüpft sind und wie rasch sich im Gefolge einer sozial ungerechten Politik das Negativ-Image auf das Instrument selbst überträgt.

Nur wenn Evaluationen die Interessen der unterschiedlichen „Stakeholder"-Gruppen berücksichtigen und sich nicht ausschließlich der staatlichen Kontrolle verpflichten, besteht eine Chance, dieses Image zu überwinden. Evaluation kann nur dann zur Stärkung von Demokratisierungsprozessen beitragen, wenn sie entscheidungsoffen im Regelbetrieb eingesetzt wird – ganz so wie es die Bundeshaushaltsordnung und ihre Verwaltungsvorschriften vorsehen (vgl. Dommach 2008: 282ff.).

Allerdings lauern auch Gefahren aus der entgegengesetzten Richtung. Je mehr Evaluation als Regelinstrument zur Unterstützung demokratischer Regierungsführung eingesetzt wird, umso mehr kann die *Routinisierung* von Verfahren zur Ermüdung führen, zu einer Regel, die eingehalten werden soll, aber nicht mehr mit Inhalt gefüllt wird. Diese Gefahr droht auch dann, wenn die Stakeholder regelmäßig beteiligt und die Ergebnisse publik gemacht werden, aber aus den Befunden keine, oder nicht ausreichende Konsequenzen gezogen werden. Wenn Evaluationen zwar deutlich machen, dass bestimmte Politiken nicht die gewünschten Ergebnisse und Wirkungen erzielen, aber aus klientelistischen Rücksichtnahmen oder auf lobbyistischen Druck hin beibehalten werden, erweist sich Evaluation lediglich als ein zeitraubendes und kostspieliges Unterfangen ohne Mehrwert. Die Beteiligten werden kaum ein zweites Mal für solch folgenlose Evaluation zu gewinnen sein.

Dieses Problem tritt natürlich auch dann auf, wenn Evaluationen nicht mit dem nötigen Sachverstand durchgeführt werden, und deshalb keine verwertbaren Ergebnisse liefern. Diese Gefahr wird paradoxerweise mit zunehmender Popularität von Evaluation immer größer, wenn immer mehr „Laien", also nicht ausreichend qualifizierte Experten, das Instrument anwenden. Dieser Trend wird noch dadurch begünstigt, dass Handbücher im „Kochbuchstil" und Kurzkurse für Programmverantwortliche suggerieren, dass Evaluation von Jedermann anwendbar sei. Dieser Glaube erfährt insbesondere dann starke Unterstützung, wenn das

Geld für professionell von Experten durchgeführte Evaluationen fehlt (vgl. Datta 2006: 430).

„*Laienevaluation*" ist aber auch dann häufig zu beobachten, wenn es darum geht, die demokratische Funktion von Evaluation zu stärken, wenn sie dazu dienen soll, benachteiligte Gruppen zu unterstützen (Empowerment) und die Situation, in der sie leben, zu verbessern (vgl. Stockmann u. Meyer 2010: 101ff.). Dabei wird den „Betroffenen" zuweilen eine besondere Kompetenz zugesprochen, die Folgen von Politiken und Programmen zu bewerten. Fachliche Kompetenz wird dann durch soziale Empathie, objektivierende Verfahren zur Datengewinnung werden durch persönliche Erfahrungen und Betroffenheitsgeschichten ersetzt. Ergebnis ist eine Entprofessionalisierung von Evaluation in der Praxis und ihre Reduktion auf einen Allerweltsvorgang. Ähnlich der „Do-it-yourself"-Philosophie handwerklicher Tätigkeiten werden spezialisiertes Wissen, einschlägige Arbeitserfahrungen und über die Jahre angeeignetes Geschick pauschal entwertet und eine entsprechend intensive Beschäftigung mit fachlichen Standards und Fachmethoden als unnötiger Ballast abgetan. Gleichzeitig drohen eine Überschätzung der eigenen Leistungsfähigkeit sowie eine Unterschätzung der Aufgabenschwierigkeit.

Unprofessionell durchgeführte und die fachlichen Standards ignorierende Evaluation sowie Evaluation, die politisch folgenlos bleibt, da ihre Ergebnisse nicht in Entscheidungen münden, sind nicht dazu geeignet, die Legitimität und Glaubwürdigkeit von Politik zu erhöhen. Darüber hinaus untergraben sie gleichzeitig die Glaubwürdigkeit des Wertes von Evaluation an sich. Dementsprechend muss sich eine Professionalisierung nicht nur in der Durchführung, sondern auch im Umgang mit Evaluationen niederschlagen.

3) Zunächst ist festzustellen, dass eine Analyse der historischen Entwicklung der Evaluation (vgl. Stockmann 2006a: 15 ff.) deutlich macht, dass Evaluation politikgetrieben ist. Dies ist für eine angewandte Sozialwissenschaft nicht weiter erstaunlich, denn Evaluation soll dazu beitragen, bestimmte Probleme zu lösen. Dementsprechend steigt die Nachfrage, wenn erhöhter Problemlösungsbedarf besteht, z. B. wenn eine Vielzahl von Reformprogrammen aufgelegt werden, bei denen man sich von Evaluation Hilfe bei der Planung (ex-ante), der Implementation (on-going) oder der Wirkungsmessung (ex-post) erhofft; oder wenn im Hinblick auf knappe Haushaltsmittel von Evaluationen Effizienzeinschätzungen oder Hinweise für die Problemselektion erwartet werden; oder wenn im Kontext von New Public Management-Ansätzen die Steuerung anhand von Leistungs- und Wirkungsindikatoren vorgenommen werden soll. D.h. die Frage, ob Evaluation stattfindet oder nicht, ob der Markt für Evaluation wächst, stagniert oder schrumpft und sogar welche Themen von Evaluation bearbeitet werden, ist in

hohem Maße politisch beeinflusst, also von dem Willen der Auftraggeber, Finanzmittel für Evaluation einzusetzen.

Wenn Evaluation jedoch den Zweck erfüllen soll, einen Beitrag zur *gesellschaftlichen Aufklärung* zu leisten, dann stellt diese Situation ein Problem dar, denn: „evaluation will tend to take place where money flows rather than where there is a societal need for evaluation" (Dahler-Larsen 2006: 148). Dies bedeutet, dass es keine Garantie dafür gibt, dass zentrale gesellschaftliche Bereiche, die evaluiert werden müssten, auch wirklich evaluiert werden. Natürlich kann Evaluation, die im Auftrag von staatlichen oder nicht-staatlichen Akteuren erfolgt, ebenfalls zur gesellschaftlichen Aufklärung beitragen, doch es gibt eben keine Garantie dafür, denn – wie schon mehrfach erwähnt – besteht kein Zwang, dass Auftraggeber ihre Ergebnisse publik machen, oder dass sie die Problembereiche untersuchen, die eine hohe gesellschaftlichere Relevanz aufweisen.

Gesellschaftliche Aufklärung durch Evaluation kann nur dann gezielt stattfinden, wenn sie nicht nur im Korsett von Auftraggeberwünschen erfolgt. Deshalb sind einerseits *unabhängige Institute notwendig*, die ungebunden und frei darüber entscheiden können, wo sie einen gesellschaftlichen Evaluationsbedarf sehen und was sie evaluieren möchten. Rechnungshöfe mit einem solchen Mandat können eine solche Aufgabe erfüllen. Aber auch auf bestimmte Policyfelder festgelegte Einrichtungen wie z. B. zur Sicherstellung der Qualität an Schulen oder von Forschungsleistungen oder zur Überprüfung der Effektivität und Effizienz von Arbeitsmarktpolitik oder der Wirksamkeit der Entwicklungszusammenarbeit können in den Politikfeldern, für die sie gegründet wurden, für gesellschaftliche Aufklärung sorgen. Allerdings nur dann, wenn sie gleichzeitig mit einem Mandat ausgestattet sind, das ihnen den Zugang zum Forschungsgegenstand (also z. B. zu staatlichen, föderalen, kommunalen oder gar EU-Programmen oder gesetzlichen Regelungen) gewährt.

Die *Bereitstellung von Forschungsgeldern* könnte unter diesen Bedingungen ebenfalls zur gesellschaftlichen Aufklärung beitragen. Hierfür wären Fonds notwendig, aus denen nicht nur Mittel für Forschungsprojekte der Grundlagenforschung sondern eben auch für Evaluation beantragt werden können.

Evaluationsforschung, die zur Grundlagen- oder disziplinären Forschung in einem Spannungsverhältnis steht, hat in der Forschungslandschaft einen schweren Stand (vgl. Stockmann u. Meyer 2010: 55ff.). Ihre Aufgaben und Themenstellungen werden in der Wissenschaft häufig als Anliegen von Auftraggebern wahrgenommen, die dafür selbst zahlen sollen. Dadurch wird nicht nur der theoretische und methodische Fortschritt der Evaluationsforschung behindert – da dies kaum die Fragestellung eines Auftraggebers mit einem sehr spezifischen Erkenntnisinteresse ist – sondern natürlich auch ihre Rolle als Aufklärungsinstrument.

In Deutschland herrschen bezüglich einer gesellschaftlichen Aufklärung durch Evaluation besonders schlechte Bedingungen vor, da es kaum unabhängige Evaluationseinrichtungen gibt, die sich nicht nur ihre Evaluationsfragestellungen frei wählen können, sondern auch nennenswerte Budgets aufweisen, über die sie verfügen können. Zudem gab und gibt es bis heute keinen Forschungsfond, aus dem die Evaluationsforschung gefördert wird. Hinzu kommt, dass auch der Bundesrechnungshof, dessen Aufgaben in Artikel 114 des Grundgesetzes festgelegt sind, – im Unterschied zu vielen anderen europäischen Rechnungshöfen oder gar dem US-amerikanischen Government Accountability Office – über kein Evaluationsmandat verfügt. Seine Mitglieder, die richterliche Unabhängigkeit besitzen, prüfen „die Rechnung sowie die Wirtschaftlichkeit und Ordnungsmäßigkeit der Haushalts- und Wirtschaftsführung" (Grundgesetz Art. 114 Abs. 2).

Umso gewichtiger wiegt der Vorstoß des Bundesministeriums für wirtschaftliche Zusammenarbeit und Entwicklung (BMZ), das als erstes Ministerium in Deutschland überhaupt eine Institution für die unabhängige Evaluierung eines Politikfeldes, in diesem Fall der Entwicklungszusammenarbeit, gründen will. Der Hintergrund für dieses neue Institut, für das im Bundeshaushalt 2012 über fünf Millionen Euro vorgesehen sind, ist vor allem in der permanenten Kritik an der Evaluationspraxis in der Entwicklungszusammenarbeit (EZ) zu sehen. Obwohl die Evaluation in der EZ weitaus umfassender entwickelt ist als in anderen Politikfeldern, wird immer wieder kritisiert, dass sie zu wenig unabhängig sei. Zumeist wird sie nämlich von den programmdurchführenden Organisationen selbst durchgeführt (vgl. Borrmann u. Stockmann 2009). Der Anteil an unabhängigen Evaluationen ist gering. Aber auch diese werden zumeist von den Gebern beauftragt. D.h., dass diese die Evaluationsfragen festlegen, das Budget, den Zeitrahmen und häufig sogar die methodische Vorgehensweise. Insoweit ist die „Unabhängigkeit" externer Evaluation natürlich eingeschränkt. Deshalb hat schon vor über fünfzehn Jahren der Autor dieses Beitrages die Gründung eines unabhängigen „Zentrums für die Evaluation der Entwicklungszusammenarbeit" (ZEEZ) vorgeschlagen,[10] das u. a. die Methodenentwicklung für Wirkungsstudien voranbringen, unabhängige Evaluationen durchführen, Evaluation Capacity Building in Entwicklungsländern aufbauen und einen jährlichen Bericht zur

---

10 Die Einrichtung eines solchen Zentrums wurde erstmals während einer Tagung zur „Nachhaltigkeit von Projekten und Programmen der Entwicklungszusammenarbeit" im November 1992 an der Universität Mannheim von Reinhard Stockmann vorgeschlagen. Vgl. auch dpa-Interview vom 2. Dezember 1994 mit dem Autor, in dem dieser Vorschlag wiederholt wird. Am 14. März 1996 haben der Bundestagsabgeordnete Dr. R. Werner Schuster und die SPD-Bundestagsfraktion einen Antrag zur „Systematischen Erfolgskontrolle" gestellt, in dem ebenfalls die Gründung eines Evaluationsinstituts gefordert wird (vgl. Deutscher Bundestag - Drucksache 13/4120).

Wirksamkeit der Entwicklungszusammenarbeit vorlegen sollte (vgl. Stockmann 1996c).[11]

Die Hauptaufgaben der neu gegründeten „Institution für unabhängige Evaluierung und Sicherung der Qualität der Wirkungsmessung der gesamten Entwicklungszusammenarbeit" (DIE ZEIT vom 13.10.2011) bestehen vor allem darin, Evaluationen, Leistungsüberprüfungen und Wirkungsanalysen der gesamten deutschen EZ durchzuführen, die dafür notwendigen Methoden sowie die Evaluierungskapazitäten in Partnerländern weiterzuentwickeln.

Die Etablierung eines solchen Instituts wird die politische Institutionenlandschaft in Deutschland wesentlich verändern, da es eine unabhängige Einrichtung geben wird, die den Erfolg und die Wirksamkeit politischer Strategien, Programme und Projekte, zumindest in einem Politikfeld, überprüfen kann. Auf diese Weise wird die *Aufklärungsfunktion* von Evaluation gestärkt.

Als ein weiterer „Verbündeter" für die Stärkung dieser Funktion bieten sich die Medien an. Diese stellen zwar potenzielle Partner dar, erweisen sich jedoch durchaus als problematisch. Diese sind nicht prinzipiell an Evaluationsergebnissen interessiert, teilweise herrschen sogar vollkommen irrige Vorstellungen von dem, was Evaluation ist, und sie funktionieren natürlich nach eigenen Regeln. Informationen werden dementsprechend gefiltert, neu bewertet und umgedeutet, um aus Evaluationsergebnissen eine Nachricht zu machen, von denen die Medienvertreter annehmen, dass sie ihr Publikum interessieren könnte. Dabei sollte sich niemand wundern, wenn aus differenzierten Evaluationsergebnissen auf einmal plakative, einseitige Aussagen werden.

Ein kleiner Beitrag, den jede Evaluation zur gesellschaftlichen Aufklärung leisten kann, besteht deshalb zumindest darin, das Auswertungs- und Veröffentlichungsrecht nicht allein dem Auftraggeber zu überlassen, sondern sich für die Publikation des Evaluationsberichts einzusetzen. Natürlich kann es Gründe geben, die der Offenlegung von Evaluationsergebnissen entgegenstehen, z. B. wenn konkurrierende Organisationen diese zum Schaden einer evaluierten Organisation nutzen könnten, oder wenn die Gefahr besteht, dass Informationsgeber durch eine Veröffentlichung schwer kompromittiert würden, oder wenn die Bereitschaft der Evaluierten zur Umsetzung der Evaluationsempfehlungen dadurch erheblich reduziert würde. In solchen Fällen müssen Auftraggeber, Evaluatoren und Betroffene nach gemeinsamen Lösungen suchen. In den Standards für Eva-

---

11 Während dieser Vorschlag in Deutschland lange Zeit keine Mehrheit fand, wurden in anderen Ländern solche Einrichtungen geschaffen. 2006 wurde die „Swedish Agency for Development Evaluation" (SADEV) gegründet, die als unabhängiges Evaluationsinstitut die Wirkungen der schwedischen EZ evaluiert (vgl. SADEV-Onlineauftritt: http://www.sadev.se/en/ [zul. ges. 8.12.11]). In Großbritannien wurde 2011 die „Independent Commission for Aid Impact" (ICAI) geschaffen, „to evaluate and review, independently, the impact and value for money of UK aid programmes" (vgl. ICAI-Onlineauftritt: http://icai.independent.gov.uk/ [8.12.11]).

luation wird deshalb nicht nur empfohlen, die Ergebnisse von Evaluationen offenzulegen, sondern Art und Umfang im Evaluationskontrakt vertraglich festzulegen (vgl. DeGEval Standards 2008 und Stockmann u. Meyer 2010: 159ff.).

4 Evaluationskapazitäten

Um die verschiedenen Evaluationsfunktionen erfüllen zu können, sind sowohl interne Evaluationskapazitäten, also in den geldgebenden und durchführenden Organisationen, als auch externe Evaluationskapazitäten, in Form wissenschaftlicher Institute, privater Unternehmen und einzelner Gutachter (Experten) notwendig. Dabei besteht zwischen den Evaluationsfunktionen und den dafür notwendigen Evaluationskapazitäten folgender Zusammenhang (vgl. Abb. 2):

Externe Evaluationskapazitäten sind eher für die unabhängige Analyse im Dienste der gesellschaftlichen Aufklärung und der demokratischen Legitimierung notwendig, während sich für die Programmsteuerung sowohl interne als auch externe Evaluationskapazitäten einsetzen lassen.

Die multifunktionale Verwendung von Evaluationskapazitäten macht deutlich, dass es keine passgenaue Zuordnung zu den hier definierten Evaluationszwecken gibt.

Externe Evaluationseinrichtungen können für alle drei Zwecke herangezogen werden. Dabei gilt, je unabhängiger sie sind, umso glaubwürdiger ist ihr Beitrag zur gesellschaftlichen Aufklärung, zur demokratischen Legitimitätsbeschaffung und zur Programmsteuerung.

Interne Evaluationseinrichtungen tragen selten (Rechnungshöfe können es aber) zur gesellschaftlichen Aufklärung bei und werden wegen ihrer eingeschränkten Glaubwürdigkeit wenig zur Legitimitätsdarstellung programmdurchführender staatlicher oder nicht-staatlicher Organisationen genutzt, stattdessen dienen sie vor allem der internen Steuerung von Projekten und Programmen und manchmal auch von Policies, sowie der Gestaltung des organisationalen Qualitäts- und Wissensmanagements.

Abbildung 2: Zusammenhang zwischen Evaluationszwecken und -kapazitäten

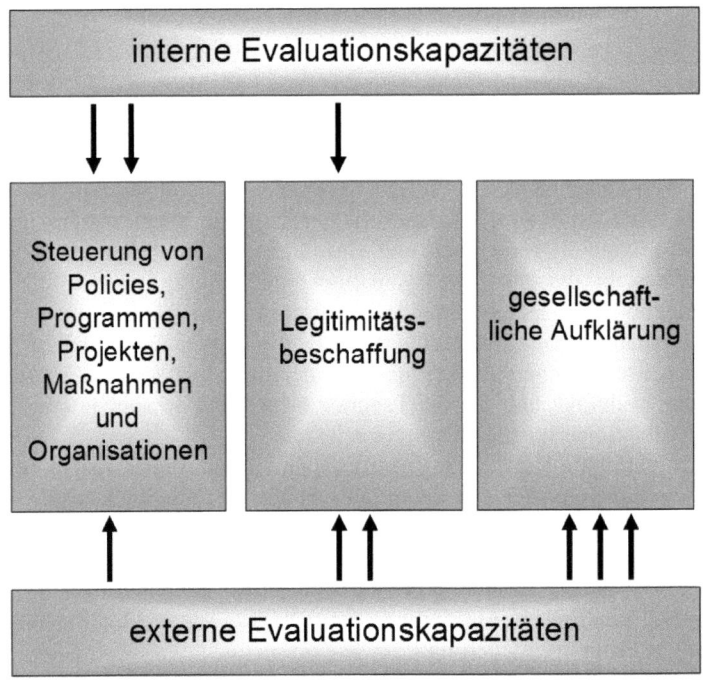

5 Nutzen von Evaluationen

Wie schon eingangs dargelegt, wird der Wert einer Evaluation dadurch bestimmt, wie nützlich sie ist: „In the end, the worth of evaluations must be judged by their utility" (Rossi, Lipsey u. Freemann 2004: 411). Nach Beywl (2001: 160) erweist sich die Nützlichkeit einer Evaluation darin, dass Erkenntnisse, Informationen und Schlussfolgerungen genutzt und auf das Handeln der Adressaten in ihrer Praxis einwirken. In den Nützlichkeitsstandards der Gesellschaft für Evaluation (2002) wird davon ausgegangen, dass Ergebnisse nur dann verwendet werden, wenn „die Evaluation sich an den geklärten Evaluationszwecken sowie am Informationsbedarf der vorgesehenen Nutzer und Nutzerinnen ausrichtet". Deshalb ist in der Planung und Durchführung einer Evaluation bereits darauf zu

achten, dass gute Voraussetzungen für eine möglichst optimale Nutzung der Ergebnisse geschaffen werden.
Inwieweit Evaluationen tatsächlich Nutzen stiften, ist umstritten. Vor allem Studien, die in den 70er und 80er Jahren durchgeführt wurden, kommen zu dem Ergebnis, dass Evaluationsbefunde und -empfehlungen nicht ausreichend beachtet würden. Spätere Untersuchungen (vgl. Fitzpatrick u. a. 2004: 421; Stamm 2003: 183ff.) zeigen jedoch, dass sich dieses Ergebnis nur bedingt bestätigen lässt.

Da es nur sehr wenige Studien dieser Art gibt, können kaum für alle Politikfelder repräsentative Aussagen gemacht werden. Zudem fehlt zumeist auch eine differenzierte Operationalisierung von Nutzen. Hierfür ist es sinnvoll, zumindest vier Typen von Nutzen zu unterscheiden:

1. Direkter (instrumenteller) Nutzen
Damit ist die unmittelbare Nutzung von Evaluationsergebnissen durch das Management des Auftraggebers sowie durch andere Stakeholder gemeint. Dies ist z. B. dann der Fall, wenn Ergebnisse für die Entscheidungsfindung genutzt werden, wenn Programme entsprechend den Evaluationsempfehlungen umgestaltet, Strategien, Kommunikationsbeziehungen etc. verändert werden.

2. Konzeptioneller Nutzen
Dieser entsteht, wenn Evaluationsergebnisse das generelle Denken über Problemstellungen beeinflussen. Dies ist z. B. dann der Fall, wenn gezeigt werden kann, dass nur mit Hilfe von ex-post Evaluationen die Nachhaltigkeit von Programmen messbar ist und diese Erkenntnis dazu führt, dass eine Organisation ex-post Evaluationen zukünftig als zusätzliches Verfahren einsetzt.

3. 'Überzeugungs'-Nutzen (persuasive use)
Dieser stellt sich ein, wenn Evaluationsergebnisse zur Untermauerung oder Widerlegung 'politischer' Positionen dienen. Dies ist z. B. dann der Fall, wenn die Ergebnisse von Evaluationen fest verankerte, nicht mehr hinterfragte Positionen widerlegen können. So zeigt sich z. B. bei der Evaluation der Nachhaltigkeit von Entwicklungsprojekten, dass die Partizipation der Zielgruppen in der Planungsphase nicht – wie oft behauptet – eine entscheidende Variable für den Projekterfolg ist, sondern dass andere Variablen (wie z. B. Zielakzeptanz, Leistungsfähigkeit der Trägerorganisation etc.) weitaus bedeutsamer sind (vgl. Stockmann 1992 u. 1996b).

4. Prozessnutzen
Oft wird vergessen, dass viele Evaluationen allein dadurch, dass sie stattfinden, einen Nutzen generieren. Ein solcher, sogenannter *Prozessnutzen* entsteht dadurch, dass sich die Programmverantwortlichen und andere Stakeholder mit dem Programm beschäftigen. So ist z. B. zu beobachten, dass Workshops, bei denen es eigentlich um die Klärung der Evaluationsziele sowie um die Auswahl von Indikatoren gehen soll, mit denen diese gemessen werden können, nicht selten zu einer Diskussion um die generellen Programmziele (!) mutieren.

Auf diese Weise kann Evaluation schon während der Planung und Durchführung zu neuen Einsichten, Perspektiven und Programmkorrekturen führen. Diese Form der Nutzengewinnung wird in den meisten Studien darüber vollkommen vernachlässigt, da sie vornehmlich nur den Ergebnisnutzen im Blick haben, der mit den Befunden und Empfehlungen einer Evaluation einhergeht.

Auf der Basis einer solchen Differenzierung wird deutlich, dass sich die starke Fokussierung auf direkte Auswirkungen von Evaluationsergebnissen in den ersten Nutzerstudien als zu eng erwies. Wird der Nutzenbegriff weiter gefasst, zeigt sich, dass Evaluationen oftmals indirekte Wirkungen auf weitergehende Entscheidungsprozesse haben, indem Lernprozesse gefördert werden (konzeptioneller Nutzen) oder sich langfristig – nach dem Motto „Steter Tropfen höhlt den Stein" – auch grundsätzliche Einstellungen und Überzeugungen ändern.

6 Fazit

Vergegenwärtigt man sich noch einmal die Entwicklung und die aktuelle Lage der Evaluation sowie die Herausforderungen, denen sie gegenüber steht vor dem Hintergrund ihrer Rolle in der Gesellschaft, dann wird deutlich, dass Evaluation für die *Bewertung von Programmen, Projekten und Maßnahmen* sowie als *Teil von Steuerungs- und Managementsystemen in Organisationen* weit verbreitet ist und immer stärker routinemäßig als Steuerungsinstrument verwendet wird. Im Rahmen demokratischer Regierungsführung zur Steigerung der *Legitimität und Glaubwürdigkeit* von Politik sind Evaluationen schon deutlich seltener vorzufinden. Solche breiten, ganze Politikfelder (z. B. Hochschulpolitik, Schulqualität, Arbeitsmarktpolitik) oder Teilbereiche daraus umfassende Evaluationen bilden die Ausnahme. Von wenigen Ausnahmen abgesehen gibt es in Deutschland – im Unterschied zu einigen anderen Ländern wie insbesondere den USA – keine Evaluationskultur, die politische Verantwortung und Evaluation miteinander verknüpft.

Am wenigsten kann Evaluation zurzeit dem Anspruch gerecht werden, zur *gesellschaftlichen Aufklärung* beizutragen. Insbesondere in Ländern wie Deutschland, in denen weder der BRH über ein verbrieftes Evaluationsmandat verfügt, noch (bis auf wenige Ausnahmen) unabhängige Evaluationseinrichtungen existieren, die aus eigenem Antrieb evaluieren können und dafür mit Finanzmitteln ausgestattet sind, oder in denen es zumindest Forschungsfonds gibt, aus denen Evaluationsstudien finanziert werden, beschränkt sich Evaluation auf Auftragsforschung. Dies bedeutet, dass im Prinzip nur das evaluiert werden kann, was den staatlichen, aber auch nicht-staatlichen Einrichtungen genehm ist. Dadurch lässt sich nicht sicher stellen, dass das evaluiert wird, was aus gesellschaftlicher Perspektive notwendig wäre.

Wenn Evaluation zu allen drei Aufgabenbereichen qualifizierte Beiträge leisten soll, dann lassen sich aus diesen Beobachtungen einige *Forderungen für die Zukunft* ableiten:

Um die Qualität von Evaluation zu verbessern, muss (1.) mehr in die Aus- und Weiterbildung von Evaluatoren investiert und (2.) der Professionalisierungsgrad von Evaluation erhöht werden, indem die Einhaltung von Qualitätsstandards überprüfbar gemacht wird (z. B. über Zertifizierung). Erst wenn (3.) die bisher noch immer stark vorherrschende fachliche Zersplitterung überwunden wird, kann eine sozialwissenschaftliche Evaluationsdisziplin mit eigenem modifiziertem Lehrkanon entstehen. Hierzu, sowie (4.) zur Weiterentwicklung von Theorien und Methoden der Evaluationsforschung, wäre die Etablierung von Sonderforschungsbereichen und Forschungsschwerpunkten nützlich. Wenn Evaluation auch zur Legitimierung von Politik und zur demokratischen Regierungsführung beitragen soll, dann sind (5.) die Interessen der Betroffenen und Beteiligten stärker zu integrieren und es ist (6.) eine Evaluationskultur zu entwickeln, die Evaluation nicht nur als ein Kontrollinstrument der „Herrschenden", oder weniger dramatisch ausgedrückt, der Geldgeber, versteht, sondern als ein Instrument, mit dem organisatorische Abläufe, Programme aber auch Policies verbessert, das heißt an die Bedürfnisse der Betroffenen und Beteiligten angepasste Lösungen entwickelt werden können. Um die gesellschaftliche Aufklärungsfunktion von Evaluation zu stärken, sind neben dem Ausbau interner und externer Evaluationskapazitäten (7.) unabhängige Einrichtungen zu gründen oder bereits bestehende entsprechend zu mandatieren, so dass Evaluationen auch dort stattfinden können, wo sie gesellschaftlich als besonders relevant angesehen werden. Mit anderen Worten: Erst durch eine weitergehende Professionalisierung und Etablierung der Evaluation als *wissenschaftliche Forschungsdisziplin* kann der bisherige Status einer rein an den Interessen und der Nachfrage von (zumeist) öffentlichen Auftraggebern orientierte *politikgetriebenen Evaluationskultur* überwunden werden.

Literatur

Alvesson, M./Karreman, D. (2001): Odd Couple: Making Sense of the Curious Concept of Knowledge Management. In: Journal of Management Studies 38, Heft 7, S. 995-1018.
Amelingmeyer, J. (2004): Wissensmanagement. Analyse und Gestaltung der Wissensbasis von Unternehmen. Wiesbaden: DUV.
Beywl, W. (2001): Konfliktfähigkeit der Evaluation und die 'Standards für Evaluationen'. In: Sozialwissenschaften und Berufspraxis 24, Heft 2, S. 151-164.
Beywl, W./Harich, K. (2007): University-Based Continuing Education in Evaluation. The Baseline in Europe. In: Evaluation 13, Heft 1, S. 121-134.
Borrmann, A./Stockmann, R. (2009): Evaluation in der deutschen Entwicklungszusammenarbeit. (Bd. 1 Systemanalysen, Bd. 2 Fallstudien). Studie im Auftrag des Bundesministeriums für Wirtschaftliche Zusammenarbeit und Entwicklung – BMZ. Bd. 8 & 9 der Reihe 'Sozialwissenschaftliche Evaluationsforschung'. Münster: Waxmann.
Böttcher, W./Dicke, J.N./Hogrebe, N. (2010): Evaluation, Bildung und Gesellschaft. Steuerungsinstrumente zwischen Anspruch und Wirklichkeit. Münster: Waxmann.
Bundesrechnungshof, Präsident des (1998): Erfolgskontrolle finanzwirksamer Maßnahmen in der öffentlichen Verwaltung. Stuttgart, Berlin, Köln: Kohlhammer.
Bundesregierung (2001): Perspektiven für Deutschland: Unsere Strategie für eine nachhaltige Entwicklung. Zusammenfassung, 19. Dezember 2001, Berlin.
Campbell, D. T. (1969): Reform as Experiments. In: American Psychologist. 24(4), S. 409-429.
Chelimsky, E. (2006): The Purpose of Evaluation in a Democratic Society. In: Shaw, I.F.; Greene, J.C.; Melvin, M. (Hg.): The Sage Handbook of Evaluation.
Chelimsky, E. (2008): A Clash of Cultures – Improving the 'Fit' Between Evaluative Independence and the Political Requirements of a Democratic Society. In: American Journal of Evaluation 29, Heft 4, S.400-415.
Chevalier, R. (2009): The Changing Role of Evaluators and Evaluation. In: Moseley, J.L.; Dessinger, J.C. (Hg.): Handbook of Improving Performance in the Workplace – Part III: Measurement and Evaluation. S.354-374.
Dahler-Larsen, P. (2006): Evaluation after Disenchantment? Five Issues Shaping the Role of Evaluation in Society. In: Shaw, I. F.; Greene, J. C.; Melvin, M. (Hg.): The Sage Handbook of Evaluation. S.141-160.
Datta, L. (2006): The Practice of Evaluation: Challenges and New Directions. In: Shaw, I. F.; Greene, J. C.; Melvin, M. (Hg.): The Sage Handbook of Evaluation. S.419-438.
Degele, N./Dries, C. (2005): Modernisierungstheorie. Eine Einführung. München: Fink (UTB).
DeGEval – Gesellschaft für Evaluation e.V. (2008) (Hg.): Standards für Evaluation, 4. Auflage. Mainz.
Deutscher Bundestag (1998): Beschlußempfehlung des Ausschusses für Wirtschaftliche Zusammenarbeit zu dem Antrag der Abgeordneten Dr. R. Werner Schuster, Brigitte Adler, Klaus Marthel, weitere Abgeordneter und der SPD-Fraktion – Drucksache

13/4120, Systematische Erfolgskontrolle von Projekten und Programmen der bilateralen Entwicklungszusammenarbeit, Drucksache 13/10857. Bonn.

Dommach, H. (2008): Das Verfahren der Erfolgskontrolle durch die Bundesverwaltung für zuwendungsfinanzierte Projekte und Institutionen. In: Die Öffentliche Verwaltung. H. 7/2008, S. 282-287.

Fitzpatrick, J. L./Sanders, J. R./Worthen, B. R. (2004): Program Evaluation. Alternative Approaches and Practical Guidelines. 3. Auflage. Boston u.a.: Pearson.

Götz, K./Schmid, M. (2004a): Theorien des Wissensmanagement. Frankfurt et al.: Lang.

Götz, K./Schmid, M. (2004b): Praxis des Wissensmanagement. München: Vahlen.

Haun, M. (2005): Handbuch Wissensmanagement. Grundlagen und Umsetzung, Systeme und Praxisbeispiele. Berlin: Springer.

Hill, H. (Hg.) (2001): Modernisierung - Prozesse oder Entwicklungsstrategie? Frankfurt: Campus.

Ipe, M. (2003): Knowledge Sharing in Organizations: A Conceptual Framework. In: Human Resource Development Review 2/4, S. 337-359.

Leeuw, F.L. (2009): Evaluation – a Booming Business but is it Adding Value? In: Evaluation Journal of Australasia 9, Heft 1, S.3-9.

Lerner, D. (1968): Modernization. Social Aspects. In: International Encyclopaedia of the Social Sciences, Vol. 10. S. 386-395.

Preskill, H. (2008): Evaluation's second act – a spotlight on learning. In: American Journal of Evaluation 29, Heft 2, S.127-138.

Rossi, P. H./Lipsey, M. W./Freeman, H. E. (2004): Evaluation. A systematic Approach. Thousand Oaks u.a.: Sage.

Roth, R. (2004): Reden Sie mit dem Pferd. Bedingungen, Möglichkeiten und Grenzen Demokratischer Evaluationskultur in Deutschland. In: Soziale Arbeit und Sozialpolitik. Sozial Extra, Bd. 28(6), S.6-9.

Rothwell, W.J.; Wang, G.G. (2008): Training Soapbox: Accreditation Advantages. In: Training 45 Heft 5, S.14-15.

Schedler, K.; Proeller, I. (2003): New Public Management (2., überarbeitete Auflage). Bern: Haupt.

Stame, N./Rist, R. (2006): From Studies to Streams – Managing Evaluative Systems. New Brunswick: Transaction Publishers.

Stamm, M. (2003): Evaluation im Spiegel ihrer Nutzung: Grand idée oder grande illusion des 21. Jahrhunderts?. In: Zeitschrift für Evaluation, 1, Heft 2, S.183-200.

Stockmann, R. (1992): Die Nachhaltigkeit von Entwicklungsprojekten. Eine Methode zur Evaluierung am Beispiel von Berufsbildungsprojekten. Opladen: Westdeutscher Verlag.

Stockmann, R. (1996b): Die Wirksamkeit der Entwicklungshilfe. Eine Evaluation der Nachhaltigkeit von Programmen und Projekten. Opladen: Westdeutscher Verlag.

Stockmann, R. (1996c): Defizite in der Wirkungsbeobachtung. Ein unabhängiges Evaluationsinstitut könnte Abhilfe schaffen. In: E+Z Entwicklung und Zusammenarbeit, 37/1996(8), S.206-209.

Stockmann, R. (2006a): Evaluationsforschung. Grundlagen und ausgewählte Forschungsfelder. 3. Auflage. Münster: Waxmann.

Stockmann, R. (2006b): Evaluation und Qualitätsentwicklung. Eine Grundlage für wirkungsorientiertes Qualitätsmanagement. Münster: Waxmann.

Stockmann, R. (2007) (Hg.): Handbuch zur Evaluation. Eine praktische Handlungsanleitung. Münster: Waxmann.

Stockmann, R./Meyer, W. (2010): Evaluation. Eine Einführung. Opladen: Verlag Barbara Budrich. UTB.

Weiss, C.H. (1998): Evaluation – Methods for Studying Programs and Policies. New Jersey: Prentice Hall.

Willke, H. (2004): Einführung in das systematische Wissensmanagement. Heidelberg: Carl-Auer-Systeme-Verlag.

Winkler, K. (2004): Wissensmanagementprozesse in face-to-face und virtuellen communities. Konzepte, Gestaltungsprinzipien und Erfolgsfaktoren. Berlin: Logos.

Worthen, B.R. (2001): Whither Evaluation? That All Depends. In: American Journal of Evaluation 22, Heft 3, S.409-418.

Evaluationsforschung. Parameter und Auswirkungen für die Gesellschaft

Wilhelm Heitmeyer

1 Die Rahmung: Worum geht es?

Eine Zwischenbilanz zu Beobachtungen von gesellschaftlichen Entwicklungen, politischen Programmentscheidungen und Evaluationsansätzen lässt die nicht überraschende Feststellung zu, dass die Bedarfe an Evaluationsstudien zunehmen und deshalb Evaluationsforschung zur Produktion evidenzbasierten Wissens eine Zukunftsbranche ist. Die Bedarfe sind meist durch staatliche Institutionen initiiert und die Effekte kommen der Forschung zugute. Es werden Konzepte entwickelt und nicht zuletzt auch Stellen geschaffen.

Die offene und weitgehend unterbelichtete Frage ist: Welche Auswirkungen hat diese Entwicklung für die Gesellschaft bzw. fokussierter: für öffentliche Diskurse, für Akteursgruppen und Institutionen? Deshalb muss grundsätzlich darüber nachgedacht werden, was es für eine Gesellschaft bedeutet, wenn alle größeren Anstrengungen zur Sicherung ihrer Werte und Normen wie u. a. Menschenwürde, Gleichwertigkeit oder psychische und physische Unversehrtheit einem Evaluationsprozess unterworfen werden. Bedeutet dies einen weiteren Rationalitätsschub für die Gesellschaft und wenn ja, wie ist der zu bewerten? Dies ist umso wichtiger, weil Werte und Normen immer auch emotional besetzt sind und zugleich Begriffe der modernen Gesellschaft wie „Fortschritt", „Reform" oder „Nachhaltigkeit" inzwischen völlig entleert und z. T. auch als Bedrohung aufgefasst werden.

Die Frage nach Auswirkungen von Evaluationen auf die Gesellschaft, also auf Diskurse, Akteursgruppen und Institutionen kann in unterschiedlichen Settings diskutiert werden. Da das Feld bisher wenig ausgeleuchtet ist, wird diese Fragestellung aufgespannt zwischen den *Ambitionen zu steigenden rationalen bzw. technologischen Steuerungskalkülen und den politisch motivierten bremsenden Kontrollstilen.*

2 Ziele von Evaluationen

Reinhard Stockmann (2010) ist optimistisch, durch Evaluationsforschung die Verstärkung rationaler Entscheidungen in einer pluralen modernen Welt zu erreichen, um Aufklärung zu betreiben und gesellschaftliche Selbstreflexion sowie verbesserte Steuerungskapazitäten zu entwickeln. Soweit die Zielvorstellungen und die normative Rahmung. Das ist eine Blickrichtung, die kritisch betrachtet werden soll. Dies soll nicht im Sinne einer „Abrechnung" mit Evaluationsforschung geschehen, sondern im Sinne der *Reflexionsfähigkeit* von Evaluationsforschung über sich selbst, weil Evaluationsforschung unverzichtbar ist. Es ist aber zu fragen, ob technokratische wie politisch-instrumentalisierte Fallen aufgestellt sind. Wie sehen diese aus und wie sind sie zu umgehen?

Dazu sollen zunächst einige grundsätzliche Überlegungen angestellt werden. Evaluationsforschung soll – so die schon erwähnte optimistische Sichtweise – zur Verstärkung rationaler, effektiver Programmentscheidungen beitragen.

„Ziel ist es demnach, qua rationaler und objektiver Kriterien das Bessere vom Schlechteren zu unterscheiden, knappe Ressourcen effizienter einzusetzen, Leistungen zu messen, zu vergleichen und Transparenz herzustellen. Daran sind auch politische Hoffnungen auf 'Demokratisierung von Kontrolle' geknüpft und Evaluation wird in diesem Sinne als ein Mittel der Aufklärung erachtet." (Höhne 2006: 197)

Was hat diese Selbstbeschreibung von Evaluation mit der gesellschaftlichen Realität zu tun? Passt dieses Selbstverständnis zur gesellschaftlichen Realität, in die – in unseren Fällen zur Verbesserung der demokratischen Kultur – interveniert werden soll?

3 Zum generellen Problem moderner Gesellschaften

Jede moderne, plurale Gesellschaft erzeugt Probleme, auf die reagiert werden soll. Dazu gehört auch die Sicherung und Verbesserung der demokratischen Kultur. Zumindest drei Bereiche sind es, die den Hintergrund bilden.

Zum ersten produziert jede plurale moderne Gesellschaft durch ihre *Diskurse*, durch die unterschiedlichen zivilgesellschaftlichen *Akteursgruppen* und die staatlichen *Institutionen* Zielkonflikte zwischen mehreren Handlungs- und Interventionsmöglichkeiten. Nicht wenige dieser Zielkonflikte weisen sich als *Dilemmata* aus. Schließlich kann dies auch dazu führen, dass keine *Entwicklungsrichtung* der Gesellschaft insgesamt erkennbar wird.

Damit werden auch die Bewertungskriterien für Evaluationen unklar und geraten in den Strudel unterschiedlicher Problembereiche und Akteursinteressen, die später zu betrachten sein werden. Daraus resultiert wohl auch die Position von Edenhofer (2011, 16): „Die Vorstellung, dass die Politik die Ziele einmal festlegt und die Wissenschaft dann die Mittel prüft mit der diese Ziele am effektivsten erreicht werden, ist nicht haltbar." In dieser Position von Edenhofer steckt die Aufforderung nicht dem dezisionistischen Modell von Max Weber zu folgen, nach dem Werte und Tatsachen strikt getrennt werden. Danach komme es der Politik zu, über Werte und Ziele zu entscheiden und die Wissenschaft habe die Aufgabe, dafür angemessene Mittel zu finden, u. a. über die Evaluation praktischer Versuche – etwa zu Programmen und Projekten zur Verbesserung einer demokratischen Kultur – die angemessenen Mittel herauszufinden. Stattdessen plädiert Edenhofer für ein neues Modell der über Evaluation führenden Politikberatung, in der eine „fortwährende Reflexion über Mittel und Ziele" eingebaut ist (Edenhofer 2011: 16).

Was bedeutet dann *Rationalität* als zentrales Kriterium von Evaluation – bzw. welche Rationalität von welchen *Evaluatoren*, zivilgesellschaftlichen *Akteursgruppen*, staatlichen *Institutionen* und *Diskurse* inszenierenden Medien? Da bekanntlich (in Anlehnung an Luhmann) unterschiedliche Systeme verschiedene Rationalitäten aufweisen, d. h. dass Politik auf Machterhalt ausgerichtet ist und Wissenschaft auf die Produktion von Wahrheit, stellt sich hier ein grundsätzliches Problem. Für die Evaluationsforschung ist zu fragen, welche Interessen welcher Stakeholder wie berücksichtigt werden sollen. Wenn man allerdings keine Stakeholderinteressen berücksichtigt und nur das macht, was der Evaluationsforschung selbst wichtig ist, dürften deren Ergebnisse kaum zur Verbesserung von Programmen etc. genutzt werden. Dann ist das Ergebnis der „Elfenbeinturm". Wenn Evaluationsforschung aber nur das macht, was einzelne Stakeholder wollen, reduziert sie sich zum Erfüllungsgehilfen und entleert ihren wissenschaftlichen Erkenntnisanspruch. Deshalb ist die Frage, ob und wie die jeweiligen Rationalitäten offengelegt werden einschließlich ihrer jeweiligen Nebenfolgen.

Was einer pluralistischen, freiheitlichen und demokratischen Kultur „gut tut", muss nicht rational geerdet, sondern kann – im Gegenteil – emotional geformt sein. Damit soll nicht beglückenden Ritualen das Wort geredet werden, aber Rationalität muss immer eingebettet sein in das Bewusstsein von *Zielkonflikten*, *Dilemmata* und *Richtungslosigkeit* von Gesellschaft, denn auch über die Verbesserung der demokratischen Kultur herrscht kein Konsens. Was bedeutet das im Hinblick auf Auswirkungen auf gesellschaftliche Zustände und Entwicklungen? Dazu wird nun die These formuliert, dass die genannte optimistische Rahmung von Evaluationsforschung kritisch zu betrachten ist. Dies soll in fünf Punkten geschehen.

4 Problembereiche

4.1 Evaluation als betriebswirtschaftliches Kalkül

Die gesellschaftlichen Auswirkungen lassen sich auch strategisch vorbereiten durch die Steuerung der Evaluationsforschung mittels politisch motivierter Ausschreibungen, die in erster Linie nicht über die Erwartung erhöhter Qualität und Rationalität bei Steuerungsentscheidungen motiviert sind, sondern über Wirtschaftlichkeit: Billig statt kompetent, kritisch und erfahrungsgesättigt. Dies korreliert mit der Kompetenz und dies wiederum mit der Schweigsamkeit bei Fehlentscheidungen in Programmen. Es gibt ein prototypisches Beispiel des Ministeriums für Familie, Senioren, Frauen und Jugend im Programm „Vielfalt tut gut" aus dem Jahre 2007 – 2010. Politisch konstruiert, schlägt die Gewichtung der Kosten sechs andere Kriterien wie Kompetenz, Erfahrung und Unabhängigkeit etc. Daraus dürfte es – so die These – am Ende des Programmes ein preiserzeugtes Schweigen von Evaluationsgruppen geben, das durch politische Bürokratie vorbereitet wurde, weil über die Kriteriengestaltung die Qualität der Evaluation abgesenkt wird. Infolgedessen ist die generelle Position von Reinhard Stockmann (2010: 12) kritisch zu betrachten: „Dadurch lässt sich gesellschaftliches Handeln auf eine rationalere Grundlage stellen und die öffentliche Steuerungskapazität erhöhen."

4.2 Evaluation zur Hemmung von Risikobereitschaft

Die Entwicklung einer pluralistischen, freiheitlichen und modernen demokratischen Kultur ist auf Risikobereitschaft angewiesen, denn in vielen Bereichen des öffentlichen Lebens ist Erstarrung, Apathie, Entfremdung und Demokratieentleerung unübersehbar.

Die Frage ist, ob Evaluationsforschung daran beteiligt ist, diese Risikobereitschaft zu fördern, die auch Irrtümer, Fehler etc. bis zu einem bestimmten Grad „unbestraft" lässt, und stattdessen als „Lernfaktor" einbezieht. Welche Rolle spielt Evaluationsforschung bei der Dämpfung von Risikobereitschaft zur Weiterentwicklung von Pluralität, Freiheit und moderner demokratischer Gesellschaft? Es kommt eben darauf an, wie sie angelegt ist. In den Diskussionen z. B. bei Evaluationen in Sachsen und Berlin durch das Hannoveraner Institut proVal und das Bielefelder IKG wurde immer darauf hingewirkt interessante Ansätze auszuprobieren, auch wenn sie dann nicht immer funktionierten. Deshalb ist auch immer in Modellprojekten für den Einsatz von Risikokapital zu plädieren.

Denn es muss noch einmal daran erinnert werden, dass eine plurale Welt über Zielkonflikte etc. ständig neue Dilemmata produziert. Dilemmata sind nun aber Zustände, die dazu führen, dass, was immer man tut, falsch ist. Woher kommen dann aber die Bewertungskriterien für die Evaluationsprojekte, wenn man entscheiden muss, welches der größte Fehler oder der konsequenzreichere Weg ist. Bei den Kriterien kommen dann Werturteile ins Spiel. Auch wenn sich Evaluationsforschung entscheidet, die Ziele des Projektes selbst zum Maßstab zu nehmen, ist es ein Werturteil, das nicht unproblematisch scheint. Wenn ein Projekt sagt, dass es Wissen über XY vermitteln will, kann geprüft werden, ob es das realisieren kann. Es ist aber zu fragen, ob man sich allein an den Zielvorstellungen von Projekten und Programmen orientieren soll.

Ein Beispiel: Das Langzeitprojekt *Gruppenbezogene Menschenfeindlichkeit* (Heitmeyer 2002) steckt ständig in einem Dilemma: Es schreibt sich die Aufklärung gesellschaftlicher Zustände auf die Fahnen, sagen die einen und evaluieren das Projekt positiv, also weitermachen. Andererseits: Es produziere durch die Befragungskategorien zur Abwertung von Ausländern, Homosexuellen, Muslimen etc. erst deren Abwertung oder verstärke sie, wenn die Ergebnisse publiziert werden und sich Personen z. B. durch hohe Abwertungsprozente bestärkt werden: „Das ist doch normal." Kurzum: Die Evaluation fällt negativ aus, also einstellen.

Welches Ergebnis hat positive, welches negative Folgen für die Gesellschaft – und woher kommen die Bewertungskriterien? Das Resultat: eine plurale und vor allem „richtungslose" Gesellschaft schafft immense Folgeprobleme für eine kritische Evaluationsforschung.

4.3 Evaluation als Teil ideologischer Instrumentalisierung

Evaluation bzw. Verweigerung von Evaluation kann zum Spielball ideologischer Instrumentalisierung werden, die von *politischen Institutionen* inszeniert werden, *zivilgesellschaftliche Akteursgruppen* trifft und *mediale Diskurse* formt.

Ein aktuelles Beispiel stammt aus dem Bereich der Bekämpfung des *Extremismus*, so der Sprachgebrauch des Bundesministeriums für Familie, Senioren, Frauen und Jugend von Ministerin Schröder. Die Bekämpfung von Rechtsextremismus soll ausgeweitet werden durch die Bekämpfung von Linksextremismus und Islamismus: kurz alles Extremismus.

Während zum Rechtsextremismus weitreichende Forschungen vorliegen wie auch Evaluationsberichte, gibt es keine belastbaren Forschungen zum Linksextremismus und zum Islamismus. Trotzdem werden Interventionsprojekte aus politischen Gründen auf den Weg gebracht, die dann wahrscheinlich auch evaluiert werden sollen. Weder liegen Forschungen vor, die Programme und Projekte anleiten könnten, noch Kriterien für Evaluationen. Trotzdem ist zu erwarten, dass es irgendwann Evaluationsergebnisse geben wird. Hier wird willfährige Evaluationsforschung zum Spielball einer Ideologie, d. h. Verzerrung von Realität im Sinne einer Gleichsetzung der Gefährlichkeit der Phänomene Rechtsextremismus, Linksextremismus und Islamismus durch herrschende Politik für die demokratische Kultur. Diese regierungsamtliche Ideologie dient dann ausschließlich der Sicherung von Deutungsherrschaft. Damit stellen sich auch wissenschaftsethische Fragen, denn das hat nichts mit Rationalität zu tun.

Selbst wenn Evaluationsforschung durchaus als Aufklärung betrieben werden kann, steht sie immer auch im Spannungsfeld mit der Logik politischer Programmplaner, etwa in Ministerien. Die Logik herrschender Politik (gleich welcher parteipolitischer Provenienz) besteht im Kern darin, dass sie die Öffentlichkeit davon überzeugen muss und will, dass alles was sie tut erfolgreich ist. Dazu werden dann auch entgegenstehende Evaluationsergebnisse z. T. nicht veröffentlicht oder Aussagen ins Gegenteil verkehrt. Ein Beispiel ist das Evaluationsergebnis des CIVITAS-Programmes, also des Interventionsprogrammes gegen Rechtsextremismus in Ostdeutschland (Lynen von Berg/Palloks/Steil 2007). Das Evaluationsergebnis richtete sich gegen die Verwaltung der lokalen Projekte durch die Kommunen, weil diese eher auf ordnungsgemäße Abwicklung denn auch auf unbotmäßige Aufklärung zielen würden.

Durch das entsprechende Ministerium wurde das Ergebnis auf den Kopf gestellt, so dass die Verantwortlichen der Evaluation öffentlich klarstellen mussten, dass das Ministerium mit seiner Interpretation sich nicht auf die Evaluationsergebnisse des Instituts für interdisziplinäre Konflikt- und Gewaltforschung berufen könne (SPIEGEL ONLINE, 26.9.2006).

4.4 Evaluation als Kontrollregime

Bekanntlich gibt es zahlreiche Kontrollstile und Kontrollverfahren. Im Wohlfahrtsstaat sind Kontrollen eingebaut, von den institutionellen Kontrollen der Polizei wie Justiz ganz zu schweigen oder von den sozialisatorischen Kontrollmechanismen etwa in Schulen.

Die Frage ist nun, welchen Beitrag die Evaluationsforschung zu einem Kontrollregime in einer pluralen, freiheitlichen und modernen Gesellschaft leistet, indem sie aufgrund ihrer Ergebnisse politisch in Stellung gebracht wird *gegen* Pluralität, *gegen* Freiheit und *gegen* modernes Leben für diese Gesellschaft.

So sind Ergebnisse der Evaluationsforschung durchaus dazu geeignet – zumal wenn sie noch politisch ausgerichtet werden – den Angstpegel bei Akteuren in Interventions- und Präventionsprojekten zu erhöhen. Angst lähmt, dies ist bekannt. Ziellosigkeit und dumpfe Routinen lähmen auch. Man macht einfach, was man immer gemacht hat. D. h., es setzt sich eine Faktorenkette in Gang, die Rationalität als Grundlage zu haben scheint – aber wessen Rationalität ist es und wie ist sie mit wertbezogener Emotionalität verwoben, die die Aktivitäten für Pluralität, Freiheit und modernes demokratisches Leben antreibt.

Exemplarisch ist hier die aktuelle Debatte um die sogenannte „Extremismus-Formel" zu nennen. 2004 hatte das Bundesministerium des Innern die Warnung herausgegeben, dass sich rechtsextremistische oder linksextremistische Gruppen öffentlicher Mittel bedienen könnten, um ihre Ziele zu verfolgen. Daraus wurde dann 2011 durch das Bundesministerium für Familie, Senioren, Frauen und Jugend ein formeller Unterschriftsakt. Danach muss versichert werden, dass mit solchen Akteuren keine Zusammenarbeit stattfindet. Dahinter liegt ein Generalverdacht gegenüber der Zivilgesellschaft, und die Evaluationsforschung kann hier zum Instrument der Verdachtsverstärkung werden, indem aus den Evaluationsergebnissen die politisch genehmen Ergebnisse herausgelöst und öffentlich gemacht werden. Damit aber würde Evaluationsforschung nicht zur Förderung einer pluralistischen und demokratischen Kultur beitragen, sondern zu ihrer Verhinderung oder gar Zerstörung – bei höchster Rationalität. Evaluationsforschung muss dringend aufpassen, dass sie nicht in diesen Kontrollsog gezogen wird, da sie es in der Evaluationspraxis auch mit politisch definierten unliebsamen Interventionsakteuren zu tun hat.

4.5 Evaluation als Standardisierung

Ein weiteres Beispiel soll gesellschaftliche Auswirkungen aufzeigen. Da gibt es die PISA-Evaluationen zur Einordnung der Schulleistungen in Deutschland im weltweiten Ranking. Es sind die zurzeit öffentlich bekanntesten und folgenreichsten Evaluationsstudien. Sie verändern die Schulen über ihre Tests dramatisch – ohne dass klar ist, ob sie den Schulen und vor allem den Schülerinnen und Schülern tatsächlich nützen, weil sie vor allem den Leistungsdruck erhöhen und die Vielfältigkeit des Lernens eher auf die angeblichen rationalen Kernkompetenzen Rechnen, Lesen etc. reduzieren. Zwar gibt es eine interne Debatte unter Schulforschern (Brügelmann, Prengel etc.), aber eine Debatte darüber, ob auf diesem Wege möglicherweise Kindheit und Jugend quasi abgeschafft werden, findet nicht statt. PISA – so der Schulforscher Brügelmann (DIE ZEIT, 13.1.2011: 62) – hat dem „Standardisierungsparadigma auf allen Ebenen zum Durchbruch, ja zu einer problematischen Dominanz verholfen." Nach Brügelmann werden ihre Erträge überbewertet, ihre Nebenwirkungen dagegen unterschätzt (ebd.). Der Interpretationsstreit bedarf einer sozialen Kontrolle. „Dafür wäre eine Erweiterung der Positionen und ihre Konfrontation mit den Befunden erforderlich – nicht erst nach deren Publikation, wenn das öffentliche Bild längst steht" (ebd.). Diese Kontrolle von Evaluationsergebnissen findet bei PISA nicht statt. Hier wäre sicher eine kritische Forschung des *Prozesses* zum Verhältnis von Evaluation und Politik vonnöten. Und ein weiterer Effekt ist unter diesem Kontrollregime zu beobachten. Den PISA-Forschern kommt der Verdienst zu, die dramatische soziale Bildungsvererbung, die sich dann noch mit der ethnischen Herkunft vermengt, insbesondere in Deutschland auf die Tagesordnung gehoben zu haben. Doch die herrschende Politik in den Ländern, deren Sache bekanntlich die Schule ist, reagiert nicht – und wo sie reagiert, wie beim Versuch in Hamburg – kommen ganz neue Aktivitäten zutage.

Das Nichtreagieren von Politik hat aber Rationalität, um Wählergruppen zu binden. Es sind die selektiven Wahrnehmungen von Politik, die hier greifen. Die positiven Effekte eines möglichen „Aufstieges" im internationalen Ranking werden gefeiert, die besonders veränderungsbedürftigen Bereiche bleiben außen vor. Insofern können auch die PISA-Evaluationen massive negative gesellschaftliche Effekte erzeugen, wenn unter der Berufung auf PISA-Ergebnisse (in stillschweigender Vernachlässigung der politischen Unterlassungen) die betroffenen Gruppen in untere soziale Lagen oder Migrantengruppen gewissermaßen „naturalisiert" werden, die Situation auf Kultur, Gene etc. und nicht auf gesellschaftliche, sprich schulische Strukturen zurückgeführt werden. Die Sarrazin-Debatte ist seit 2010 ein Beleg dafür, aber eine kritische Debatte in der evaluativen PISA-Forschung gegenüber ihren Auftraggebern scheint es – so Brügelmann (ebd.) – nicht zu geben.

Ähnliches gilt übrigens für die ständige Vorverlagerung von Sachstandsberichten in Schulen, die so unter massiven Druck gesetzt werden, auch dies ohne gesellschaftliche Aufmerksamkeit und ohne die Debatte über „unbeabsichtigte Nebenfolgen", die Reinhard Stockmann (2010: 13) zu einer „ganzheitlichen Perspektive" zählen würde.

Eine weitere gesellschaftliche Folge dieser Entwicklung zeichnet sich in Universitäten ab durch die Umwandlung von Stellen zur empirischen Bildungsforschung. Sie sind für die Mitarbeiter aus dem PISA-Konsortium quasi reserviert, was bedeutet, dass die Evaluations- und Testverfahren massiv ausgebaut werden und die quantitative Erfolgslogik immer massiver eindringt. Auch hier werden diese Nebenfolgen nicht diskutiert – und eher mit einer technokratischen Sichtweise aufgeladen, von der Reinhard Stockmann vermutet, dass sich die Evaluationsforschung davon löst, um eine ganzheitliche Perspektive einzunehmen. PISA zeigt in prominenter Weise das Gegenteil. Statt einer weitreichenden Veränderung der Erziehungswissenschaft und der Lehrerbildung kommt es zu einer quantitativen Testanstalt, die die soziale Vielfalt und die Probleme nicht mehr zur Kenntnis nimmt.

5 Fazit: Die Ambivalenz von Evaluationsforschung

Innerhalb der Evaluationsforschung gibt es verschiedene Zielvorgaben: Im Ergebnis wird eine Kultur des gemeinsamen Lernens über Steuerungswirkungen angestrebt (vgl. Chelimsky 2006 zitiert nach Stockmann 2010: 1). Diese Position ist nicht tragfähig, weil jede moderne Gesellschaft eine Konfliktgesellschaft ist, in der die Steuerung – wohin auch immer – umstritten und umkämpft sein wird, ja umkämpft sein muss. Deshalb ist die Frage notwendig, wie offen und öffentlich die Diskurse geführt werden, da es bekanntlich nicht einmal eine hoch notwendige politische Zukunftsdebatte gibt, die sich an der Frage ausrichtet: „In welcher Gesellschaft wollen wir leben?" Da diese Debatte fehlt und dieses aufgrund von Ratlosigkeit bei politischen Eliten nicht zufällig ist, hat die Kategorie der Rationalität kein Fundament, weil keine Richtung – und dann bleiben nur noch technokratische oder ideologische Alternativen.

Es ist nicht zu erkennen, dass dies für eine plurale und demokratische Gesellschaft entwicklungsfördernd ist. „Indem Evaluation aktuelle wissenschaftliche Informationen durch die öffentliche Diskussion bereitstellt, trägt sie zudem zur Rationalisierung der politischen Debatten über gesellschaftliche Ziele bei und zeigt dabei das Machbare für alle Beteiligten erkennbar auf" (Stockmann 2010: 13). Diese Hoffnung ist für zahlreiche Felder, insbesondere für die Evaluation von Programmen und Projekten zur Förderung einer pluralistischen und demokratischen Kultur empirisch nicht belastbar. Dagegen ist eher der Konflikt als Lernmechanismus in Stellung zu bringen, aber eben auch mit negativen Folgen, wenn die gesellschaftliche Öffentlichkeit nur noch Beliebigkeit erkennt – und u. U. Evaluationen deshalb als überflüssig erklärt, weil die Ergebnisse ohnehin festzustehen scheinen. Das könnte sich noch verstärken, da Edenhöfer (2011: 16) im Hinblick auf Politikberatung postuliert: „Stattdessen muss sie (also die Wissenschaft) Politik und Öffentlichkeit zumuten, dass ihre Antworten nicht eindeutig sind." Diese Position hat der Leiter des Deutschen Instituts für Wirtschaftsforschung Gert Wagner im Interview mit der Süddeutschen Zeitung am 12. Februar 2011 (12./13.2.: 27) noch einmal bestätigt: „Wir werden Politik und Öffentlichkeit künftig zumuten, dass unsere Empfehlungen nicht mehr immer eindeutig sind. Und wir werden sehr stark trennen zwischen Empirie und Analyse auf der einen Seite und Werturteilen auf der anderen Seite." Ist das die pragmatische Betrachtung, die glaubwürdig ist? Es ist zu befürchten, dass die Ratlosigkeit der Evaluationsforschung eher zunimmt angesichts der Komplexität von Entwicklungen.

Evaluationsforschung hat Zukunft – aber welche? Reinhard Stockmann (2010: 13) formuliert eine optimistische Position: „Evaluation ist nicht nur Teil der demokratischen Kontrolle des Staates, sondern auch (...) wesentliches Element demokratischer Regierungsführung". Auch diese Aussage sollte empirisch untersucht werden, denn es ist zu befürchten, dass sie nicht belastbar ist. Anhörungen in Ausschüssen von Landtagen und Bundestag zu Evaluationsergebnissen sind degradiert zu Ritualen, so dass Teilnahmen nicht lohnen, weil die politischen Vorentscheidungen – auf welcher Basis auch immer – bereits vorher feststehen. Nicht das wissenschaftliche Evaluationsergebnis zählt, sondern die Lobby- und Klientelpolitik. Überprüfungen von Anhörungsergebnissen in den nächsten Schritten von Interventionsprogrammen würden – so die These – zweifelsfrei ergeben, dass die Anhörungen in politischen Gremien für die administrativen Abteilungen trotz des Primates der Politik keinerlei Effekte haben.

Reinhard Stockmann beschreibt vielfältige wünschenswerte Effekte von Evaluationsforschung. Nur: wie lassen sie sich belegen, weil Stockmann zu Recht sagt, dass Evaluation „politikgetrieben" (Stockmann 2010: 14) sei. Deshalb ist ihm auch zuzustimmen, dass Evaluationsforschung zurzeit dem Anspruch nicht gerecht wird, zur gesellschaftlichen Aufklärung beizutragen (Stockmann 2010: 18).

Die Lösung ist allerdings nicht die Gründung unabhängiger Institute für Evaluationsforschung, die nur scheinbar unabhängig sind, weil sie am Tropf öffentlicher Aufträge hängen. Nur solche Institute, die auch andere Finanzmittel haben, deshalb nicht in der institutionellen Existenz gefährdet sind und sich kritische Evaluationsergebnisse „leisten" können, sind unabhängig und zur gesellschaftlichen Aufklärung arbeitsfähig. Ansonsten stellen nur „starke" Kooperationen zwischen Institutionen einen Ausweg dar. Evaluationsforschung muss über solche Settings entwickelt werden, um keinen gesellschaftlichen Schaden anzurichten. Diese Aufgabe ist alles andere als einfach, denn selbst stiftungsbasierte Evaluationsforschung gerät u. U. in den Griff von Stiftungspolitiken mit ihren jeweiligen Eigeninteressen. Insofern ist Reinhard Stockmann unbedingt zuzustimmen, dass in Deutschland „bezüglich einer gesellschaftlichen Aufklärung durch Evaluation besonders schlechte Bedingungen (existieren), da es kaum unabhängige Evaluationseinrichtungen gibt, die sich nicht nur ihre Evaluationsfragestellungen frei wählen können, sondern auch nennenswerte Budgets aufweisen, über die sie frei verfügen können" (Stockmann 2010: 15).

Fragt man, welche Auswirkungen die Ergebnisse der Evaluationsforschung auf die Gesellschaft haben, dann zeigt sich ein ambivalentes Bild, das je nach Beobachterperspektive anders ausfällt – und u. U. beim *gesellschaftlichen Publi-*

kum zum Effekt führen kann, dass sowohl politische Entscheider als auch Wissenschaftler einen Beitrag zur Unglaubwürdigkeit von Entscheidungen und Konsequenzen leisten. Die Gefahr besteht, dass Expertenwissen auf Dauer für gesellschaftliche Diskussionen immer weniger wichtig wird, weil es angeblich beliebig und nur interessen- und auftragsabhängig ist. Deshalb stellt sich die dringende Frage: Wie kann man Expertenwissen so erzeugen und präsentieren, dass auch der Argumentationsgang für Nicht-Experten nachvollziehbar wird. Dazu ist Öffentlichkeit mehr als dringend, um Evaluationsergebnisse immer wieder im Hinblick auf *Zielkonflikte, Dilemmata und Richtungslosigkeit* von gesellschaftlicher Entwicklung auf die Agenda zu heben. Notwendig ist auch eine rigorose Veränderung der Veröffentlichung von Evaluationsergebnissen. Ministerien müssen ihren Haushalt dem Rechnungshof offenlegen, aber sie müssen dies nicht mit Evaluationsergebnissen tun. Warum nicht?

Literatur

Brügelmann, H. (2011): Pisa macht die Schulen nicht besser - Der internationale Leistungsvergleich hat Schwächen des Schulsystems offengelegt. Doch den Lehrern hilft er nicht. Die Zeit, 13.01.2011, S. 62.

Chelimsky, E. (2006): The Purpose of Evaluation in a Democratic Society. In: Shaw, I.F./Greene, J. C./Melvin, M. (Eds.): The Sage Handbook of Evaluation.

Edenhofer, O. (2011): Zielkonflikte benennen. In: Süddeutsche Zeitung, 1.2.2011, S. 16.

Heitmeyer, W. (2002): Gruppenbezogene Menschenfeindlichkeit. Die theoretische Konzeption und erste empirische Ergebnisse. In: ders. (Hg.) Deutsche Zustände. Frankfurt a. M., 15-34..

Höhne, Th. (2006): Evaluation als Medium der Exklusion. Eine Kritik an disziplinärer Standardisierung im Neoliberalismus. In: Weber, S./Maurer, S. (Hrsg.): Gouvernementalität und Erziehungswissenschaft. VS-Verlag, Wiesbaden, 197-218..

Lynen von Berg, H./Palloks, K./Steil, A.(2007): Interventionsfeld Gemeinwesen. Evaluation zivilgesellschaftlicher Strategien gegen Rechtsextremismus. Weinheim/München.

Stockmann, R. (2010): Rolle der Evaluation in der Gesellschaft. In: Magazin Forschung (Universität Saarbrücken), 12-19..

Wagner, G. (2011): „Das Vertrauen in den Präsidenten war erschüttert" Die neue Spitze des DIW über die Finanzaffäre des Forschungsinstituts, die internen Querelen und den Sturz von Klaus Zimmermann. Süddeutsche Zeitung, 12.02.2011, S. 27.

Autorinnen und Autoren

Wolfgang Beywl, Prof. Dr., leitet die Professur für Bildungsmanagement sowie Schul- und Personalentwicklung an der Pädagogischen Hochschule FHNW in Brugg und ist wissenschaftlicher Leiter von Univation – Institut für Evaluation GmbH in Köln.

Huey T. Chen, PhD, is Director of the Center for Research and Evaluation on Education and Human Services and Professor of Health and Nutrition Science at Montclair State University, USA. He is the author of several evaluation books including Theory-Driven Evaluation (Sage, 1990).

Manuel Eisner, Prof. Dr., ist Professor für Kriminologie an der Universität Cambridge. Er leitet unter anderem das Zürcher Projekt zur sozialen Entwicklung von Kindern, z-proso, eine seit 2003 laufende Längsschnittstudie von 1300 Kindern in Zürich.

Susanne Giel, Dipl. Soz., ist selbstständige Evaluatorin und freie Mitarbeiterin von Univation in Köln.

Wilhelm Heitmeyer, Prof. Dr., ist Professor für Sozialisation und leitet das Institut für interdisziplinäre Konflikt- und Gewaltforschung der Universität Bielefeld.

Olaf Lobermeier, Dr. phil., ist Lehrbeauftragter an der Universität Hildesheim und leitet seit 2007 gemeinsam mit Dr. Rainer Strobl die proVal – Gesellschaft für sozialwissenschaftliche Analyse, Beratung und Evaluation.

Tina Malti, Prof. Dr., ist Assistenzprofessorin für Entwicklungspsychologie und Klinische Kinderpsychologie an der University of Toronto. Ihre Forschungsinteressen liegen in der sozial-emotionalen und moralischen Entwicklung von Kindheit bis zur Adoleszenz, der Entwicklung pro- und antisozialen Verhaltens, sowie entwicklungsorientierten Interventionsstudien.

Barbara Müller ist Soziologin und arbeitete von 2009 bis 2012 als wissenschaftliche Mitarbeiterin für das Zürcher Projekt zur sozialen Entwicklung von Kindern und Jugendlichen (z-proso).

Denis Ribeaud, Dr., ist promovierter Kriminologe und seit 2003 wissenschaftlicher Koordinator der im vorliegenden Band dargestellten experimentellen Längsschnittstudie Zürcher Projekt zur sozialen Entwicklung von Kindern und Jugendlichen (z-proso).

Gesa Schirrmacher, Dr. jur., ist stellvertretende Referatsleiterin im Niedersächsischen Ministerium für Soziales, Frauen, Familie, Gesundheit und Integration, Hannover. Sie ist zurzeit abgeordnet an das Bundesministerium für Familie, Senioren, Frauen und Jugend, Berlin, und arbeitet dort im Referat „Schutz von Frauen vor Gewalt". Sie war zuvor an der Universität Osnabrück tätig, u. a. im Rahmen der wissenschaftlichen Begleitung des Berliner Interventionsprojektes gegen Gewalt an Frauen. Sie hat einen Lehrauftrag für Familienrecht an der Leibniz Universität Hannover.

Kerstin Sischka, Dipl. Psych. und M.A., Studium der Politischen Wissenschaft, Soziologie, Erziehungswissenschaften und Psychologie, Arbeitsschwerpunkte: sozialpsychologische Konflikt- und Gewaltforschung, Beratung und Evaluation u. a. im Bereich Gewaltprävention und Opferhilfe.

Reinhard Stockmann, Prof. Dr., Direktor des Centrums für Evaluation und Leiter des Studiengangs Evaluation an der Universität des Saarlandes, Geschäftsführender Herausgeber der Zeitschrift für Evaluation.

Rainer Strobl, PD Dr., ist Privatdozent für Soziologie an der Universität Hildesheim und leitet seit 2007 gemeinsam mit Dr. Olaf Lobermeier die proVal – Gesellschaft für sozialwissenschaftliche Analyse, Beratung und Evaluation.

Thomas Widmer, PD Dr., leitet den Forschungsbereich Policy-Analyse & Evaluation am Institut für Politikwissenschaft der Universität Zürich.

VS Forschung | VS Research
Neu im Programm Soziologie

Ina Findeisen
Hürdenlauf zur Exzellenz
Karrierestufen junger Wissenschaftlerinnen und Wissenschaftler
2011. 309 S. Br. EUR 39,95
ISBN 978-3-531-17919-3

David Glowsky
Globale Partnerwahl
Soziale Ungleichheit als Motor transnationaler Heiratsentscheidungen
2011. 246 S. Br. EUR 39,95
ISBN 978-3-531-17672-7

Grit Höppner
Alt und schön
Geschlecht und Körperbilder im Kontext neoliberaler Gesellschaften
2011. 130 S. Br. EUR 29,95
ISBN 978-3-531-17905-6

Andrea Lengerer
Partnerlosigkeit in Deutschland
Entwicklung und soziale Unterschiede
2011. 252 S. Br. EUR 29,95
ISBN 978-3-531-17792-2

Markus Ottersbach / Claus-Ulrich Prölß (Hrsg.)
Flüchtlingsschutz als globale und lokale Herausforderung
2011. 195 S. (Beiträge zur Regional- und Migrationsforschung) Br. EUR 39,95
ISBN 978-3-531-17395-5

Tobias Schröder / Jana Huck / Gerhard de Haan
Transfer sozialer Innovationen
Eine zukunftsorientierte Fallstudie zur nachhaltigen Siedlungsentwicklung
2011. 199 S. Br. EUR 34,95
ISBN 978-3-531-18139-4

Anke Wahl
Die Sprache des Geldes
Finanzmarktengagement zwischen Klassenlage und Lebensstil
2011. 198 S. r. EUR 34,95
ISBN 978-3-531-18206-3

Tobias Wiß
Der Wandel der Alterssicherung in Deutschland
Die Rolle der Sozialpartner
2011. 300 S. Br. EUR 39,95
ISBN 978-3-531-18211-7

Erhältlich im Buchhandel oder beim Verlag.
Änderungen vorbehalten. Stand: Juli 2011.

Einfach bestellen:
SpringerDE-service@springer.com
tel +49(0)6221/345-4301
springer-vs.de

 Springer VS

	MIX
	Papier aus verantwortungsvollen Quellen
FSC	Paper from responsible sources
www.fsc.org	FSC® C105338

If you have any concerns about our products,
you can contact us on
ProductSafety@springernature.com

In case Publisher is established outside the EU,
the EU authorized representative is:
**Springer Nature Customer Service Center GmbH
Europaplatz 3, 69115 Heidelberg, Germany**

Printed by Libri Plureos GmbH
in Hamburg, Germany